文化を基軸とする社会系教育の構築

和文化教育研究会代表

中村 哲 ［編著］

風間書房

はじめに

　本書は，中村哲先生が関西学院大学教育学部を退職されるのを記念して企画されたものです。先生は，これまで，授業実践の科学化という教科教育学の研究目的を，社会科教育の分野で精力的に探究してこられました。具体的には，社会科授業実践を研究対象としてその規則性を解明し，社会科授業実践の系統化，体系化を図られてきました。また，社会科教育のみならず生活科，総合的学習等の社会系教科教育実践のデータベースを構築し，研究基盤の社会的共有も図られてきました。さらに，2003年には，21世紀における文化国家としての教育の在り方として，和文化の価値を心技体の場において継承し，発展させる文化創造としての和文化教育を提唱されました。

　本書は，グローバル社会の進展のもとで，日本人としてのアイデンティティの形成と国際的視野の形成とを，文化を基軸とした社会系教育に求めようとする先生の主張を具現化したものです。そのため，本書は，中村先生の玉稿をいただき，第Ⅰ章では「文化を基軸とする社会系教育の実践とその意義」，第Ⅴ章では「文化を基軸とする社会系教育の進展」が示されています。また，第Ⅱ章では「文化価値理解を意図する社会系教育実践」，第Ⅲ章では「文化価値形成を意図する社会系教育実践」，第Ⅳ章では「文化価値創造を意図する社会系教育実践」が示されています。本書が，文化を基軸とした社会系教育への転換を促進させる契機となることを願うものです。

　最後に，本書の出版を快くお引き受けいただき，編集までご支援いただいた風間書房社長風間敬子氏に心からお礼を申し上げます。

平成28（2016）年12月20日

峯岸　由治

目　　次

第 I 章

文化を基軸とする社会系教育の実践とその意義

　研究者としての私の原点と言える論文が「人文科教育の方法──アメリカにおける人文科教育論をてがかりに──」である[1]。社会科教育の専攻でありながら人文科教育を研究対象として社会科教育との関係を考察する研究になっている。この研究に取り組むことになったのは，指導教員の森分孝治先生のご配慮に起因する。広島大学文学部哲学科中国哲学専攻の私が教育学研究科修士課程に入学し，社会科教育の研究課題を模索していた。森分先生がその状況を憂い，私の人間的資質と研究関心を考慮し，アメリカにおける社会科教育よりも人文科教育の研究を指示してくれたのである。その意味では，指導教員の森分先生の洞察によって私の研究が方向づけられた論文である。本論文の目次構成は次のようになっている。

1　はじめに

2　人文科教育が問題とされる背景

　　(1) 社会的背景　(2) 教育的背景　(3) 学問的背景

3　人文科教育の原理

　　(1) 人文科教育の定義と目的　(2) 人文科教育の方法原理

4　人文科教育の方法

　　(1) 文学理解の人文科教育　(2) 文化理解の人文科教育

　　(3) 芸術理解の人文科教育

5　おわりに

　本論では，アメリカにおける 1960 年代の科学的カリキュラムとしての新社会科の動向に対する課題を，情緒的・価値的領域に関する人間性カリキュラムの観点から解明するために人文科教育を考察している。そして，人文科教育を文学理解，文化理解，芸術理解を意図する 3 形態に類型し，文化理解の形態を社会科との関連で評価している。このように私の社会科教育研究についての問題意識と研究視点の基軸は大学院時代から「文化」にあると言える。この基軸に関連する先行研究においても次の指摘がなされている。日本の社会科教育の教育課程は，社会科成立以降現行まで一貫して，「文化遺産」「文化交流」「文化理解」「生活文化」「文化の役割」「文化の継承と発展」等に関する文化内容

が組み込まれている[2]。また，21世紀を迎える社会の構造変化に対応できない公民教育としての社会科から文化理解を意図する文化科教育が提唱されている[3]。さらに，アメリカ社会科における文化学習の展開と構築主義に基づく文化認識教育の構造が解明されている[4]。これらの研究だけでなく，平成23年度以降の日本の学校教育では，小学校社会科，中学校社会科，高校地歴科，高校公民科も含めて教育課程において「伝統と文化」に関する文化内容が重視されてきている。

　このような研究状況と学校教育の動向を踏まえて，文化を基軸とする社会系教育の教育課程，授業実践，教育意義等について考察する。

1　文化を基軸とする社会系教育の構成

（1）文化を基軸とする現行の教育課程の構成

　わが国の教育再生を図るために，平成18年12月に改正された教育基本法を踏まえて平成20年3月には「幼稚園教育要領」と「小学校学習指導要領」及び「中学校学習指導要領」が公示され，平成21年3月に「高等学校学習指導要領」が公示された。これらの学習指導要領の改訂の理念は，知識基盤社会化やグローバル化が進行する現代社会において求められる確かな学力，豊かな心，健やかな体の調和を重視する「生きる力」の育成にある。この「生きる力」の育成を図る上で「伝統と文化」に関する教育は重要な役割を有する。現行学習指導要領において「我が国の伝統と文化」を重視する改訂の趣旨が，答申では次のように指摘されている[5]。「国際社会で活躍する日本人の育成を図る上で，我が国や郷土の伝統や文化を受け止め，そのよさを継承・発展させるために教育を充実することが必要である。世界に貢献するものとして自らの国や郷土の伝統や文化について理解を深め，尊重する態度を身に付けてこそ，グローバル化社会の中で，自分とは異なる文化や歴史に敬意を払い，これに立脚する人々と共存することができる」。続いて，「伝統や文化についての深い理解は，他者

や社会との関係だけでなく，自己と対話しながら自分を深めていく上でも極めて重要である」。

　その意味では，国際社会において重要な役割及び交流を推進する日本人としての資質形成と共に自己の生き方を深めるところに「伝統と文化」に関する教育の充実を図る趣旨がある。この趣旨が具体化された教育課程に基づく教育は，平成23年度から小学校，平成24年度から中学校，平成25年度から高等学校において実施されてきている。特に，「伝統と文化」に関する充実事項としては，国語科での古典，社会科や地理歴史科での歴史学習，技術・家庭での伝統的な生活文化，音楽科での唱歌・和楽器，美術科での我が国の美術文化，保健体育科での武道の指導などが指摘される。そして，この学習指導要領の内容に基づいて全国の学校において「伝統と文化」に関する教育が実施されている。

　具体的には，小学校1学年から中学校3学年までの各学年の年間計画には「日本の伝統・文化」に関する内容が取り入れられている[6]。例えば，小学校第3学年では次のようになっている。国語では「漢字仮名交じり文」「ことわざ」「短歌や俳句」などの伝統的な言語文化に関する内容と「点画の種類」に基づく毛筆に関する活動。社会では「地域に古くから残る建造物の観察や聞き取りなどの調査」。算数では「そろばん」を用いた簡単な加法及び減法の計算。理科では風車などを教材とする風力。音楽では我が国や諸外国の音楽鑑賞や歌唱と和太鼓の演奏。図画工作では「伝統的な玩具」の鑑賞。体育では伝承遊びの活動。道徳では郷土や我が国の伝統や文化に対する態度形成。総合的な学習の時間では「地域の伝統・文化に関する活動」。特別活動では七夕集会，運動会，学芸会，書き初めなどの行事。

　このように現行の学習指導要領における「各学年の目標及び内容」「内容の取扱い」に対応して，「伝統と文化」に関する教育内容等が，小学校1年から中学校3年まで全学年に組み込まれた教育課程になっている。その意味では，現行の日本における学校の教育課程は文化を基軸とする構成になっていると言える。

(2) 文化を基軸とする社会科関連の教育課程の構成

　学校の教育課程における文化に関する内容構成について小学校社会科と高校の特定教科・科目設定としての「日本の伝統・文化」の事例を検討する。

・小学校社会科の内容構成

　現行学習指導要領では，小学校社会科に関する改善の具体的事項として次のことが明示されている[7]。「我が国の歴史や文化を大切にし，日本人としての自覚をもつようにするとともに，持続可能な社会の実現など，よりよい社会の形成に参画する資質や能力の基礎を培うことを重視して改善を図る。」このように小学校社会科における「伝統と文化」に関する内容を取り扱う意図として，日本人としての自覚と社会形成の参画が指摘されている。

　第3学年及び第4学年の内容（1）のアでは，地域を調べる対象として地域における地形，土地利用，公共施設の場所と働き，交通の様子に「古くから残る建造物」が付加されている。その建造物としては，神社，寺院，伝統的な家屋などが挙げられる。また，門前町，城下町，宿場町などの伝統的な町並や集落なども考えられる。そして，児童たちが実際にそれらの建造物を観察し，昔の様子やいわれなどを聞き取り調査することによって，それらの位置や調査内容を白地図に記載する指導が求められる。

　内容（5）では，地域の人々の生活の移り変わりとして，「ア　古くから残る暮らしにかかわる道具，それらを使っていた頃の暮らしの様子」「イ　地域の人々が受け継いできた文化財や年中行事」「ウ　地域の発展に尽くした先人の具体事例」が，学習する対象として取り上げられている。これらの学習のねらいは，地域の人々の生活の変化，人々の願い，地域の発展に尽くした先人の働きや苦心を考えるところにある。なお，文化財や年中行事などの伝統文化については，「地域に残る」という社会事象的なとらえ方から地域の人々が関与してきたという人間の行為が理解できる表現になっている。さらに，このような理解を通して地域の文化財や年中行事のよさを受け継ぎ，地域の一員としてそ

れらを発展させる関与も期待されている。これらの指導においては，地域の博物館や郷土資料館などの見学調査や地域の人々からの聞き取り調査が主となるが，昔の道具を実際に使用し，行事の体験などの活動を活用する工夫も必要とされる。

　内容（6）のウでは県（都，道，府）内の特色ある地域の人々の生活についての学習として，「自然環境，伝統や文化などの地域の資源を保護・活用している地域」が取り上げられている。その際に，「伝統的な工業などの地場産業の盛んな地域を含めること」とされている。そして，自然の風景，歴史的景観，文化財や年中行事，産物などの地域の資源を保護・活用し，地域の活性化や町づくりに取り組んでいる地域を考慮する必要がある。さらに，陶磁器，塗り物，織物，和紙などの伝統的な工業が盛んな地域を含めることになっている。なお，これらの地域を選択する場合に，自分たちが住んでいる地域と比較したりして，県全体の概要や特色を理解できるようにする配慮が求められる。これらの指導においては，県の地図や調査対象に関する資料の収集と活用が主となるが，可能であれば地域見学などを取り入れることも必要になる。すなわち，第3学年及び第4学年における社会科の「伝統と文化」に関する内容は，児童たちが道具，文化財，年中行事，地域の発展に尽くした先人などに関する学習内容を，文献，書籍，資料館，博物館，地域の人々などの活用の学習方法に基づいて構成されている。

　第6学年の「伝統と文化」に関する事項は，歴史学習において組み入れられている。第6学年の内容（1）が歴史に関する内容になっている。そして，「我が国の歴史上の主な事象について，人物の働きや代表的な文化遺産を中心に遺跡や文化財，資料などを活用して調べ，歴史を学ぶ意味を考えるようにするとともに，自分たちの生活の歴史的背景，我が国の歴史や先人の働きについて理解と関心を深めるようにする」ことが明記されている。さらに，日本の主な歴史事象として，9事項の内容が示されている。内容アは「狩猟・採集や農耕の生活」「古墳」「大和朝廷による国土の統一」である。内容イは「大陸文化の摂取」「大化の改新」「大仏造営」「貴族の生活」「日本風の文化」である。内容ウ

は「源平の戦い」「鎌倉幕府の始まり」「元との戦い」である。内容エは「室町文化」である。内容オは「キリスト教の伝来」「織田・豊臣の天下統一」「江戸幕府の始まり」「参勤交代」「鎖国」である。内容カは「歌舞伎や浮世絵」「国学や蘭学」「町人の文化」である。内容キは「黒船の来航」「明治維新」「文明開化」である。内容クは「大日本帝国憲法の発布」「日清・日露の戦争」「条約改正」「科学の発展」である。内容ケは「日華事変」「第二次世界大戦」「日本国憲法の制定」「オリンピックの開催」である。このように原始，古代，中世，近世，近代，現代という通史的構成を踏まえて「歴史の進展に大きな影響を与えた各時代の代表的な歴史的事象」が取り上げられている。これらの9事項の内容において内容エ「室町文化」と内容カ江戸時代の「町人の文化」が独立項目になっているところに，「伝統と文化」に関する内容構成の特色になっている。なお，これらの主な歴史事象についての授業では「人物の働き」と「代表的な文化遺産」を活用する指導が重視される。

　歴史学習全体としては，人物の働きや代表的な文化遺産を中心に内容が構成されるが，我が国の文化遺産としては，重要文化財，その重要文化財のうちで「学術的に価値が極めて高く，かつ代表的なものとして指定された」国宝となっている。さらに，それらの中で世界文化遺産も取り上げる配慮が求められている。なお，歴史学習への関心や理解を深める観点から，自分たちの地域の文化遺産を取り上げることも可能である。そして，取り上げる文化遺産を歴史的事象と関連づけることに配慮した指導が求められる。その指導においては，わが国の伝統と文化を大切にする態度の形成を図るために次の理解が求められている。文化遺産が我が国の先人の工夫や努力によって生み出されたものであること，私たちの祖先の手によって現在まで大切に受け継がれてきたこと，我が国の伝統や文化の特色や現在の私たちの生活や文化の源流などを考える上で欠かすことができない高い価値をもっていること。すなわち，第6学年における社会科の「伝統と文化」に関する内容は，原始，古代，中世，近世，近代，現代という通史的構成を踏まえて「歴史の進展に大きな影響を与えた各時代の代表的な歴史的事象」が取り上げられ，特に「代表的な文化遺産」に基づいて日

本の伝統や文化についての特色を先人の功績と先人からの継続を視点に学習される構成になっている。

　このように小学校社会科における「伝統と文化」に関する内容は，自国の地域や歴史の「伝統・文化」の内容を児童たちの調べ学習に基づいて学習される構成になっている。さらに，児童たちの地域社会や日本の歴史に限定した事実的内容と先人の工夫や努力に関する価値的内容の構成になっている。しかし，このような内容構成においては自国中心の教育に陥る問題があるので，現在及び未来の文化価値と国際社会への関与から自国のアイデンティティー形成を図る内容構成が課題とされる。

・高等学校設定教科・科目「日本の伝統・文化」の内容構成

　東京都教育委員会では平成 17 年度から「日本の伝統・文化理解教育推進事業」が発足した。そして，推進校として幼稚園（1 園），小学校（29 校），中学校（16 校），高校（10 校），養護学校と聾学校（4 校）が指定され，研究が進展されている。さらに，平成 19 年 4 月からは都立高等学校の設定教科・科目として「日本の伝統・文化」を設置している(8)。この事業における教育目標として，次の子ども像が掲げられている。「自分の身近な地域や自国の伝統・文化の価値を理解し，誇りに思える子ども」「自国の伝統や文化を世界に発信できる資質や能力をもった子ども」「他国の伝統や文化を理解し尊重するとともに，お互いに文化交流ができる子ども」。

　このような日本と他国の「伝統・文化」の理解，発信，尊重，交流に寄与する子どもの形成を目標として，伝統・文化教育は各教科，道徳，特別活動，総合的な学習の時間などの教育課程と部活動及び地域との連携活動などの教育課程外も含めた広範囲の教育活動として取り扱われるようになっている。そして，これらの教育活動の柱になる「日本の伝統・文化」の基本的考えが次のように述べられている(9)。「『伝統・文化』は，これまで受け継がれてきた，いわゆる伝統文化にとどまるものではなく，現代において生成発展している伝統や文化，未来に受け継いでいきたい伝統や文化のすべてを含んでいるのである。」

すなわち,「伝統・文化」は過去に留まらず現代と未来の文化にも連関するものと定義づけられている。

　この文化連関を視点に,「日本の伝統・文化」のカリキュラム編成と授業事例が例示されている[10]。カリキュラムは,「基本的な単元」「体験・創出的な単元」「新たな文化の単元」の3形態で編成されている。「基本的な単元」では,「色, 形, 文様―風呂敷に学ぶ(1)―」「折る, 包む, 結ぶ―風呂敷に学ぶ(2)―」「いろいろな文字を読んでみよう」「日本の遊び」「箸と椀」「祭りの魅力」など10単元が例示されている。「体験・創出的な単元」では,「身の回りの情報・メディア」「アニメ絵巻物をつくる―鳥獣戯画, 北斎漫画からアニメへ―」「モダン都市東京の生活文化」「世代をつなぐ日本のうた」「大相撲と現代生活」「生活に生き続ける江戸の文化」「武道に学ぶ」など13単元が例示されている。「新たな文化の単元」では,「現代の芸術にみる日本の伝統・文化」「折り鶴を折る―野口宇宙飛行士による『宇宙鶴』プロジェクト―」「和からジャパンブランドの創出」「日本的な感性を味わおう―手作り和楽器に挑戦!」など7単元が例示されている。これらの単元は, 次の過去・現代・未来の文化連関の視点によって系統づけられている。「長い年月を経て日々の中で様々に形を変えて伝わってきたもの」「現代において評価され価値あるもの」「新たな文化となって未来へと連綿と受け継がれて生き続けるもの」。

　このような目標と教育課程に基づく伝統・文化教育の性格は, 次のように指摘できる。地域や自国の「伝統と文化」の価値理解に留まるのではなく, 現代社会において継承されている文化を国内外における多様な文化と比較・吟味し, 相互交流によって, 未来に新たな文化を創造する資質を形成することが目標とされている。さらに, 過去に留まらず現代と未来の文化にも連関する「伝統・文化」の内容に基づく広範囲の教育課程となっている。

　なお, 兵庫県においても東京都と同様に全国に先駆けて設定された高等学校設定科目「日本の文化」が平成19年度から開始されている[11]。高校の教科「地理歴史科」の科目である目標は,「日本及び自らが住んでいる地域の文化的価値についての理解と表現を図り, 世界の多様な文化を尊重し交流することに

よって，国際社会に主体的に生きる自覚と資質を養う」ことにある。内容は，「生活文化」，「伝統文化」，「地域文化」，「Japan Now」の4領域によって構成されている。

　各領域の授業事例が次のように示されている。生活文化では衣食住の文化，年中行事，通過儀礼，あそび，自然と生活の7授業。伝統文化では能・狂言，茶道，華道，書道，神社・仏閣，伝統工芸，日本画，和歌・俳諧，邦楽，武道の10授業。地域文化では歌舞伎，人形浄瑠璃，立杭焼，伝統産業と地場産業，城郭と寺社建築の5授業。Japan Now では日本のマンガ・アニメ，映画・音楽，世界の中の日本語，日本のテクノロジー，日本の中の多様な文化の6授業。これらの4領域において「Japan Now」の内容が組み入れられていることが，これまでの伝統文化の内容とは異なり，現行学習指導要領に基づくカリキュラムの核になる意義を有する。その理由は，これまでの「伝統・文化」の内容は過去の文化を理解することに対して，この科目では過去から現代において継承されてきた文化の価値を，国内外に発信することによって未来の新たな文化を創造することにある。

2　文化を基軸とする社会系教育の授業実践の類型と意義

　文化の重要性については，文化審議会の答申（平成24年2月）「文化を大切にする社会の構築について～一人一人が心豊かに生きる社会を目指して」において，今後の社会における文化の機能・役割として次のように指摘されている[12]。「文化は，①人間が人間らしく生きるために極めて重要であり，②人間相互の連帯性を生み出し，共に活きる社会の基盤を形成するものです。また，③より質の高い経済活動を実現するとともに，④科学技術や情報化の進展が，人類の真の発展に貢献するものとなるよう支えるものです。さらに，⑤世界の多様性を維持し，世界平和の礎となります。

　このような文化の果たす機能や役割にかんがみ，社会のあらゆる分野や人々の日常生活において，その行動規範や判断基準として『文化』を念頭に置いて

振る舞うような社会，言わば『文化を大切にする社会』を構築することが必要です。」

　本答申での文化の意味は，「最も広くとらえると，人間が自然とのかかわりや風土の中で生まれ育ち身に付けていく立ち居振る舞いや，衣食住をはじめとした暮らし，生活様式，価値観など，人間と人間の生活にかかわることの総体」とされている。そして，文化は政治や経済などの機能的一側面の役割を有するのではなく，社会諸相の核になる機能と役割を有するものとされている。その意味では，あらゆる文化領域が根底である文化力に通じるところに共通性がある。そのような文化を大切にする社会の構築方法として，次の5方法が挙げられている。「社会全体で文化振興に取り組む」「文化を大切にする心を育てる」「我が国の『顔』となる芸術文化を創造する」「文化遺産を保存し，積極的に活用する」「日本文化を総合的・計画的に世界に発信する」。これらの中で，「文化を大切にする心を育てる」の教育に関連する方法として，「我が国の歴史，伝統や世界の多様な文化を尊重する教育の充実」「子供の文化体験活動の推進」「教員の豊かな感性と幅広い教養の涵養」「国語の重視」「地域における文化の振興」が明示されている。これらは家庭教育，学校教育，社会教育，教師教育などの教育機能を有するすべての領域に関連する方法である。したがって，それらの領域における教育活動が文化創造に収斂する教育の理論的・実践的研究と教育施策の統合的対応が重要であると言える。

　このような統合的な対応を視野に入れながら社会系教育の授業実践として具体化を図る必要がある。文化は，先に指摘したように人間が創りだすものであり，人間と人間の生活に関する総体である。さらに，過去・現在・未来と関連する。このよう過去から現在まで関連する文化の意味や意義を教育する上で，文化と人間（学習者）との関与の視点から次の3形態に分ける。過去から現在まで関連する文化の意味や意義を理解する「文化価値理解」の形態。過去から現在まで関連する文化の意味や意義を体験等の活動を通して文化価値を体得する「文化価値形成」の形態。過去から現在まで関連する文化の意味や意義を未来の文化創造に関連づける「文化価値創造」の形態。これらの3形態の典型的

授業事例を取り上げて，それらの意義を指摘する。

(1) 文化価値理解を意図する社会系教育の授業実践

　文化価値理解を意図する授業実践として兵庫県立高等学校設定科目「日本の文化」の「日本のマンガ・アニメ〜マンガ大国日本〜」の授業実践を取り上げる[13]。この授業のねらいは次のように設定されている。

(1) 日本のマンガ・アニメの原点といわれる「絵巻物」のストーリーを伝えていく技術，表現方法，その構図や技法，伝統との共通点に興味・関心をもち，マンガの歴史について意欲的に調べることができる。

(2) 日本を代表するいくつかの作品を通して，そこから言葉や文化の違いの壁，原作を伝えるむずかしさなどを考察することができる。

(3) なぜ日本のマンガ・アニメが海外で評判となっているのかを資料より考察し，発表することができる。

(4) マンガ，アニメとは何かについて理解する。

　授業の展開としては，導入では「漫画・マンガ・アニメ・アニメーション・ジャパニメーション」の用語を取り上げて，語源や意味を考察する。そして，これらは世界において利用され，「manga」の綴りで世界に通じることの理解が図られている。展開では「漫画・動画の原点」として絵巻物が教材として利用され，マンガやアニメの表現方法の共通性の考察がなされている。特に『鳥獣戯画』のキャラクターやストーリーが注目されている。さらに，江戸時代の葛飾北斎の『北斎漫画』や明治期のビゴーの風刺画などとの関連も考察されている。これらの教材によって現代のマンガやアニメの歴史的関連の考察から世界への文化発信を理解する。その際に，海外の国々における会話表現，本の体裁，価値観などの違いから生じる課題も考察されている。整理では日本のマンガ・アニメが世界中の国々に受け入れられている要因がまとめられている。そして，外国人に伝えたい好きなマンガキャラクターの説明が日本語によってなされる。なお，発展学習として外国人にマンガやアニメの歴史や魅力を説明する英文づくりが設定されている。

　この授業では，日本人のあるべき姿や資質を前提に，それらの文化価値を手段として指導するのではなく，マンガ・アニメの文化価値の理解や関与を目標として過去から伝承されてきた「伝統と文化」を，現在の生活文化と関連づけて理解を図る展開になっている。その意味では，現在の「伝統と文化」を過去の「伝統と文化」と関連づけて文化価値理解を図るところに意義がある。

(2) 文化価値形成を意図する社会系教育の授業実践

　文化価値形成を意図する授業実践として高等学校設定科目「日本の文化」の「一服のお茶を楽しむ」（2時間）の授業実践を取り上げる。この授業のねらいは次のように設定されている[14]。
(1) 茶道に関心を持ち，客として必要な知識や作法を意欲的に学ぶことができる。
(2) 『もてなしの心』・『一期一会の思い』を通して，日本人の精神文化を考察できる。
(3) 動作資料を見て，客としての作法を繰り返し行うことにより，心のこもった動作を身につけることができる。
(4) 茶席における道具類と流れ（順序）を知り，その中で，主客の心遣いがどのように表現されるのかを理解する。

　授業の展開としては，導入では「エルメスのスカーフの図柄『一期一会』」が提示される。そして，世界ブランドの会社のスカーフの図柄が「一期一会」であること，スカーフの端に心を込めた礼で客を迎える和服の男女の姿が織り込まれていることに気づかせる。さらに，その図柄が茶会にて客を迎える亭主のもてなしの所作であること，その所作の精神が「一期一会」であることの理解が図られている。なお，「一期一会」の意味は，「茶会に臨む際は，その機会を一生に一度のものと心得て，主客ともに互いに誠意を尽くせ」という茶会での主客の心得とされている。すなわち，日本文化の茶道の所作と精神が世界的に評価されているところから授業が始まる。

　展開では客の作法を身につける学習活動がなされる。作法としては「①立ち

居振る舞い」「②お菓子のいただき方」「③薄茶のいただき方」の客としての基本所作になっている。そして，DVD に収録されているモデル動作を視聴し，これらの基本所作を繰り返す学習活動がなされている。「①立ち居振る舞い」は，座り方，立ち方と歩き方，おじぎの仕方の所作である。「②お菓子のいただき方」は，箸の扱い方と菓子鉢の扱い方の所作である。「③薄茶のいただき方」は，点てられた薄茶のお茶碗の扱い方と飲み方の所作である。そして，これらの学習活動を連続的に行うことによって客としての基本所作を習得する展開になっている。このような学習活動の展開において，「作法とは，『茶事』『茶会』をスムーズにすすめるため，また他人に不快感を与えないための，亭主と客の間の約束事」であり，「作法は心（譲り合う心・いたわりあう心・尊敬し合う心）を表現する手段」であるので「形どおりの動作ができるか，ではなく，心のこもった動作ができる」ことの指導が図られている。

　まとめでは茶席の体験活動が設けられる。次の進行に沿った茶会にて，これまでに学習してきた客としての所作を追体験するのである。①受付で記帳します。②寄付待合に入ります。③茶席に入ります。④亭主の挨拶があります。⑤菓子器で運ばれてきたお菓子をいただきます。⑥亭主の点前が始まります。⑦主茶碗が亭主に戻ると，茶道具（棗・茶杓）の拝見があります。⑧正客と亭主の間で，テーマや季節，道具類にちなんだ和やかなやりとりがあります。⑨亭主の挨拶があります。

　このような茶会の体験活動を通して亭主と客との心遣いをお互いに感得し，心の交流を楽しむのである。その意味では，導入で誘発された世界的に評価されている茶道の所作と精神が実感されるまとめになっている。さらに，発展的学習として，学校の文化祭にて開催されている茶席に参加したり，外国の方々に茶道に関する助言を英語で表現したりする活動が明示されている。

　このように科目「日本の文化」としての茶道の授業は，茶道の「もてなしの心」等の文化価値の理解とその価値を具現化する作法の習得を目標としている。そして，過去から伝承されてきた茶道文化を，現在の生活文化（人間関係及び人間と道具との関係等）と関連づけ，茶道の客としての作法体験を通して心の豊

かさを形成する指導になっている。その意味では，この茶道の授業は，自分と他者との心を豊かにする茶道の文化価値を茶道の作法体験によって体得するところに意義がある。

(3) 文化価値創造を意図する社会系教育の授業実践

　文化価値創造を意図する授業実践として東広島市立向陽中学校における和文化学習の授業実践を取り上げる。平成 13 年度に「和文化の風を学校に！」という呼びかけによって和文化教育を提唱し，平成 15 年 10 月に『「和文化の風を」学校に』（明治図書）の編著を刊行した。その本が当時東広島市立向陽中学校校長だった前原敏雄先生の眼に止まり，全国の学校において始めて向陽中において「和文化学習」が開始された。向陽中では「和文化学習」を教育課程に編成するために，選択教科と総合的な学習の時間を活用している。平成 20 年度では次の時間になっている。第 1 学年では総合的な学習の時間 32 時間。第 2 学年では選択教科の 35 時間と総合的な学習の時間 30 時間の 65 時間。第 3 学年では総合的な学習の時間 35 時間。これらの時間に和文化学習を取り入れ，各教科の学習指導の発展的学習として位置づけている[15]。

　1 学年では総合的な学習の時間において「和文化調べ学習」（和文化を調べよう）がなされている。例えば，日本の自然や文化，郷土の文化や産業などについての調査活動が，社会の身近な地域調査，理科の身のまわりの生物観察，国語の古典学輯などの教科の学習指導との関連で実施されている。2 学年では選択教科の時間において「和文化体験学習」（和文化を体験しょう）になっている。例えば，国語では「絵手紙」，家庭科では「茶道」，保健体育では「杖道」，音楽では「箏・尺八」，美術では「水墨画」，技術では「竹細工」の活動が設けられている。そして，これらの活動は各教科の内容である「毛筆文化」「日本食」「武術武道」「伝統音楽」「日本画」の関連で実施している。なお，和文化学習の実技指導においては地域講師の方々の協力を得ている。3 学年では総合的な学習の時間において和文化学習コースの活動内容に基づいた「和文化表現学習」（和文化を創りあげよう）とされている。1 学年と 2 学年の学習内容を基礎

に各活動の作法や技を磨き，個人や共同の作品制作と演奏活動をする。その学習成果を他学年の生徒や地域の人たちに紹介する発表活動を行う。したがって，3学年の和文化学習は学校の活動と地域との交流を推進する活動になっている。

　このような和文化学習の全体計画の核となるのが，和文化学習の6コースである。絵手紙コースでは，姿勢・筆の持ち方・線の引き方の基本練習から始まり，クリスマスカード・年賀状・寒中見舞・立春便り・卒業生へ（感謝）・新入生へ（歓迎）などの絵手紙作品の制作活動がなされている。箏・尺八コースでは，箏・尺八の楽器決定の後，各楽器の基礎練習，「さくら，お正月，荒城の月，花筏」などの基礎練習，「四季の日本古謡，桜草，さくら21」などの演奏練習から仕上げとして合奏の活動がなされている。水墨画コースでは，道具の説明，水墨画の歴史と主な作品鑑賞，筆遣いの基礎技術の導入から四君子（蘭，竹，梅，菊）の描画実技がなされ，野菜，果物，植物，風景などの水墨画実技として作品制作がなされている。竹細工コースでは，竹細工の調査と発表の活動，竹の採取活動と竹加工の基礎活動，竹とんぼ・バランストンボ・和凧の製作の活動，竹細工達人指導による籠の製作の活動がなされている。茶道コースでは，お茶の心や歴史などの学習，なつめ・茶杓・茶筅とおしなどの割稽古，盆略手前，お茶会の開催の活動がなされている。杖道コースでは，全日本剣道連盟の制定杖道の基本技と5本の形に基づいた形演武と他の演武審判の活動がなされている。これらのコースの学習活動では，生徒たちが師範の指導によって技を獲得し，獲得した技をてがかりに，言葉，曲，画，所作，形の表現方法によって文化価値を表出し，他者との交流を図るものになっている。

　この和文化学習が全国に向けて発進されたのが，平成20年10月24日と25日に東広島運動公園体育館にて開催された「和文化教育第4回全国大会」であった。この大会では，東広島市ではすべての幼稚園と小・中学校の52校園が一校一和文化学習に取り組み，地域全体として和文化教育の実践発表がなされた。これらの大会において向陽中学校の取り組みとして，「絵手紙コース」「箏・尺八コース」「水墨画コース」「竹細工コース」「茶道コース」のコラボレーションによる大茶会が開催されたのである。その為，「絵手紙コース」では

扇子の扇面作成，「水墨画コース」では掛け軸の制作，「竹細工コース」では茶杓や竹筒の作製，「箏・尺八コース」では茶室の雰囲気を醸す演奏，「茶道コース」では亭主として茶のもてなしを遂行したのである。

このような和文化学習としての茶道の授業は，和文化学習の5コースを大茶会の設定に基づいて統合化を図り，学校の文化として発展させる活動になっている。そして，この研究大会では全国と地域からの参加者と生徒たちが，大茶会を媒介にして交流する場を生み出すことになったのである。その意味では，この茶道の授業は，学校と地域の交流を推進させ，学校における新たな形態としての社会的文化活動を創造しているところに意義がある。なお，平成23年度に新設された中央中学校では，校訓として「和心・礼節・進取」と定め，「和心」を観点に特色ある学校づくりがなされている。この活動の核として，「茶道」が教育課程において取り入れられている。この茶道の学習では，「総合的学習の時間」として1年生では調べ学習を，2，3年生では体験学習を主体に「茶道」を学習するようになっている。この学習の集大成として，10月の文化祭においてお茶会を開催する。そして，学校と地域住民と絆も築く文化活動になっている[16]。

3　文化を基軸とする社会系教育の意義と課題

我が国において「伝統と文化」に関する教育が重視されるようになってきた背景には，戦後70年を経た日本の社会変化がある。日本は第二次世界大戦後，民主主義社会の維持・進展と資本主義社会としての経済成長を基盤に発展し，国際社会における重要な役割を担うようになってきた。その役割と交流を推進するために日本人としてのアイデンティティー形成が求められている。また，人々の生活においては戦後の経済的発展に伴い，電化製品・自動車・情報機器などの普及に貢献した物質文明に価値が置かれてきた。しかし，家庭・学校・地域における人々の心の豊かさや共に生きる人々の絆を醸成する生活・地域・伝統などの文化価値が，教育力や地域活性化において見直されてきている。こ

のように「伝統と文化」に関する教育が必要とされる背景としては，戦後70年の我が国を取り巻く国際社会と我が国における社会生活の変化が指摘できる。そして，この教育は政治と経済を最優先させてきた戦後社会における教育から，新たな時代の原動力として政治的・経済的活動も包括する文化力を基軸とし，国際社会における「文化創造国家」の担い手と社会生活における生活の質を高める「文化創造者」を育成する教育の試みとして意義づけられる。

　このような教育動向において，「伝統と文化」を基盤とする日本人の育成という自国のアイデンティティー形成が強化されると偏狭な自国中心主義の教育に陥る。しかし，自国のアイデンティティー形成なしに国際社会への関与を図る教育は難しい。このジレンマの対応が，「文化」を基軸とする「伝統と文化」に関する教育の課題である。この課題は，日本を含む東アジア地域のみならず世界の国々においても直面するものである。この課題に対して，「伝統と文化」に関する教育研究は重要な責務を担う。その意味では，平成17年度設立の「和文化教育学会」[17]と平成26年度開設の「関西学院大学グローバル日本文化教育研究センター」[18]は，私の原点である「人文科教育」と基軸である「文化」の教育研究活動の進展を図る基地でもある。

　本章では，大学院時代から私の研究関心の基本視点と最近の日本の学校教育の動向を踏まえて，文化を基軸とする社会系教育の教育課程，授業実践，教育意義，教育課題について考察してきた。そして，本著の第Ⅱ章から第Ⅳ章では，社会系教育の授業実践として，文化価値理解を意図する社会系教育の授業実践，文化価値形成を意図する社会系教育の授業実践，文化価値創造を意図する社会系教育の授業実践が提案されている。これらの授業実践の提案は，これまでの社会系教育の内容において，地理，歴史，政治，経済，倫理などの社会の要素として取り上げられてきた文化が，これらの社会の要素を包括し，社会の下部構造として基盤になる可能性を開示したものと意義づけられる。今後も「文化を基軸とする社会系教育」を推進するためには，本著を研究の1里塚として，更なる研究の旅程を企画し，次の1里塚の設置がなされることを期待したい。

（中村　哲）

註

（1）拙稿「人文科教育の方法―アメリカにおける人文科教育論をてがかりに―」日本社会科教育研究会『社会科研究』第 22 号，昭和 48 年 11 月，pp.49-57.

（2）大友秀明「社会科教育における『文化学習』の意義と可能性」『埼玉大学紀要教育学部』第 63 号，平成 26 年，pp.253-266.

（3）伊東亮三「社会科と文化科―混迷時代からの脱出をめざして―」全国社会科教育学会『社会科研究』第 41 号，平成 5 年 3 月，pp.1-10.

（4）田中　伸『現代アメリカ社会科の展開と構造―社会認識教育論から文化認識教育論へ―』風間書房，2011 年 2 月。

（5）文部科学省「幼稚園，小学校，中学校，高等学校及び特別支援学校の学習指導要領等の改善について」平成 20 年 1 月。

（6）「日本の伝統・文化理解教育の実践」東京都教育庁指導部指導企画課，平成 21 年 2 月，pp.21-38.

（7）文部科学省『小学校学習指導要領解説　社会編』日本文教出版，平成 20 年 6 月。

（8）東京都教育委員会『日本の伝統・文化理解教育指導事例集』平成 19 年 3 月。

（9）東京都教育庁指導部指導企画課『「日本の伝統・文化」教材集』平成 18 年 12 月。

（10）同上書　目次

（11）兵庫県教育委員会『学校設定科目「日本の文化」教材活用事例』平成 19 年 3 月。

（12）文化審議会の答申「文化を大切にする社会の構築について～一人一人が心豊かに生きる社会を目指して」平成 14 年 2 月。

（13）兵庫県教育委員会 前掲書 pp.104-107.

（14）兵庫県教育委員会 同上書 pp.44-47.

（15）東広島市立向陽中学校『「進んで学び考え行う」力を育てるための豊かな学びの創造～和文化学習との関連を通して～』平成 22 年 1 月。

（16）東広島市立中央中学校『平成 23 年度研究紀要　基礎・基本を確実に習得し，その活用をとおして論理的思考力を高める授業の創造』平成 23 年 3 月。

（17）和文化教育学会（http://30.pro.tok2.com/~wabunka/）

（18）関西学院大学グローバル日本文化教育研究センター（http://www.kggjcec.jp/）

第Ⅱ章

文化価値理解を意図する社会系教育実践

第1節　小学校社会科歴史学習における日本の「包み文化」の教材化
―第6学年単元「風呂敷から見える社会」の場合―

1　小学校社会科歴史学習における「伝統と文化」の意義

　現行の学習指導要領では，「我が国の歴史や文化を大切にし，日本人としての自覚をもつようにするとともに，持続可能な社会の実現など，よりよい社会の形成に参画する資質や能力の基礎を培うことを重視して改善を図る」とされ，小学校社会科における「伝統と文化」に関する内容を取り扱う意図として，日本人としての自覚と社会形成の参画が指摘されている[(1)]。第6学年の歴史学習では，「伝統と文化」に関する事項が組み込まれ，「我が国の歴史上の主な事象について，人物の働きや代表的な文化遺産を中心に遺跡や文化財，資料などを活用して調べ，歴史を学ぶ意味を考えるようにするとともに，自分たちの生活の歴史的背景，我が国の歴史や先人の働きについて理解と関心を深めるようにする」ことが明記され，原始，古代，中世，近世，近代，現代という通史的構成を踏まえて，歴史の進展に大きな影響を与えた各時代の代表的な歴史的事象が取り上げられ，「人物の働き」と「代表的な文化遺産」を中心に内容が構成されている[(2)]。主に子どもの調べ学習に基づいて，日本の伝統と文化についての事実的内容と先人の功績について，先人の工夫や努力に関する価値的内容と文化遺産を大切にする態度形成を図る授業が行われている。

　現在，グローバル化や情報化が進展する中で，予測できない未来に対応するには，社会の変化に受け身で対応するのではなく，主体的に向き合って関わり，自分の可能性を最大限に発揮して，よりよい社会と幸福な人生を自ら創り出していくことが必要である。解き方が予め定まった問題を効率的に解ける力を育むだけでなく，社会の変化の中で，社会的・職業的に自立した人間として，伝

統や文化に立脚し，高い志と意欲をもって，蓄積された知識をベースにして，膨大なフロー情報の中から何が重要なのかを主体的に判断して，必要な知識としてストックできることや，自ら問いを立ててその解決を目指し，他者と協働しながら新たな価値を生み出していくことなど，新しい時代に求められる資質・能力を確実に育成していくことが求められている[3]。

　歴史学習は，広い意味の政治史学習である。その結果，政治組織や制度など細かい事項中心の内容理解に陥り，歴史から何を学ぶのかと言った視点や，時代像や歴史像の形成に関わる歴史的思考力の育成とは無縁の学習になっている。歴史学習が単なる歴史的事実・事象の内容把握だけに留まらず，現在及び未来の文化価値を理解し，国際社会への積極的関与を行い，自国のアイデンティティーや個のアイデンティティー形成を図るための自己認識が深められるための歴史学習が必要である。

　その際にキーワードとなるのが「伝統と文化」である。子どもの生活文化の中で一番身近な衣食住や地域に受け継がれてきた伝統行事やお祭り，日本古来から人々の生活に根ざして今も存在している生活品や身近な「モノ」を取り上げて学習対象化することで，日本人の考え方や行動の底に流れている意識や習慣の形成過程を知ることになるとともに，現実の生活や社会が，長い時間をかけて，歴史的に形成されてきたものであることを実感できる歴史学習になると考えている。

2　小学校社会科歴史学習における「包み文化」教材化の内容

　日本には，すばらしい「包み文化」がある。「包む」とは，大切なものを保護したり，運搬したりする時に使われ，モノを丁寧に取り扱うことや「包む」というひと手間に込められた日本人の心遣いを含んでいる。このモノや心を大切にする日本の習慣をずっと将来に受け継ぎ伝えなければいけない。

　この日本の「包み文化」のシンボルが，風呂敷である。この風呂敷は，物を包み，持ち運んだり収納したりするための正方形に近い形の布である。起源は

定かでないが，奈良時代に遡ることができる。正倉院宝物の中に残っている舞楽の衣装包みとして用いられたものが日本最古のものとされている。古くは衣包，平包と呼ばれていたが，風呂敷と呼ばれるようになったのは，室町末期に，大名が，風呂に入る際に平包を広げ，その上で脱衣などして服を包んだり，足拭きにしたりしたことから「風呂で敷くもの」で風呂敷と呼ばれた説が有力である。それが，江戸時代になると，銭湯の普及とともに庶民にも普及する。このような入浴の際の習慣は，江戸時代に，湯を張って入浴に供する商売である銭湯の誕生によって飛躍的に庶民に普及していく。庶民が，衣類や入浴用具を「平裏（平包）」に包み持って銭湯に出かける。風呂に敷く布で包むことから，「平裏（平包）」に代わって「風呂敷包み」や「風呂敷」と広く呼ばれるようになる。このようにして広まっていった包むための布としての風呂敷の呼称が，やがて風呂で敷く布から，「包む布」として，行商人たちによって全国に広められていく。たった一枚の布ではあるが，様々な形状，大きさのものを包むことができるために広く普及していく。風呂敷自体，様々な大きさのものが作られ，サイズの大きいものは，大風呂敷といい，布団を包めるようなものまである。明治時代以降になると，西欧から鞄類が入ってくる。それとともに，包みモノから袋モノへ移行していくとともに，手提げ袋という形態が主流になり，風呂敷の利用は減少していく。現在では，街中で見ることは希である。しかし，近年，環境問題が取り上げられる中で，レジ袋の代用品としての利用が促進されている。つまり，風呂敷は，「形あるものを大切な資源として繰り返し使う」，これは，日本人が昔から大切にしてきた物を大切にすることやエコ ecology の視点で再評価されている。また，風呂敷は，包み方によって，どんなものにでも沿う柔軟性と機能性をもつだけでなく，日本の文化と日本人の知恵を伝えてきたものである。日本人の生活の中から育まれた「和」の心を風呂敷から見ることができる。四角い布の風呂敷には，様々な文様や素材，色合い，包み方などがあるように，教材としての風呂敷には，無限の可能性があり，日本の「伝統と文化」を考える有意義な教材である（表2-1-1 風呂敷の歴史参照）[4]。

表 2-1-1　風呂敷の歴史

時代	主な事柄
奈良時代	布の存在＝包みものの始まり。 現存する最古のもの＝正倉院の御物（天皇の所蔵物）を包んだ布 慶事包みは右包み，弔事包みは，左包みの作法が普及する。 ＝ 1270 余年の包み方の伝統 入浴作法が定められる。 ・沐浴潔斎＝明衣（麻白布の衣）を纏う作法。
平安時代	衣類を包んで運搬＝平安後期の風俗古路毛都々美（ころもつつみ＝衣包） 包み布＝平包→名称の変更
鎌倉時代 室町時代	風呂文化と風呂敷の関係が生まれる。 ・脱いだ衣服を家紋入りの絹布に包み，他の人の衣服と紛れないようにする。 ・風呂からあがると絹布の上で見繕いをする。 風呂＝社交儀礼の場……一種の遊楽を伴った宴を催すこと。 　　　＝蒸風呂……蒸気を拡散し室内の温度を平均化。床にむしろ，簀の子，布 　　　　を敷く。 　　　　→風呂敷包みへの呼称の変化＝平包の形態や素材感を表現するもの。
江戸時代	江戸文化に浸透する風呂敷商品や旅の荷物を包む。 　＝庶民生活に欠かせぬアイテム 湯屋営業の普及（入浴料を取って風呂に入れる銭湯） ・居風呂・鉄砲風呂・子持風呂・戸棚風呂・五右衛門風呂 入浴作法の簡略化 湯具の普及→風呂敷に包み銭湯に通う。 ・湯具＝手拭・浴衣・湯褌・湯巻・垢すり（呉絽の小布）・軽石・糠袋・洗い子など。 風呂敷を家紋や屋号を染める風習＝他人のものと区別するため。 →湯道具を風呂に敷く布のようなもので包む＝四角い包み布を風呂敷包みと呼ぶ。 平包と風呂敷包みの呼称の混在→風呂敷に統一。 銭湯での入湯作法の変化 ・江戸後期には裸で入る。→明衣の消滅　　｜銭湯利用の際の風呂敷の利用減 ・衣類を置く衣桁や棚，かごの設置。　　　｜　→風呂で使用するもの ・手足や身は，手拭を使用。　　　　　　　｜　→包みものの総称へ変化 ・着替えは板敷か畳の上で行う。 商業の発達 　＝行商人の風呂敷利用が拡大→商人使用に変化，吉祥文様（長寿・繁栄） ・利便性＝形を選ばず，ものを運搬できる。 ・宣伝効果＝屋号や商標を染め抜いた風呂敷＝商人の象徴

明治時代 大正時代	新たな風呂敷の需要＝実用品＋進物品「贈る」・「貰う」 明治時代＝四民平等の思想→平民まで苗字・家紋をもつ→紋章入り風呂敷の普及 ・進物品としての使用＝紋章入り風呂敷→実用品から新たな展開 　（現在　苗字の数＝13万3,700種類紋章＝約2万種類） 近代洋式技術の導入→工業化→繊維工業の飛躍的発展 風呂敷業界の変化 ・手織機→力織機　　　　・小幅→広幅織物 ・自家生産→工業生産　・天然染料→化学染料 唐草文様風呂敷（泥棒さんの風呂敷のイメージ）の生産（明治30年代～40年代）
昭和時代	包みものから袋ものへ移行する。 戦後合成繊維の風呂敷の商品化 昭和30年代＝史上空前の風呂敷需要 ・記念風呂敷需要 　　＝皇太子御成婚（和服ブームの到来）・町村合併・企業創業・東京五輪など。 昭和40年代＝手提袋による垂下運搬に移行 ・伊勢丹百貨店の紙製手提袋のサービス開始→各百貨店・小売専門店に影響 ・昭和44年頃には現代感覚のデザインによる紙製手提袋の市販化 　　＝紙のショッピングバックの流行現象 ・昭和45年に渡辺製作所の手提用の角底袋製機の稼働（毎分2000袋の高速生産） 布製手提袋の多様な展開 ・ショッピングバックの普及＝袋物市場の構築→風呂敷需要の減少傾向 人力運搬方法の変化→風呂敷を用いる運搬行為の減少 ・紙袋・布製の手提袋，スーパー関係で配布するビニル袋，鞄の普及 国華風呂敷（昭和42年～昭和52年）400万枚販売＝大ヒット商品の登場 ・ファスナーの展開によって風呂敷にも手提げ袋にもなるもの。 　　＝包みものから袋ものへの過渡期の商品 高度経済成長→ごみ公害問題の発生→風呂敷がごみ削減の手立てになる。 ・省資源節約経済思想の提唱＝風呂敷の良さの再認識 昭和60年に入ると，街角での風呂敷運搬は見られなくなる。
平成時代 現在	風呂敷の包み方を一般生活者に提案→ラッピング感覚 ・テレビや新聞，家庭雑誌，催事や文化教室の開催で和の文化を表現 風呂敷＝自然環境保護・地域保全を希求する思想背景と融合 実用品から贈答品への需要へ定着する。 ・幅広い価格ランク・かさばらない・デザインの多様性 →贈る人の気持ちを間接的表現 普遍的な一枚の四角い布＝包みものだけでなく生活布としての使用へ浸透

3　小学校社会科歴史学習における「包み文化」教材化の方法

(1) 魅力的な授業を創るための「教材」の意義

　魅力的な授業を構想しようとするならば，学習指導要領の内容だけではなく，教科の親学問にあたる必要がある。社会科ならば，社会学や経済学，歴史学，地理学など社会諸科学の理論がベースになる。さらに，「伝統と文化」をキーワードにすれば，民俗学や文化人類学などの知見も必要である。そして，教育内容にあたる単元を決め，単元デザインを構想していく。社会科は，「単元で創る」意識が必要で，学習の流れや系統性を意識しなければならない。教材は，単元や毎時間の指導計画作成の段階で，授業実践の観点から，学習内容の基準や地域，子どもの実態を吟味した上で，資料や発問を中心に構成していく。教材とは，資料と発問，それらによって派生してくる子どもの追究活動から構成される組織体の総称である。子どもは，教材のもつ知的内容によって，問題発見をしたり，イメージしたりする。つまり，教材とは，子どもが学習可能なように教育内容を何らかの形で体現し，具体化されたもので，授業をアシストするサプリメントのようなものである。

　今，協働的問題解決とアクティブ・ラーニングが注目されている[(5)]。基礎的・基本的な知識，概念や技能の習得に関しては，「何を知っているか」だけでなく，「知っていることを使ってどのように社会・世界と関わり，よりよい人生を送るか」である。つまり，身に付けた個別の知識や技能を実生活や実社会で活用できること，つまり，知識をツールとして使いこなせることである。そのための方略が協働的問題解決であり，アクティブ・ラーニングである。社会科では，社会的事実・事象を的確に捉えて記述し，自分なりの判断や根拠に基づいて，解釈を加えて読み解く。そのために，子どもが何を学ぶのかという階層化された知識ベースと学習の流れをルートマップのように俯瞰できる単元デザインの構築が必要である。また，歴史学習の究極的な目的を述べれば，歴

史を学ぶのは，人類が生存していくための手がかりを得るためである。そして，「歴史を学ぶと未来が見えてくる」ことにならなければ意味がない。時系列的に知識を蓄積していくだけでなく，現代社会に適用可能な知識やノウハウを獲得できることが必要である。そのために，「歴史に学ぶ」姿勢が必要である。歴史を学ぶ子どもは，歴史の中に生きている。歴史を学ぶことで多面的な見方ができることが必要である。巨視的あるいは微視的という見方の違いや視点の転換など，歴史を学ぶことで，凝り固まらない柔軟な考え方ができることが必要である。歴史は，同じパターンの繰り返しである。この同じパターンだという認識は，複数の因果関係を体系的に学んで初めてわかることである。この学びのプロセスが，アクティブ・ラーニングそのものである。

(2)「包み文化」教材化の方法

　「包み文化」を教材化していく際に，位置付ける単元の内容は，学習指導要領の第6学年の目標（1）「先人の業績や優れた文化遺産」，内容（1）「人物の働きや代表的な文化遺産を中心に遺跡や文化財，資料などを活用して調べ，歴史を学ぶ意味を考えるようにする」に関連して，江戸時代の町人文化を学ぶ学習内容の中に，特設単元として組み込んで構想する。

　本単元の単元デザインを図2-1-1に示している。この単元は，江戸時代の町人文化，特に，江戸時代に栄えた湯屋（入浴料を取って風呂に入れる銭湯）文化に焦点をあてている。

①単元名「風呂敷から見える社会」

②単元目標（知識ベース）

○江戸時代の社会や文化に関心をもち，町人の文化（特に銭湯文化）について，年表やその他の資料を活用して調べ，今につながる町人の文化が栄えてきたことがわかる。

○風呂敷の多様な文様や形状に関心をもち，風呂敷のイメージを膨らませることができるようにする。

・風呂敷とは，物を包み，持ち運んだり，収納したりするための正方形に近

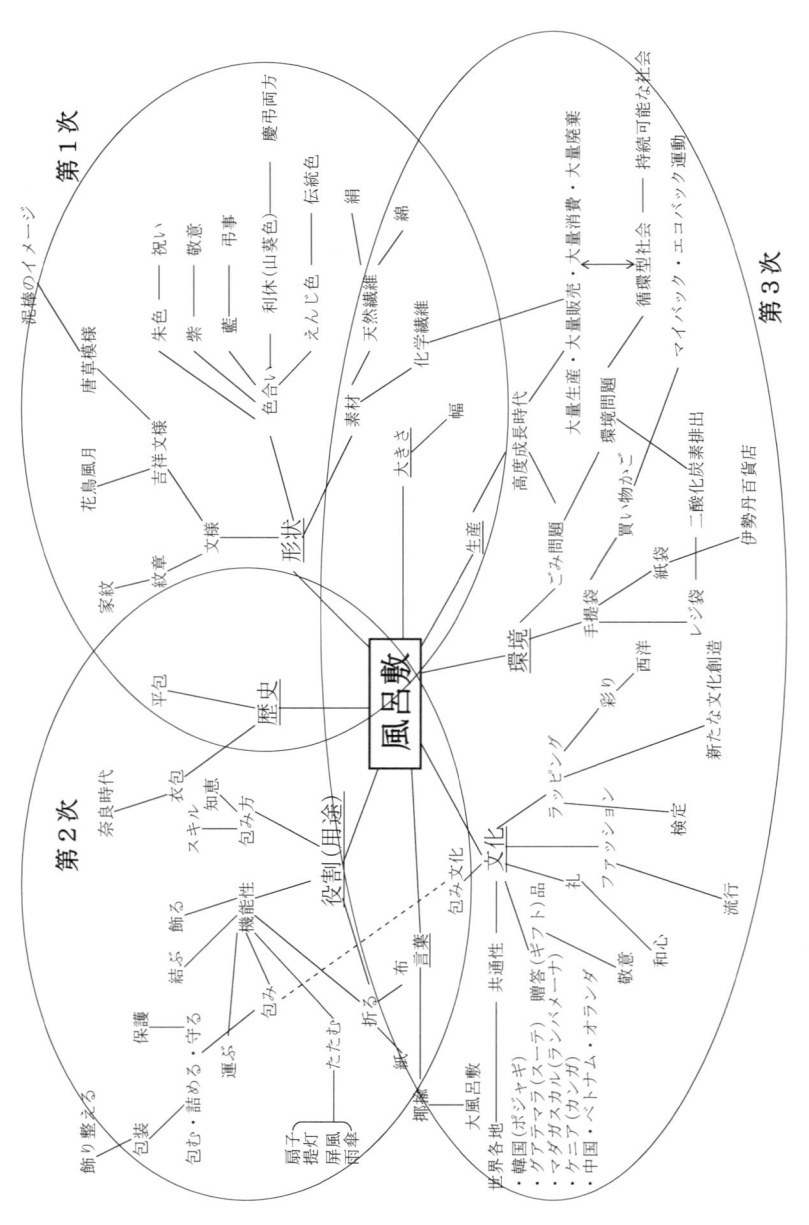

図 2-1-1 「風呂敷から見える社会」の単元デザイン

い形の布である。

・風呂敷には，様々な大きさのものがあり，布団を包めるようなサイズの大き
　いもの（大風呂敷）もある。

・風呂敷は，天然繊維や化学繊維の素材で作られている。

・風呂敷には，吉祥文様や花鳥風月，紋章，家紋，唐草模様などがある。

・風呂敷には，朱色や紫，藍，えんじ色，利休（山葵色）などの色合いがある。

〇風呂敷の用途や役割，歴史などについて調べ，それぞれの時代で日本人の
　生活とのかかわりで風呂敷の利用法が変化してきたことに気づくことがで
　きる。

・風呂敷の起源は定かではないが，奈良時代に遡ることができる。

・風呂敷は，正倉院宝物の中に残っている舞楽の衣装包みとして用いられた
　ものが日本最古とされている。

・風呂敷は，古くは衣包，平包と呼ばれている。

・風呂敷と呼ばれるようになったのは，室町末期に，大名が，風呂に入る際
　に平包を広げ，その上で脱衣などして服を包んだり，足拭きにしたりした
　ことから「風呂で敷くもの」から風呂敷と呼ばれた説がある。

・風呂敷は，江戸時代になると銭湯の普及とともに庶民にも普及する。

・江戸時代に行商人が，風呂敷をモノを「包む布」として全国に広める。

・風呂敷は，用途によって使い分ける風習（慶弔，伝統等）がある。

〇風呂敷が，時代が移り変わるとともに，風呂敷に対する見方や考え方が変
　化してきたことに気づくことができる。

・明治時代以降になると，西欧から鞄類が入ってくるとともに，モノを運ぶ
　のは，風呂敷のような包みモノから鞄のような袋モノへと移行する。

・モノを運ぶのは，手提げ袋という形態が主流になり，風呂敷の利用が減少
　する。

・現代では，風呂敷を街中で見ることは希であるが，使われ続けている。

・環境問題が取り上げられ，レジ袋の代用品としての風呂敷の利用が促進さ
　れている。

・風呂敷は，日本人が昔から大切にしてきた物を大切にすることやエコの視点で再評価されている。

・風呂敷には，形あるものを大切な資源として繰り返し使う意味合いが込められている。

・風呂敷は，どんなものにでも合う柔軟性と機能性がある。

・風呂敷の包み方は，日本人の知恵そのものである。

・風呂敷には，日本人の「和」の心や美意識などを見ることができる。

○包むために布を使う文化や風習は，世界中にあることがわかる。

・風呂敷のような包む布は，ポジャギ（韓国），スーテ（グアテマラ），ランバメーナ（マダガスカル），カンガ（ケニア）などがある。

・中国やベトナム，アフガニスタン，パキスタン，オランダなど世界中に「包む文化」が存在している。

○包む文化には，和の包装の柱の「礼」と，洋のラッピングの柱の「彩り」があることがわかる。

③学習プラン（全5時間）

第1次　「風呂敷」って何？ ………………………………………… 1	
第2次　風呂敷のひみつ……………………………………………… 2	
第3次　「包み文化」とは？ ………………………………………… 2	

　本単元は，全5時間で構成されている。本単元の学習の流れを学習プランとして表2-1-2にまとめている。

　第一次では，風呂敷に子どもが，エンカウンターする場面である。風呂敷の多様な模様，形状，色合い，大きさなど風呂敷のイメージを膨らませる段階である。

　第二次では，風呂敷は，江戸文化に庶民生活に浸透している。風呂敷は，商人が商品を入れて運んだり，庶民が旅の荷物を包むなど，江戸時代には，庶民生活には欠かせぬアイテムになっている。また，江戸後期には，銭湯に裸で入

表2-1-2　単元「風呂敷から見える社会」の学習プラン（全5時間）

	小単元名	本単元における主な問い
1	「風呂敷」って何？ 1時間	○なぜ，四角い布が「風呂敷」と呼ばれるのだろう。 ・風呂敷とは何か。 ・風呂敷には，どんな使い方があるのだろう。 ・風呂敷は，なぜ風呂敷と呼ばれるようになったのだろう。
2	風呂敷のひみつ 2時間	○風呂敷には，どんな歴史があるのだろう。 ・日本では，いつ頃から風呂敷が使われているのだろう。 ・風呂敷は，お風呂と関係はあるのだろうか？ ・風呂敷の模様には，何か意味があるのだろうか？ ・風呂敷の色には，何か意味があるのだろうか？ ・物を運ぶ方法は，どのように変化してきたのだろう。 ○風呂敷は，なぜ，今も使われているのだろう。 ・風呂敷は，実用品？進物品？ ・風呂敷には，どんな包み方があるの？ ・風呂敷には，どんな良さがあるのだろう。 ・風呂敷は，今，なぜ，注目されているのだろう。
3	「包み文化」とは？ 2時間	○日本にある「包み文化」とは，どんな文化なのだろう。 ・日本人は，風呂敷で，何を包むのだろうか。 ・風呂敷から日本人のどんな心が見えるだろう。 ・日本の「和」の心について考えみよう。 ・「包み」と「ラッピング」を比べてみよう。 ○世界各地にある「包み文化」とは，どんな文化なのだろう。 ・世界各地には，どんな包む風習があるのだろう。 ・風呂敷から，どんな社会が見えますか？

る入湯作法が浸透していく。従来の明衣を来て蒸風呂に入っていたのが，裸で湯船につかるようになることで，明衣（あかとり）の消滅を生んでいく。そのことは，銭湯利用の際に，明衣を持ち運ぶ必要性がなくなり，そのことは，風呂敷の利用減につながっていく。この頃から，風呂敷は，風呂で使用するものではなく，包みものの総称へと変化をしていく。しかし，江戸時代に発達した商業は，商人たちが，風呂敷を積極的活用することで，風呂敷利用が拡大していく。この江戸時代に生まれた銭湯文化やお風呂，庶民や商人による風呂敷利用の変化などに迫っていく。

　第三次では，風呂敷の現代に至るまでの新たな展開を考える段階である。風

表 2-1-3　風呂敷の文様（典型的な古典柄：開運風呂敷）の意味

文様	意味	季節	ご利益
龍	中国では，皇帝の文様に特化されている。 日本では，吉祥紋として幅広く使用。	通年	五穀豊穣 立身出世
兎	兎干支の縁起話に由来している。 温厚で従順な性格＝家内安全 ピョンピョンと飛び跳ねる姿＝飛躍	通年	家内安全 延命長寿 美人祈願
鶴亀	鶴亀長寿を祝う有名な諺「鶴は千年，亀は万年」がある。 ＝不老長寿のシンボル。 浦島伝説から亀は，夫婦円満の象徴。 夫婦共に白髪まで末永くという願い。	通年	開運招福 延命長寿 夫婦円満 良縁祈願
蜻蛉 （トンボ）	蜻蛉＝飛行中に獲物を的確にとらえる俊敏な動きや攻撃力， 肉食虫としてのたくましさ。 文様の世界の呼称，勝虫。	夏	勝負運上昇 立身出世 必勝祈願
荒磯	荒磯登龍門の逸話に由来している。 鯉＝出世魚 端午の節句＝江戸時代から出世を願っての鯉のぼり 鯉の滝登りの図案＝吉祥紋 荒い波間をぬって勢い良く泳ぐ鯉の力強い姿は，逆境や困難に立ち向かう勇敢さと強い信念。男女問わず，がんばっている人への励ましにピッタリの文様。	通年	開運招福 立身出世 成長祈願
梅	梅「飛梅」は，九州に左遷された菅原道真を追って，梅の木が渡来し，その地に根付いたと言う伝説。 学問の神とされた道真を奉る天神様である。 学業成就や合格祈願の象徴である。	春	開運招福 合格祈願 学業成就
桜	桜桜の開花季節は春。 入学式には欠かせない花である。 ＝合格通知にも用いられる吉祥文様。	春	開運招福 五穀豊穣 富貴繁栄 美人祈願
猫	右手をあげている猫は，お金（幸運）を呼ぶ。 左手をあげているのは，お客様を呼ぶ。 たくさんの願い叶うように願いを込めた縁起もの。	通年	商売繁盛
ふくろう	ふくろうの語呂合わせ。 福が来る，不苦労（苦労知らず）の縁起かつぎ。 首が，360度回るので商売の神とされた鳥である。 西洋では，森の賢者・学問の守り神などの知恵の象徴。	通年	開運招福 商売繁盛 学業成就

唐草	どこまでもどこまでもつるが伸びていき，そのつるそのものが重なり合う様子を表現＝繁栄や長寿の象徴。つるは，あらゆるものに巻きつき絡みあう植物。	通年	延命長寿子孫繁栄富貴繁栄
おしどり	おしどりは，雄，雌が常に一緒＝おしどり夫婦	通年	夫婦円満
具合わせ	「交わり」・「結合」・「合体」の意味。もともと一つだったのだからいつか必ず出会う。出会えば，ぴたりと合うはずという意味。	通年	夫婦円満縁結び恋愛成就
菊	古来中国では，菊＝不老長寿に効く薬。	通年	無病息災富貴繁栄
蝶	卵から青虫，さなぎと姿を変え，姿美しき蝶になる過程。＝命が蘇る象徴と考えられ不老不死の願い。(武士の鎧に多用)	春	美人祈願不老長寿無病息災
椿	古来は，悪霊を払う呪力あるもの。早春に鮮やかな厳しい冬に終わりをつげる花。大輪の花が，海外ではブランドモチーフとして使用。	春	災難厄除開運招福

出典：水野恵司著・藤依里子監修『恋する和文様』きこ書房，2006 年を参考に筆者作成。

　呂敷は，明治時代以降になると，西欧から鞄類が入ってくることで，庶民生活に大きな変化をもたらす。包みモノから手提げの袋モノへ移行していく。このことは，風呂敷の利用が激減していくことにつながる。しかし，近年，環境問題が取り上げられる中で，レジ袋の代用品としての利用が促進されている。つまり，風呂敷は，「形あるものを大切な資源として繰り返し使う」という日本人が昔から大切にしてきた物を大切にするエコの視点で再評価されている。また，風呂敷は，包み方によって，どんなものにでも沿う柔軟性と機能性をもつだけでなく，日本の文化と知恵を伝えてきた風呂敷の新たな展開に迫る。「和」の包装の柱である「礼」と「洋」のラッピングの柱である「彩り」を比較して，「和」の心に触れる。風呂敷は，実用品から進物品や贈答品としての価値を見出している。そのことは，風呂敷の古来からの文様に，秘められた日本人の願いを見ることができる（表2-1-3参照）。時代が進むにつれて，文様は，シンボルやロゴとして使用されることで宣伝効果を生み，贈答品や記念品としての価値を高めている。さらに，布を包むために使う文化や風習は，世界中にある。韓国の「ポジャギ」やグアテマラの「スーテ」，マダガスカルの「ランバメー

ナ」，ケニアの「カンガ」を始め，中国やベトナム，アフガニスタン，パキスタン，オランダなど，「包む文化」は，世界中に存在している。どんな形のものでも傷つけないように，傷まないように，それにふさわしい包み方がある。この臨機応変の「包む文化」の共通性を理解するとともに，日本の風呂敷を通して，「包み文化」がもつ，相手に対する敬意や礼儀，作法などの見直す機会と位置づけている。

4　小学校社会科歴史学習における「包み文化」教材化の意義

　日本の「包み文化」のシンボルである風呂敷であるが，風呂敷は，日本独自の文化ではない。物を包む布は，世界中に存在している。例えば，中近東では，風呂屋の棚に着てきた衣類を包んで並べる習慣がある。これは，まさに日本の風呂敷の語源となる風呂で用いた布と同じ使い方である。また，物を包んで頭に乗せたり，腕にぶら下げたりして，様々な民族が目にも鮮やかな美しい布を使っている。贈り物を風呂敷に包むと，少し改まった気持ちにもなる。紙袋にはない風呂敷の機能である。諸民族の間には祈りの心をこめて遺体を包むような布の特別な使い方もある。日本を始め，世界各国の諸民族の日常的な風呂敷の使い方や特別な使い方を考えながら，紙袋を大量に消費する現代文化への省察をすることで，現代社会を見つめ直す契機となるだろう。現代社会の日本は，生産技術の進歩や利便性の進展によって，ライフスタイルも変化し，大量生産・大量販売・大量消費・大量廃棄に慣れてしまった経済システムを構築している。現代人は，その利便性を手に入れた代償として何かを見失ってしまったようでもある。そこで，求められているのが持続可能な循環型社会である。この循環型社会を考えるのに適した教材が風呂敷である。風呂敷は，単に包んで運ぶというだけではない。風呂敷の代表的な包み方には，お使い包み，隠し包み，二つ結び，ひっかけ結び，巻き結び，瓶包み，すいか包みなどがあるが，これらの風呂敷の包み方には，日本人の知恵と美意識が秘められており，包む人の気持ちも包み込まれている。実用性に富むだけでなく，風呂敷の色や柄，

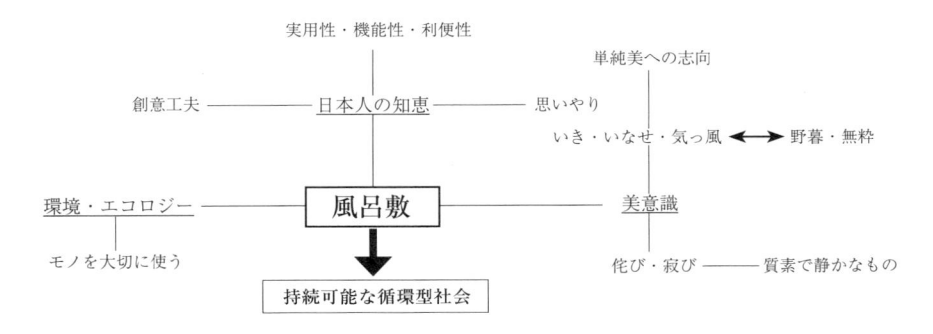

図 2-1-2　「風呂敷」教材化の意識

文様には，日本の文化が凝縮されている。風呂敷は，包む，結ぶ，運ぶ，掛ける，覆う，羽織る，飾るなど様々な用途に合う多様な使い方ができ，使わない時は，軽くて嵩張らず，小さく畳んで持ち歩ける。風呂敷は，丈夫なため長く使っても破れたり痛んだりということがない。ものを大切に使うという日本人の心が息づいているのも風呂敷である。以上，風呂敷を取り上げる意義を図2-1-2 にまとめている。

　日本の「伝統と文化」の学習の目的は，子どもが，今日的な視点から我が国の伝統と文化を捉え直し，日本のすばらしさを誇りに思うと同時に，世界の中で日本人としてよりよく生きていくために何をどのように活かしていくのかを考えていくことにある。特に，核家族化が顕著になった現代社会では，ますます縦・横の関係が希薄になっている。子どもが，日本の「伝統と文化」の価値を学ぶためには，学校が家庭・地域社会と連携を図りながら，計画的・系統的な指導を展開することが必要である。また，これからの社会は，国際化がますます進展していく中で，日本が発展し，これまで以上に重要な役割を担うためにも，様々な分野で国際社会に貢献し，世界の人々から信頼され，尊敬される人間を育成していくことが重要である。そのためには，異文化に対する理解を深め，異なる文化をもつ人々と協調していく態度を育てる必要がある。そのために，異文化を理解し大切にしようとする心は，自国の文化理解が基盤となっ

て，育まれるものである。我が国の「伝統と文化」について理解を深め，アイデンティティーを確立していくことは，時代の要請でもある。これまでの社会科歴史学習では，郷土を愛する心情を育てるという名のもとに，現代まで豊かに発展してきたことをすばらしいことだと称賛する学習で，必要以上に「昔はたいへんだった」という認識を子どもに植え付けていないだろうか。昔は，機械もなく手作業でたいへんである。でも，その頃の人たちは，現代社会の便利さを知らない。昔はたいへんで，今は楽などという安易な思考に陥ることを避けるべきである。今も昔の人も変わらず，その時々に生活している事実を社会的背景とともに関連づけて学ぶことが重要である。

　そのためには，国や社会の伝統や文化を正しく理解し，愛着をもつことができなければならない。公共を意識し，変革したりする意欲や態度を育成するための一つの起点になるのが，帰属する社会の伝統や文化に対する子ども一人一人の「思い」である。この「思い」から日本の歴史や今日の課題を知り，よりよい郷土や国に発展させるために参画していこうとする意欲につなげることが，「包み文化」を通して日本の「伝統と文化」を学ぶ歴史学習の意義である。

（關　浩和）

註

（1）文部科学省『小学校学習指導要領解説社会編』日本文教出版，2008年。
（2）前掲書。
（3）2015年8月26日に，初等中等教育局教育課程課企画室から教育課程企画特別部会における論点整理について（報告）に示されている。
（4）包み文化や風呂敷の歴史などの教材化については主に次の文献を参考にした。
　　　・額田巌『包みの文化―今に生きる技と発想―』東洋経済新報社，1985年。
（5）アクティブ・ラーニングとは，教員による一方向的な講義形式の教育とは異なり，学修者の能動的な学修への参加を取り入れた教授・学習の総称であり，2016年版学習指導要領の目玉になっている学習・指導方法である。

第2節　小学校社会科における伝統文化教材に関する授業開発
—第6学年単元「にぎわう都市　花開く文化」の場合—

1　小学校社会科における伝統文化教材の基本的性格

　伝統文化教育は，改正教育基本法前文に「伝統を継承し，新しい文化の創造をめざす教育を推進する」と示され，同法2条5号の「伝統と文化を尊重し，それらをはぐくんできた我が国と郷土を愛するとともに，他国を尊重し，国際社会の平和と発展に寄与する態度を養うこと」と目標及び理念が定められている。奥村高明は，「ここでいう伝統とは，我が国の長い歴史を通じて培われ，受け継がれてきた信仰，風習，制度，思想，学問，芸術や，それらの中心をなす精神的な在り方を示すものと考えられる。文化とは，人間が自然に手を加えて形成してきた物心両面の成果を示し，衣食住をはじめ，技術，学問，芸術，道徳，宗教，政治など生活形成の様式と内容を含むものと解される」と述べ，「伝統」と「文化」の内容について説明している[1]。教育基本法の改定に伴って学校教育法においても，21条3号に「我が国の郷土と歴史について，正しい理解に導き，伝統と文化を尊重し，それらをはぐくんできた我が国と郷土を愛する態度を養うとともに，進んで外国の文化の理解を通じて，他国を尊重し，国際社会の平和と発展に寄与する態度を養うこと」と明記されている。

　これらの改正を受けた平成20年度版学習指導要領のもとの伝統文化教育の位置づけについて奥村は，「伝統と文化に関する教育の推進は，歴史的・文化的な共同体として我が国を大切に思い，その発展を願うとともに，他の国々の伝統や文化に対しても敬意を払い，国際社会に貢献する態度や自覚を持った日本人の育成をめざすこととなる。同時に，伝統と文化を尊重する教育を実践することによって，子どもたちに新しい文化を創造する力を育成しようとするも

のである」とまとめている。更に，伝統文化教育の課題として，学校の教育目標，教育課程に位置づけること，小学校段階での子どもたちの発達に配慮すること，子どもの身近な感覚や体験から学習を充実すること，地域社会と学校の関係を考慮すること，道具の伝統的，文化的な意味を押さえることの5点を述べている。特に，教育課程への位置づけは，「伝統と文化は身近なものである。その点からすれば，すでに学校では伝統と文化に関する教育が十分に実施されている。例えば，国語科の文学や古典，社会科の歴史，家庭科の調理などあげればきりがない。ただ，一般的には，それらを伝統と文化に関する教育であると意識していないことが多い。そこで，伝統と文化という視点から学校の教育活動を整理する必要がある」と指摘している[2]。この指摘から従来の実践事例を再吟味することにより，伝統文化教育の目標具現化に重点をおいた授業として再構成が可能であると考えられる。

　では，どのように再構成をすればよいのかについて考えるため，小学校社会科における指導内容の系統性について学習指導要領を更に詳しく見てみる。小学校社会第3学年及び4学年の目標に「(2) 地域の地理的環境，人々の生活の変化や地域の発展につくした先人の働きについて理解できるようにし，地域社会に対する誇りと愛情を育てる」と地理的，時間的経過の中で地域社会への発展を開発，教育，文化，産業などの面から地域社会の発展につくした先人を取り上げて学習することとしている。また，県内に学習対象を広げ，自然環境，伝統や文化などの地域資源の保護・活用している地域や伝統的な地場産業の盛んな地域を取り上げることも明示している。内容については，「地域に残る文化財や年中行事」が「地域の人々が受けついできた文化財や年中行事」というように地域の伝統や文化の継承を重視している。

　第6学年の目標及び内容においては，伝統文化に関する内容が地域から国へと広がり，その歴史的背景や文化価値を考える学習へと発展している。目標には，「(1) 国家・社会の発展に大きな働きをした先人の業績や優れた文化遺産について興味・関心と理解を深めるようにするとともに，我が国の歴史や伝統を大切に，国を愛する心情を育てるようにする」と伝統文化教育の目標が教科

目標として明示されている。内容（1）においては，室町時代の代表的建造物や絵画，江戸時代の歌舞伎や浮世絵，国学や蘭学などを取り上げ，それらが生まれてきた背景を学習するように示している。また，国宝や重要文化財，世界遺産などを取り上げて我が国の代表的文化遺産の学習も組み込まれている。内容の取扱いとして「我が国は遠い祖先から長い歴史をもち，その間，私たちの祖先は世界に誇ることのできる，日本固有の伝統や文化をはぐくんできた」「我が国の伝統と文化が長い歴史を経て築かれてきたものであること，そうした遠い祖先の生活，人々の工夫や努力が今日の生活と深く関わっていることに気づかせることが必要である」「私たちの祖先の手によって現在まで大切に受け継がれてきたこと，それらは我が国の伝統や文化の特色や現在の私たちの生活や文化の源流などを考える上で欠かすことのできない高い価値を持っていることを具体的に理解できるように我が国の伝統や文化を大切にしようとする態度を育てるようにすることが大切である」と記述され，伝統文化の価値理解，態度育成の必要性が強調されている。

　以上のように教育基本法，学校教育法及び学習指導要領等の記述から伝統文化教育およびそれに関わる授業の基本的な性格を読み取ることができる。学習指導要領は，学習者が自分の身近にある日本の文化的価値を有するものを教材として選択し，そこに，どのような価値を求めるのかを追究し，その価値を伝え，発展させようとする関心や意欲，更には態度育成を図る学習活動を成立させるための方向や内容を規定している。

　小学校社会科では，今までも伝統文化教材を活用した授業実践は，数多く取り組まれてきている。ただ，従来から取り組まれてきた教材及び授業内容が，必ずしも伝統や文化を尊重する教育という視点で構成されていなかった点に問題点が指摘できる。従って，どのような文化的価値を有する教材を取り上げ，それをどのような目標設定をして学習を展開するのかを明らかにした上で，伝統文化教育の視点から授業化を図る必要がある。

2　小学校社会科における伝統文化教材の授業実践の類型

　学習指導要領社会科の目標は，理解に関する目標，態度に関する目標，能力に関する目標に分類されている。伝統文化に視点をあてた授業を展開する場合も，「知る」「分かる」「理解する」などの知識理解に関する目標，「関心を持つ」「自覚を育てる」「新たな文化を創造する」などの態度育成に関する目標，「考える」「判断する」などといった社会事象の特色や相互の関連や価値などについて考え，判断する能力に関する目標に分類することができる。従って，伝統文化教材を活用した授業実践においても，これらの目標実現のための授業構成が求められる。

　理解に関する目標は，知識内容を習得させるための「調べる・知る・分かる」ための学習活動が展開の中心となる。これを「知識理解型」と分類する。態度に関する目標では，伝統や文化に対する自分なりの価値観を評価し，それらを尊重し，新たに創造していこうとする態度育成を中心とする展開を中心とする。これを「態度形成型」として分類する。能力に関する目標においては，文化自体が持つ価値，長い年月にわたって継承されてきた価値について資料を活用したり，体験をしたりする学習活動を通して文化価値を感じ取り，自己の価値として受け止めたり，判断したりする学習を重視した展開がされる。これを「価値理解型」として分類する。

　筆者は，伝統文化教材を取り上げた授業事例を各種研究指定校の研究紀要及び公開授業指導案や教育関連図書から小学校社会科の112事例を収集することができた。そして，それらを前述の目標設定及び展開の重点の置き方の視点から分類することとした。授業展開は目標設定に大きく左右されるため，目標によって分類した実践事例を分析することによって，伝統文化教育の目標具現化に迫る単元構成及び授業展開方法を明らかにしていくことが可能であると考えたからである。その結果，知識理解型が48事例，態度形成型が10事例，価値理解型が54事例となった。その中から各分類に位置づけられる典型的授業事

例を分析する。この分析においては，伝統文化教育の目標具現化に迫るために文化価値理解を中核にした単元構成や授業展開の重点の置き方を明らかにしていきたいと考える。

(1) 知識理解を目的とした実践事例の分析

　知識理解型 48 事例の中から地場産業である「お茶」を取り上げ，機械製茶技術と手揉み技術を比較しながら伝統を生かした製茶過程の理解を目的として単元を構成している静岡県島田市立初倉南小学校の第 3 学年社会科単元「調べようお茶をつくる仕事」を取り上げ，単元構成を中心に分析する[3]。

　本事例は「地域社会の生活の様子を学習することを通して，地域社会の変化，地域の人々が守り続けてきた伝統と文化を理解する」という知識理解の目標を中核にして単元を構成して学習活動を展開している。

　第 1 ～第 5 時までを「知る」段階として，現在の製茶作業の過程を学習する。まず，茶の生葉と製茶した葉を提示して「生の葉がお茶になるには，茶工場でどんなことをしているのだろうか」と問いかけ，実物の葉を見たり，既有の知識をよりどころに考えたりする。予想を立て，茶工場の見学を通して，蒸したお茶の葉が揉む工程を経て荒茶になっていくことを知る。

　第 6 時から第 10 時までの 5 時間は，「分かる」という段階に位置づけられている。ここでは，「機械がなかった頃は，どのようにしてお茶をつくっていたのだろうか」を中心課題として，機械製茶の技術と手揉み技術が深く結びついていることを理解させる。そのために，お茶づくり年表や昔の地図，写真等を活用したり，家族からの聞き取りをしたりしながら 10 年前，50 年前という時間の流れに着目し，時間軸を意識させていく学習が構成されている。また，機械製茶と手揉み技術を比較しやすくするために，手揉み体験も組み入れられ，機械の動きと手の動きに着目させている。「手揉みのどんな動きが機械と似ているでしょうか」「機械揉みと手揉みではどこが違うでしょうか」などと学習を焦点化している。そして，その動きの比較を紙芝居で表現させ，課題への理解を深めるための展開を構成している。

　第 11 時から第 12 時を「考える」段階とし，文化としての茶産業である手揉み技術に着目させていく。第 13 時から第 15 時は，「評価・広げる」段階として，評価テストを実施した後に 2 時間を使って「手揉みから機械へ」発展しながらも，現在も手揉み技術を大切している視点から「昔の生活道具で，今も形を変えて使われているものは？」と問いかけ，先人の知恵が今も生きて，受け継がれていることを理解させる学習で結んで文化への目を拡大・発展させようとしている。

　このように本単元は，時間軸を視点として自分の住む地域の製茶産業が「伝統的な技法」を基盤にしながら「機械化」へ発展したことが理解できるように構成されている。体験活動を組み入れた単元を構成する場合，体験や見学等が中心となり，社会科としての教科目標が曖昧になりがちな傾向が見られた。しかし，本実践は，単元を通して時間軸を意識させ，お茶の手揉みの伝統的な技術が現在の茶工場の製茶機械に生かされているという知識内容や地場産業が伝統を土台として発展しているという地域発展の経緯を理解する伝統文化の学習として構成されている。3 年生にとっては，時間軸を理解しながら社会事象を考える学習には抵抗がある。また，短時間の体験で，実感を伴う学習に結びつきにくいという問題点も指摘できる。本実践のように社会科としての学習目標を達成しながら，実感に基づいた学習が展開できるようにするためには，他教科・領域との関連を考えた単元構成や指導時間の設定が課題である。

（2）態度形成を目的とした実践事例の分析

　態度形成を目的とした実践は，10 事例が分類された。その中から態度形成を目標にしながらも，知識理解や価値理解を組み入れた単元カリキュラムを構成している兵庫県たつの市立御津小学校の中山茂樹氏・前川あすか氏・武内郁子氏の 4 年生の単元「地域はどのように発展してきたのか〜成山新田の干拓〜」を取り上げる[4]。単元は 10 時間で構成され，地域の成山新田の干拓に関わる「昔・今・これから」を学習対象としている。単元目標は「地域の発展につくした先人の働きに関心を持ち，成山新田の干拓に関わった人々の願いや工

夫，努力，苦労，その後の新田の変化等について調べ，先人の働きや苦心を考えることができる」「現在にも受け継がれている人々の苦労や努力を知り，地域の発展を願う意欲を育てる」と設定されている。

　単元の展開としては，1，2時間目で学区の地域の発展につくした人やどんなことをしたのかを地図や聞き取りによって調べている。3〜5時間目で地域の農業を発展させようとして新田開発を進めた成山徳三郎の開発の様子を資料やフィールドワークで学習する。そこでは，もっこで土を運ぶ体験もしている。更に，現在の水門と新田開発当時の水門を比べて「排水」の大切さも学習する。洪水の被害で成山新田が破壊されたとき，小学校の子どもが義援金を送り，成山徳三郎の思いを受け止めた事実も学習している。8時間目では，成山新田で作られている野菜が，現在ではブランド野菜として高く評価され，多くの人々が野菜作りに励んでいる様子を学習する。まとめの段階では，過去から現在までの地域の変化を紙芝居にまとめながら発展の様子を想像させている。

　本単元は，地域の偉人である成山徳三郎の業績に関する学習から成山新田でブランド野菜を生産している現在の様子を時間の流れに沿って過去・現在・未来を単元の中で構成している。知識理解においては，写真や聞き取りを活用し，価値分析においてはフィールドワーク，資料分析，ゲストティーチャーの語りを組み入れながら学習活動を展開している。まとめの段階では紙芝居作りを通して時間の流れを意識させながら考えが未来に広がるような態度育成に結びつけていくことに重点を置いている。この意図は，単元名「地域はどのように発展してきたのか」にも表れている。「発展してきたのか」という中には，時間的経過を授業者が意識していることが窺える。また，目標にある「発展を願う意欲」という記述にも，現在から将来への意識の広がりを願う授業設計の意図が示されている。しかし，態度形成に結びつくまとめの段階が紙芝居という学習活動に止まっている。地域の発展を願う子どもたちの意見を地域の人と交換する場を設定するなどによって，文化発展への主体的態度に結びつけていく学習活動を組み入れる工夫が課題として考えられる。

(3) 価値理解を目的とした実践事例の分析

　価値理解を目的とした事例は，51事例が分類された。その中から地域の人々が受け継いできた文化財や年中行事である「嵯峨狂言」を教材化し，その文化価値の理解に重点を置いた京都府京都市立嵯峨小学校の増田佳世子・徳広知子氏の実践である第3学年「地いきや生活のうつりかわり～地いきにのこるむかし」を取り上げる[5]。

　本実践では，「身近な地域の歴史を伝えるものに気づくとともに，それらを通して人々が地域のくらしをよくしようと願い，工夫，努力してきたことや，今もなお大切に受け継がれていることを理解する」「歴史を伝えるものを調べることを通して，人々がどのような願いや思いを持って暮らしていたのかについて考えるようにする」と単元目標を設定し，9時間扱いで構想されている。

　第1時では，地域行事「お松明」の当日に行われる「嵯峨狂言」に関心を持たせるため，地域行事についてのアンケートや写真，地域の情報紙を手がかりに関心を高めていく。第2時では，嵯峨狂言の現在の映像を見せ，嵯峨狂言の様子を知ったり，イメージを広げさせたりする。次に，20年前と現在で同じ演目，同じ場面で舞われている2枚の写真を提示する。2枚の写真から衣装や面，動作，舞台などがほとんど何もかわらないまま受け継がれていることに気づかせる。更に，嵯峨狂言年表から約700年以上も前から続けられていること，45年前に12年間途絶えたことがあることを読み取らせる。これらの事実から「嵯峨狂言は12年間も途切れたのに，誰がどうやって続けてきたのだろうか」という学習問題を設定する。第3時から第6時まで狂言堂への取材，保存会や地域の人たちへのインタビューを通して嵯峨狂言はずっと変わっていないこと，太鼓や鉦などの技術が必要なこと，練習が必要なことなどを学習していく。第7時からの3時間にわたって，保存会の人たちは，嵯峨狂言を復活させ，それを受け継ぎ，更に講演回数を増やして多くの人たちに広めている努力をしていることに触れる。最後に嵯峨狂言のよさを知らせる紹介文を書いてまとめとしている。

　本実践は，地域文化の存在を知るだけに止まらず，地域の人々によって「受け継がれている価値」を理解させるための展開がされているところに特性が見られる。その中で，700年という長い年月を感じ取らせるための嵯峨狂言年表の活用，その形態が変わることのないように受け継がれていることを実感として理解させるための20年前と現在の写真の比較をしている。更に，保存会及び地域の人々からの取材によって「受け継いでいる熱意」を感じ取らせている。それらの追求を生んだ要因は，一度途切れた嵯峨狂言を再興している原因を追及するという過去と現在を結びつける教材構成が効果的であったと考えられる。しかし，保存会や地域の人の声に重点を置きすぎているため，学習問題の追及に客観性を欠いてしまう傾向が見られる。また，子どもが感じ取った継承の価値を紹介文に止めず，自分の生活に引き寄せ，受け止めた価値を評価し，積極的な文化発展への参画意識を高める学習に結びつけることが課題であろう。

3　小学校社会科における第6学年単元「にぎわう都市　花開く文化」の授業開発

(1)　伝統文化教材における授業構成の視点

　前項において知識理解型，態度形成型，価値理解型の各事例を分析した結果から得た有効性と課題を生かして伝統文化の授業開発の視点を次のように導き出した。

視点1－文化内容を身近に感じ，庶民の日常生活と結びつけて歴史事象を考えることのできる地域教材を開発すること

視点2－伝統・文化に関する知識理解に偏らず，文化自体の価値を理解させるための学習を組み入れること

視点3－「過去・現在・未来」の時間の流れの中で学習を展開するために，伝統や文化に関する知識理解・現在にまで受け継がれている価値理解・将来の発展への創造をしようとする態度形成を一連の学習活動の中で可能

とする単元カリキュラムを構想すること

視点4－歴史認識に客観性を持たせるために体験や口承による学習に偏らない
　　　　ように発問や追求のための多様な資料を活用すること

視点5－長い時間の流れを認識させ，現在の自分と結びつけられるような授業
　　　　展開及び資料提示を工夫すること

(2) 授業開発の視点を組み入れた開発モデルの構想

　事例分析から導き出した授業開発の5視点を生かしながら，開発モデル授業
として第6学年社会科単元「にぎわう都市，花開く文化」の単元カリキュラム
を構想することとした。一時間の授業の中では，中心となる目標具現化に向け
て学習活動が構成されるため，各時間を知識理解，態度形成，価値理解に関わ
る目標を明確にして構成することとした。各時間の目標の性格を明らかにした
単元カリキュラムを構成することによって，伝統文化教育における価値理解が
鮮明にされ，単元を通して価値理解を中核としながら各時間の学習活動が相互
に関連をもって目標達成に迫ることができるように構想する。

　（ア）江戸文化が町人文化として広がっていったことが分かるために歌川広
重が描いた東海道五十三次の「嶋田」絵をスクリーンに提示し，江戸の文化へ
の関心を高める。身近な景色が描かれた浮世絵から江戸の文化を調べる学習へ
と意識を高めるための地域教材として位置づける。(視点1)

　（イ）全体像として捉えた江戸文化について，東海道中膝栗毛と歌舞伎をと
りあげ，その魅力を感じ取らせる。ここでは，東海道中膝栗毛の話を読み聞か
せ，生活を楽しむ当時の町人の姿を想起する。そして，学区にある旧東海道の
松並木の写真を提示し，登場人物の会話を創作する楽しみを感じ取る。また，
歌舞伎のDVDを見ながらその美しさや動きのすばらしさを感じ，現在も人々
の身近に感じる理由を考える学習も組み入れた価値理解の学習とする。(視点2)

　（ウ）江戸文化の全体をつかむ第1時（知識理解），町人の楽しみを感じ取る
学習である2時（価値理解）を基盤として第3時は，自分たちの住む島田が発
祥地となっている「島田髷」とその伝承に着目させる学習を展開する。ここで

は，今も身近にある島田髷のすばらしさを感じ，現在も髷祭りを催したり，髷を結ったりして継承している理由や価値について考えるための価値理解の学習とする。(視点 3)

　(エ) 蘭学や洋学，伊能忠敬の地図などの新しい学問について知り，大塩平八郎の乱や百姓一揆が各地で起こり世の中が大きく動き出したことについて時代背景を考える知識理解の学習とする。(視点 4)

　(オ) 歌舞伎の今と昔，島田髷の今と昔，江戸文化と現在の自分を結びつけながら江戸東京博物館や島田市博物館の役割や江戸文化の受け止め方について考えを深めていく態度形成の学習活動を組み入れる。(視点 5)

(3)　開発単元カリキュラム

〈単元名〉　第 6 学年社会科「にぎわう都市　花開く文化」(6 時間扱い)

〈単元目標〉

　東海道五十三次の浮世絵や歌舞伎，人形芝居，落語などに関する資料を手がかりに江戸や大阪などの大都市で町人文化が隆盛し，町人が力をつけ，産業や文化が発展していった様子をとらえることができるようにする。また，農民の生活に変化や生活防衛の動きが起こり，新しい学問の広がりとともに江戸幕府の世の中が変わっていく動きが起こってきたことを理解させる。更に，それらの文化は，現在の私たちの日常生活や考え方に大きな影響を及ぼしていることについて考えるようにする[6]。

〈単元カリキュラムの構想と授業展開〉

　本単元カリキュラムは，6 時間で構成し，各時間の学習活動が相互に関連づくように構想した。第 1 時では，知識理解の授業として歌川広重の東海道五十三次「嶋田」の絵をスクリーンに提示する導入から授業を始める。ここでは，身近な大井川の川越しを描いた絵を見ながら，絵自体の美しさを味わうとともに，当時の多くの人々の間に浮世絵の人気があったことを理解させための導入である。次に，「浮世絵以外に江戸の町人たちの間に広がっていた文化にはどんなものがあったのだろうか」と中心発問を投げかける。子どもたちは教科書

や資料集を活用しながら江戸の文化について調べ，歌舞伎や人形芝居などの江戸の文化について調べ，その知識を広げる学習を展開する。第2時は，歌舞伎や人形芝居などの江戸の大衆文化を知った子どもたちに対して，歌舞伎のDVD鑑賞や東海道中膝栗毛の創作をさせることによって生活を楽しむ江戸の人々の様子を身近に感じさせながら学習を展開する。東海道中膝栗毛の創作は，学区内に旧東海道の松並木が残されているため，当時の風景が容易に想像されるであろう。第3時は，芝居小屋で歌舞伎を楽しむ人々の浮世絵をスクリーンに提示する導入からはじめる。この絵から芝居小屋の賑やかさや町人が楽しむ様子を感じ取らせる。そして，「芝居小屋に島田に関係の深い女性が多くいます。だれでしょう？」と問い，島田髷の女性に着目させる。毎年，島田では「髷祭り」が行われていることから，島田髷の存在に気づくことが予想される。そこで，島田理容協会の島田髷美人に登場してもらい，島田髷を結う実演もしてもらう。実演をしながら島田髷が当時の女性に大変人気があったことがわかるとともに「島田髷」の由来についても話してもらう。島田髷は，東海道島田宿の遊女が結い始めたとも，寛永年間の頃の歌舞伎役者島田万吉の結ったものともいわれている。その他にも，島田出身である「虎御前」が初めて考案し，結ったものでもあると語り継がれている。結い終えたところで島田髷を結ったN先生が登場する。子どもにとっては驚きである。そこで，「300年も経った今でも島田髷が結われているのはなぜだろう」と問う。「和服がとても合う」「結婚式みたい」「理容組合の人が，いいものを残そうと努力しているから」などの意見が出されるであろう。ここでは，島田髷の美しさ，日本らしさなどを感覚として理解するとともに現代まで継承されている文化価値について学習する。

　第4時は，蘭学や洋学，伊能忠敬の地図などの新しい学問について調べ，庶民文化以外の文化発展について知る知識理解のための学習とする。そして，「蘭学や洋楽が世の中にどのような影響を及ぼしたのだろうか」と問いかけ，予想させることで，次の学習（価値理解・態度形成）へ連続性を持たせる。第5時は，「百姓一揆のグラフ」から世の中の動きを考える学習への導入とする。大塩平八郎の乱や百姓一揆が各地で起こり世の中が大きく動き出したこと，力

をつけてきた農民や新しい学問の影響で役人や幕府の政治に批判が起こってきていることなどを理解させる。また，自分たちの住む学区にも農民の生活を守るために一揆を起こし，切腹をさせられた「増田五郎右衛門」という人物がいて，その業績は今も先賢碑として残されていることを知る。この学習は，文化の背景やその影響，自分たちの生活とのつながりを考える価値理解の学習として位置づける。

　第6時は，態度形成型の学習として位置づける。子どもたちは，修学旅行で江戸東京博物館を見学している。また，江戸文化について様々な学習を積み上げてきた。それらを現在の自分たちの生活と結びつけることを学習の目標とする。ここでは，本単元での学習を江戸時代と今を対比するイラストで提示し，「今の私たちの生活とどのように結びついているのだろうか」について考える。更に，江戸東京博物館や島田市博物館，島田市文化保存会の人々の願いについて考えてみる。最後に，島田市文化協会の会長さんに「地域の文化・日本の文化」を継承し，広めるための様子を話してもらう。これらを単元カリキュラム及び各時間の授業展開として以下のように示す。

〈単元カリキュラムと各時間の授業展開〉

時	主な問い	資料	身につけさせたい学習内容	他教科関連
1時・知識理解	①東海道五十三次「嶋田」絵の提示 「この絵は誰が描いた絵でしょうか」 ②この絵を見ての感想は？ ③「江戸の人々に広まった文化について資料集を使って調べてみよう」	国立博物館所蔵画像 歌川広重作品集	・歌川広重の絵の美しさを感じる。 ・大井川の風景を想起する。 ・資料「ゴッホがまねた浮世絵調べ」を読んで広重の偉大さを知る。 ・近松門左衛門，落語，人形浄瑠璃，葛飾北斎，滝沢馬琴，写楽，富嶽三十六景，十返舎一九（静岡市出身）	東海道を描こう （図工）
2時・	①調べた江戸の文化について発表。 ②東海道中膝栗毛を読み，感想を聞く。 ③学区の松並木（旧東海道）の	旅を楽しむ人の絵図 ICT画像	・教科書や資料集の江戸の文化に関する知識内容を確認すし，江戸の文化は，多様で庶民文化であることを知る。 文化は生活に密着し，庶民に	

価値理解	写真に弥次・喜多のイラストを重ね合わす。 ④二人はどんな会話をしていたの？ ⑤歌舞伎を楽しむ絵と歌舞伎のＤＶＤ ⑥どんなところに江戸庶民が楽しさを感じたのでしょう。それが今でも人気の秘密なのでしょうか。	ワークシート,ＤＶＤ	よって継承されていることを感じ取る。 ・二人の会話が庶民の楽しい生活を描いていることを感じ取る。 ・歌舞伎鑑賞の感想を話し合う中で，なぜ今でも多くの人が歌舞伎を楽しむ理由を考える。 ・東海道に今も松並木を保存している価値を考える。	文化芸術移動教室（行事）
3時・価値理解	①芝居小屋で歌舞伎を楽しむ人々の浮世絵を提示する。 ②「芝居小屋に島田と関係のある女性がたくさんいます。だれでしょう？」 ③島田髷モデル登場 ④島田髷の実物提示と島田髷の説明 ⑤髷を結う実演，島田髷のＮ先生 ⑥「なぜ，今でも島田髷が結われているのだろうか？」	画像 読み物資料配付	・歌舞伎鑑賞と浮世絵の感じ方の共通点に着目する。 ・島田髷祭りの経験から島田髷と歌舞伎小屋を結びつける。（髷祭りの写真も準備） ・町人の間に島田髷が流行し，人々の中に浸透していくことで文化が今につながることを理解する。 ・島田髷は島田が発祥の地であり，その文化が庶民の間に脈々と継承されている価値を感じるとともに・和服に似合う島田髷の美しさを感じ取る。	「江戸しぐさ」（道徳） 理容体験（総合）
4時・知識理解	①測量の様子図・解剖図を提示②「この頃生まれた新しい学問について調べよう」 ③各グループから発表する。④蘭学や国学の広がりは世の中にどのような影響を与えたのだろうか？		・伊能忠敬や杉田玄白などによる新しい学問に着目させる。 ・教科書や資料を手がかりに個人学習・グループ学習に取り組む。 ・伊能忠敬，杉田玄白，本居宣長，高野長英を順序選択で調べる。 ・新しい知識や技術を日本に役立てようとする人が多くなってきた。 ・政治や社会に目を向ける人が多くなった。	

5時・価値理解	①百姓一揆のグラフ提示 ②「なぜ，１８６０年頃に百姓一揆が増えてきているのだろうか？」 ・人々はどんな動きをしたのだろうか ・新しい学問を学んだ人々は幕府の政治をどう思ったのだろうか ③島田での一揆「増田五郎右衛門」について知る。 ④なぜ「五郎祭」は，今も人々の力によって続けられているのだろうか？		島田市史	・大塩平八郎，渋染一揆などの資料から庶民の力の大きさを文化の広がりと併せて考える。 ・力をつけた農民の団結が政治を動かし，世の中を変えていく力になることを理解する。 ・増田五郎右衛門の功績を今も地域の文化，誇りとして残している理由を文化の継承の視点から考える。	
6時・態度形成	①江戸東京博物館のパンフレット展示 ②江戸時代のくらしや文化と私たちの生活はどのように結びついているのだろうか ③「保存会の人々」「大規模な博物館」「歴史遺跡」は私たちに何を残し，伝えようとしているのだろうか？ ④島田文化協会会長さんのお話を聞き，文化保存のためにできる働きかけについて考える。 ⑤小松市・串原市の「子ども歌舞伎」の取組を紹介し，継承への営みについて考える。	パンフ，写真 入場者グラフ 山田会長		・修学旅行と本学習を結びつける。 ・「環境に優しい暮らし」「子ども歌舞伎」「北前船で運ばれた食文化」「江戸しぐさ」「落語」「島田髷」「東海道の様子」など江戸と現代のイラストによって結びつけて考える。 ・「人々のつながり」「今の人は伝統を忘れている」「日本にはすばらしい文化が続いている」「私たちも守らなければ」などの意識，関心を持つ。 ・文化の保存や発展のためにしている様子を話してもらう。 ・文化財保存の働きかけに興味関心を持つ。	

　本開発モデルは，単元カリキュラム構成と各時間の授業展開も提案している。従来は，伝統文化教材を取り上げながらも知識理解・態度形成・価値理解の目標が混在したまま学習活動が展開され，伝統文化教育としての授業展開の中心の置き方が曖昧になるという問題点が指摘できた。そこで，知識理解・態度形成・価値理解の目標を明確にした一時間一時間の授業を組合せた単元カリキュラムを構成した。特に，価値理解においては，文化自体の価値やその継承への

営みに対する価値を考える学習活動を中核に据え，各時間が相互に関連づくように中心的な学習課題や学習活動を明らかにした。このように，先行実践事例分析から導き出した授業開発の視点を組み入れ，単元を通して知識理解・態度育成を目的とした学習と価値理解の学習が相互に関連づきながら伝統文化教育としての目標が達成される単元カリキュラム構成と授業展開方法を開発したところに本研究の意義があると考える。

（大畑　健実）

註

（1）奥村高明「小学校における伝統と文化に関する教育の課題」『初等教育資料9月号　No.825』2007年，p.3

（2）前掲書1）p.6

（3）大畑健実・石原一則「地域の伝統文化に関する授業開発―第3学年「調べようお茶をつくるしごと」社会系教科教育学会編『社会系教科教育研究のアプローチ～授業実践のフロムとフォー～』学事出版，2010年，pp.150-156

（4）増田佳世子・徳広知子「地いきや生活のうつりかわり～地いきにのこるむかし」近畿　小学校社会科教育研究協議会指導案集，2010年，pp.36-48

（5）中山茂樹・前川あすか・武内郁子「地域はどのように発展してきたのか～成田新田の開拓～」中・西播磨地区小学校社会科教育研究大会学習指導案集，2007年，pp.36-40

（6）モデル単元「にぎわう都市　花開く文化」においては，以下の資料を使用した。
　　・島田市史編纂委員会編「島田市史　上巻」1978年，p.542
　　・島田市教育委員会編集「副読本　私たちの島田市」2009年，p.113

第3節　小学校社会科教科書における
「伝統と文化」に関する内容の構成

　小学校の教育課程の中でも，社会科には，「伝統と文化」に関する内容が多くある。「伝統と文化」に関する学習を小学校の教育課程で進めていくためには，社会科の内容がどのように各学年系統立ててあるのかをはっきりさせることが重要である。小学校では，社会科は3年生から6年生までの4年間学習する。その4年間の学習の中に，「伝統と文化」に関する内容がどのように構成され，その内容の特性は何か，そしてその学習において子供達はどのような文化価値理解を獲得するのかを解明しなければならない。そのために，平成27年度用『小学社会』（日本文教出版）を対象に，小学校の社会科教科書にある「伝統と文化」に関する内容を調査した。各学年の教科書に「伝統と文化」に関するものがどのように構成されているのか，またその構成されているものがどのような内容のものなのかその特性にも言及する。そして，この学習課程を通して子供達にどのような「文化価値理解」が形成されたのかについて考察したい。

1　小学校3・4年社会科教科書における「伝統と文化」に関する内容の構成と特性

(1)　小学校3・4年社会科教科書の内容の構成

　3・4年の大単元は7つあり，「❶わたしたちの住んでいるところ　①わたしたちのまちのようす　②わたしたちの市のようす」「❷わたしたちのくらしとまちではたらく人びと　①店ではたらく人びとの仕事　②工場ではたらく人びとの仕事」「❸今にのこる昔とくらしとうつりかわり　①昔の道具と人びとのくらし　②昔からつたわる行事」「❹住みよいくらしをつくる　①ごみのしま

つと活用」「❺安全なくらしを守る　①なくそう，こわい火事　②命とくらしをささえる水」「❻地域の発展につくした人々　よみがえらせようわれらの広村」「❼わたしたちが住んでいる県　①わたしたちの県のようす　②県の人びとのくらし　③世界に広がる人とのつながり」となっている。

「❶わたしたちの住んでいるところ」では，「①わたしたちのまちのようす」の小単元で，子供たちは，校区にある古くから残っている建物，寺や神社に目を向ける。「②わたしたちの市のようす（姫路市）」の小単元では，市内にある古くから残るものとして，姫路城の城下町や寺や神社，及びそこで行われる祭りや行事などについての記述がある。

「❷わたしたちのくらしとまちではたらく人びと」の大単元に「伝統と文化」に関する内容はない。

「❸今にのこる昔とくらしのうつりかわり」の大単元では，「①昔の道具と人びとのくらし」の中に，「昔と今の台所のようす」「昔の道具をさがしてみよう」「きょう土さんこう館をたずねる」「昔の道具からくらしを調べる」「（地域のお年寄りの）子どものころのくらしを聞く」「お母さんが子どものころのくらしを聞く」等の内容がある。次の「②昔からつたわる行事」では「，わたしたちのまちにつたわる祭り」「祭り調べ」「とちぎ山車会館の人に話を聞こう」「祭りをささえる人びと」「市につたわるいろいろな祭りや行事」「昔の子どもの遊びとくらし」の内容がある。

「❹住みよいくらしをつくる」「❺安全なくらしを守る」の大単元には「伝統と文化」に関する内容はない。

「❻地域の発展につくした人々」の大単元では，「①よみがえらせよう，われらの広村」の中に，「浜口梧陵と広村の堤防」「見学する計画をたてる」「『稲村の火の館』をたずねる」「浜口梧陵のあとをたずねる」「津波に負けないていぼうをつくる」「浜口梧陵について話し合う」「今のわたしたちのくらしと梧陵」等の内容がある。

「❼わたしたちが住んでいる県」の大単元では，「②県の人々のくらし」の小単元の中に，「（2）伝統的な工業がさかんな町，備前市」として，「備前焼に

ちょうせん」「備前焼づくりのさかんな地域」「備前焼ができあがるまで」「伝統を守り，伝える」「パンフレットで PR しよう」等の内容がある。発展学習として，「岡山県には備前焼，滋賀県には信楽焼」を紹介している。伝統的な産業の歴史と現状，その仕事に携わっている人々の姿や思いなどに触れるのである。

(2) 小学校3・4年社会科教科書の内容の特性

「❶わたしたちの住んでいるところ」の大単元においては，まず自分たちの校区を対象に学習する。校区内の特徴の一つとして，「広い道路のそばには，古くからのこっているたてものがたくさんあった。寺や神社もある。」とここで初めて，古くから残っている建物や寺，神社などの伝統的な建物に目を向けることになる。

次の学習は，市が対象となる。市にも，さまざまな特徴の一つとして，古くからの建物が残る地域があることを発見する。自分たちが住んでいる市にも伝統的な建築物・町並みがあることを知る。

この単元の学習では，子供たちは，自分たちの身の回りに，日本の伝統的な建築物がたくさんあることに気づく。それらについては普段からよく見たり触れたりはしているが，あまり意識することない。しかし，学習で取り上げ，実物を観察し，みんなで話し合うことで，日本の古くから伝わる建築物があり，その特徴についてはっきり認識を始めることになる。もちろん古くから伝わる日本の伝統的な住宅にも目が行き，意欲的にかかわろうという気持ちになるだろう。

「❸今にのこる昔とくらしとうつりかわり」の大単元では，「伝統と文化」に関しての内容が多い。まず，「①昔の道具と人びとのくらし」の小単元では，昔は今とは違う道具が使われていて，その道具の名前や使い方を調べるところから学習が始まる。それらを使っていたころのくらしの様子も調べる。昔の道具を調べるために，「郷土参考館」などの施設を活用する。また，子どもたちの祖父母や地域のお年寄りなどにも質問したりして，課題解決をする。生活の

中の「洗濯する道具」や「ご飯を炊く道具」などの中から一つの仕事の道具に絞って調べると，機能の変化やそれによって人間の労力が少なくなることが理解できる。調べる活動を通して，子供達は，道具は人々の知恵と工夫によって少しずつ簡単に使えるようになっていることに気づく。その学習過程で，道具の移り変わりとともに暮らしも変わってきたことを認識するようになる。そこで，暮らしの様子はどのように移り変わってきたのだろうかと，次の疑問がわく。自分の祖父母や地域のお年寄り，自分の父母などにそのころの暮らしの様子を尋ねてまとめる。最後に，道具がいろいろ移り変わってもよりよい生活をしたいという人々の願いは今も昔も変わらないという思いにたどり着く。

　この単元の学習では，子供達は自分たちがあまりよく知らなかった伝統的な生活文化を知るとともにそれらには，日本人の知恵がたくさん詰まっていることを理解する。また，今まで断片的な知識として昔に使われた生活の道具を知っていたが，実物を観察したり話を聞いたりする活動を通して，生活の道具の存在意義を認識することになる。

　次に，昔から伝わる行事として，栃木県栃木市の「とちぎ秋まつり」を取り上げている。「とちぎ秋まつり」は140年前から続いている祭りで，　合計9台もの山車が出される。今では，　町内の山車が集められ，とちぎ山車会館が建てられたり，山車祭りをさらに盛り上げるために，山車伝承館もつくられたりした。これらにより，子供達が祭りのとき以外に，山車を見学たりビデオの動画を見たりして学習対象を共有することができる。祭りを続けるために活動している人々の生の声も聞くこともできる。昔の人たちの願いを今に伝えようと地域の人たちが努力しているから今も続いていることが理解できる。

　この単元の学習では，子供たちは祭りなどの地域に伝わる伝統行事の意味を知るとともに，自分たちも協力したいなという連帯感を感じる。今までは祭りなどの行事に，行事の意味やその歴史などを意識することなく子供達は参加していた。しかし，伝承館を訪ねて実物をじっくり観察したり保存会の人の話を聞いたりする活動を通して，地域に伝わる伝統文化について愛着を深めるのである。

　大単元「❻地いきのはってんにつくした人々」では，1854年安政南海大地震で被害を受けた和歌山県の広村（今の広川町）で，村の人々を救った浜口梧陵とその後の村の復興に取り組んだことを学習する。

　「津波に負けないていぼうをつくる」の内容では，浜口梧陵が造った堤防について調べたことをまとめる形式になっている。浜口梧陵は，堤防造りで働いた人の給料や，住む家などにかかったお金をすべて自分で出した。津波に負けない堤防造りを考えたり，村の産業のためにはぜの木を堤防に植えたり，村の人々の将来のくらしや故郷の未来のことまで考える人だったこともわかる。これらによって，子供達は浜口梧陵が村の本当のリーダーだったと感じる。浜口梧陵の堤防事業のおかげで，1946年の昭和南海地震のときの津波による被害は大きくならず，浜口梧陵がいなかったら，今の自分たちの暮らしはなく，浜口梧陵に感謝の気持ちでいっぱいになる。浜口梧陵の思いを受け継ぎ，自分も人の役に立つ強い人間になりたいと願うようになる。

　この単元の学習では，子供たちは，郷土の発展のために周りの人々と協力しながら大きな事業に取り組んだ人物の業績を知ることから，その人物や自分の郷土に，より愛着をもつようになる。地震や津波の被害が過去にあった郷土。その被害が最小限になるように，安心して暮らせるようにと，地域の先人達が協力して築き上げた堤防。郷土とそこで暮らす人々の幸せを願って取り組んだ先人の功績と生きざまに誇りを感じるものである。

　「❼県の人々の暮らし」の「伝統的な工業がさかんな町，備前市」の単元は，我が国を代表する伝統的な焼き物である備前焼を取り上げたものである。備前焼には千年の歴史がある。毎年秋に備前焼祭りが開かれ，そこに「岡山県こども備前焼作品展」が開催される。また，備前焼伝統産業会館などの施設も建てられ，備前焼のよさや伝統を伝えようとしている。このように備前焼は多くの人に親しまれていて，岡山県に住む子どもたちは学習に取り組みやすい。備前焼がこの地で起こり，長く続いたわけを調べると，気候，原料，燃料，運搬などの条件が揃っていて現代に至ることが分かる。体験学習をすれば，より身近に感じられる。また，職人さんが目の前で実際に取り組んでいる姿に，あるい

は 10 日間昼夜交代で火を焚きつける作業に，情熱や苦労を感じ取るであろう。備前焼のすばらしさを感じた子供たちは備前焼の将来にいろいろアイデアを出せる。みんなで支えていこうという思いをパンフレット作りで具体的な形にするものである。

　この単元の学習では，子供たちは郷土の特産品を詳しく調べ，その製品のよさと製品作りにかける職人さんの工夫と努力を強く感じることになる。焼き物体験活動もあり，すっかり郷土の備前焼に愛着を感じるようになる。自分たちの地域あるいは県に伝わる焼き物として認識し，他にたくさん存在する陶器や磁器とは区別される特別な存在として子供に認識される。

2　小学校 5 年社会科教科書における「伝統と文化」に関する内容の構成と特性

(1)　小学校 5 年社会科教科書における「伝統と文化」に関する内容の構成

　5 年生では，「❶日本の国土と人々のくらし　①世界から見た日本　②さまざまな土地のくらし」「❷わたしたちの食生活と食料生産　①米作りがさかんな地域　②水産業のさかんな地域　③これからの食料生産」「❸工業生産とわたしたちのくらし　①自動車工業のさかんな地域　②日本の工業の特色」「❹わたしたちのくらしを支える情報　①情報をつくり，伝える　②情報社会を生きる」「❺国土の環境を守る　①環境とわたしたちのくらし　②森林とわたしたちのくらし　③自然災害から人々を守る」の 5 つの大単元を学ぶ。

　「❶日本の国土と人々のくらし」の大単元では，「①世界から見た日本」の中で，国旗や国歌が登場する。「②さまざまな土地のくらし」では，沖縄県の伝統的な家や独自の伝統的な文化を取り上げている。

　「❷わたしたちの食生活と食料生産」の大単元では，「①米作りのさかんな地域」の中で，ごはんを中心とした食事や米からつくられた製品を取り上げている。また，「②水産業のさかんな地域」では，さまざまな水産物として日本の

伝統的な食品を紹介している。

「❸工業生産とわたしたちのくらし」の大単元では，伝統的な工業製品，輪島塗の新しい取り組みを取り上げている。

「❹わたしたちのくらしを支える情報」「❺国土の環境を守る」にはない。

(2) 小学校5年社会科教科書における「伝統と文化」の内容の特性

5年生において「❶日本の国土と人々のくらし」の大単元では，「②さまざまな土地のくらし」の中に，「沖縄県の伝統的な家のつくり」を取り上げている。台風の強い風を防ぐ工夫と夏の気温が高いための工夫について説明している。伝統的文化の代表として，「復元された首里城」と「エイサーをおどる人々」を取り上げている。

この単元の学習では，日本にはさまざまな土地があり，それぞれ人々は昔からその土地に合った暮らし方をしようと工夫と努力を重ねてきたことを理解するのである。今では全国的に画一的な家屋が広まっているが，かつては地域によって家の造りが違っていたことも認識するのである。

「❷わたしたちの食生活と食料生産」では，冒頭の給食の写真には，白米に魚料理，根菜類たっぷりの野菜汁の献立がある。牛乳以外は伝統的な和食である。「①わたしたちの食生活と米」では，日本の人々が米を主食にしてきたことや，米からさまざまな食品が加工して食べられたことが説明されている。そこに副食に焼き魚や味噌汁を加えている和食を紹介している。「米からつくられたいろいろな製品」としてみりんや米酢，せんべいなどを紹介している。「水産業のさかんな地域」では，水産物を材料にする伝統的な料理である「すし」が，今もわたしたちのくらしの中でも人気が高いことを写真で示している。魚そのものの料理以外でも料理の一部分や，練り製品や缶詰などの加工食品としても，なじみが深いことを示している。

この単元の学習では，米作りや漁業の仕事について理解するものであるが，それ以外に，米や水産物が昔から今まで日本人の生活に大きく関係している生活文化であることを強く感じさせるものである。かつてはその地域でよく生産

される食品を料理したものが食卓に並んでいた。それがその地域の伝統的な料理であり，無形文化遺産に認定された和食である。魚の干物や練り製品も魚を多く食べてきた日本人が工夫した保存食品であることを再認識するのである。

　大単元「❸工業生産とわたしたちのくらし」の発展学習の部分で，我が国の伝統工業である漆器，「輪島塗」を紹介している。輪島塗には 100 を超える工程がある。これらの工程を 8 人ほどの職人が分担して作業をする。高い技術で支えられている。ところが現在のくらしでは，あまり漆器を使わないことや，職人が高齢化し，後を継ぐ若い人が減っているという問題がある。最近では，伝統を守りながらも，輪島塗の技術を生かした新しい製品づくりが始まっている。その一例として輪島塗の技術でできたスピーカーを世界に売り出していこうという取り組みについて紹介している。

　この単元の学習では，発展学習でのみ日本の伝統工業が紹介され，輪島塗の「伝統と文化」が登場する。現在，輪島塗のような伝統工業の高い技術力や製品の品質の良さが見直されていることを伝えている。これを機に，伝統工業に目を向け，そのよさに気づき，生活に取り入れることを願うものである。

3　小学校 6 年社会科教科書における「伝統と文化」に関する内容の構成と特性

(1)　小学校 6 年生の社会科教科書における「伝統と文化」に関する内容の構成

　「❶日本のあゆみ」の大単元には，「①大昔のくらしと国の統一」「②貴族の政治とくらし」「③武士による政治のはじまり」「④今に伝わる室町文化と人々のくらし」「⑤天下統一と江戸幕府」「⑥江戸の社会と文化・学問」「⑦明治の新しい国づくり」「⑧国力の充実を目指す日本と国際社会」「⑨アジア・太平洋に広がる戦争」「⑩新しい日本へのあゆみ」など 10 の小単元で構成される。その後「❷わたしたちのくらしと政治　①わたしたちの願いと政治のはたらき

②わたしたちのくらしと憲法」「❸世界の中の日本とわたしたち　①日本とつながりの深い国々　②国際連合のはたらきと日本人の役割」の大単元が二つ続く。

「❶日本のあゆみ」では，「②貴族の政治とくらし」で，法隆寺，東大寺の大仏と大仏殿が登場する。また，小単元「貴族が生み出した新しい文化」として，藤原道長のくらしを調べることになる。日本風の文化が栄えるということで，かな文字，大和絵，年中行事，遊びなどが取り上げられている。「③武士による政治のはじまり」では，厳島神社が紹介されている。「④今に伝わる室町文化と人々のくらし」では，洛中洛外図屏風で祇園祭が紹介されている。金閣と銀閣を調べるということでこの時代を代表する建築物が登場する。今に伝わる文化として，水墨画を描いた雪舟，龍安寺の石庭が紹介されている。民衆が参加して楽しむ文化だったものが能や狂言に発展したことや，おとぎ話の絵本が作られたことなどが説明されている。また，1日3食の食事，陶器や木綿の衣服，漆器なども伝えている。発展学習として，都の文化が伝わるとして，地方に京都の文化人たちが移り，京都の文化を伝えたことを紹介している。「⑤天下統一と江戸幕府」では，伊万里・有田焼の磁器や，日光東照宮などの建築物を掲載している。「⑥江戸の社会と文化・学問」では，町人文化の広がりとして歌舞伎や人形浄瑠璃と近松門左衛門を挙げている。絵画では，浮世絵とその作者の歌川広重をについて説明している。力をつけてきた町人の好みに合った町人の文化が生まれたことを伝えている。今も受け継がれている江戸時代の人々の楽しみとして，相撲・花火・落語を紹介している。また，国学を研究した本居宣長が『古事記伝』を書き上げたことを伝えている。寺子屋という塾が開かれ，百姓や町人の子供たちが「読み・書き・そろばん」を学んだことが記されている。発展学習として人形浄瑠璃を紹介している。「阿波人形浄瑠璃の歴史と今」というテーマで，今も愛されていることを伝えている。「⑩新しい日本へのあゆみ」の発展学習として，「日本の伝統技術が生きる東京スカイツリー」と題して，法隆寺の五重塔の「心柱」の技術が使われていることを紹介している。

　「❷わたしたちのくらしと政治」では，「②わたしたちのくらしと憲法」で，国民の祝日についての記述がある。

　「❸世界のなかの日本とわたしたち」では，「②国際連合のはたらきと日本人の役割」のスポーツや文化を通した国際交流において，日章旗（日の丸）と君が代の説明がある。また，日本の伝統的な文化やスポーツである歌舞伎や文楽・相撲・日本食が世界で親しまれるようになったことの記述がある。

(2)　小学校6年社会科教科書における「伝統と文化」に関する内容の特性

　「❶日本のあゆみ」の大単元では，「②貴族の政治とくらし」で，現存する世界最古の木造建築として「法隆寺が登場する。我が国のすぐれた木造建築物の代表である。次に東大寺の大仏と大仏殿が平城京とともに登場する。平城京が栄えた時代に，日本は世界との交流があり，正倉院に宝物が収められていて，その当時に建造された「薬師寺の薬師三尊像」（国宝）がその影響について証明している。

　次に平安京の時代になり本格的な我が国独自の国風文化が花開いたことを大きく伝えている。平安貴族の社会について，儀式や年中行事をくりかえしたこと，和歌や舞曲，絵合わせ，蹴鞠などで教養を競ったこと，寝殿造りの屋敷のようすなどを説明している。「国風の文化が栄える」という内容で，日本独自の文字である「ひらがな」や「かたかな」が誕生したことを，「かな文字の発達」という表を入れ説明している。そのかな文字を使って書かれた世界的に有名な紫式部の『源氏物語』と清少納言の『枕草子』を取り上げ，すぐれた文学作品が数多く生まれたことを伝えている。十二単の服装や大和絵などの絵画なども絵や写真で紹介している。また，現代の生活でもなじみのある年中行事や遊びについて載せている。年中行事として，ひな祭り，端午の節句，七夕が，遊びとして，けまり，囲碁，すごろくなどを挙げている。

　次に大きく取り上げられるのが，「④今に伝わる室町の文化と人々のくらし」である。「室町文化が生まれる」の小単元では，「金閣と銀閣を比べる」と題して北山文化の金閣と東山文化の銀閣を比較対照的に記載し，外見と建築様

式の違いについて説明している。銀閣の説明では，書院造を取り上げ，現代の和室のもとになったことを写真で分かるようにしている。「今に伝わる室町文化」の項目では，力強さや簡素さもちあわせた新しい文化の誕生を伝えている。書院造の広まりとともに，床の間に生け花，ふすまや掛け軸には水墨画が，庭には石庭がとそれぞれ写真入りで説明している。民衆に茶を飲む習慣が広がったことも伝えている。さらに，町や村で行われていた田楽や猿楽が能や狂言に発達したり，『浦島太郎』や『ものぐさ太郎』などの現代も親しまれているおとぎ話の絵本が作られたことなども説明している。庶民の生活の変化として，一日食事が３度になったことや，茶碗や皿などの陶器を使うようになったこと，衣服には木綿を，漆器も作られ始めたことなどにも触れている。発展学習では，「都の文化が全国に広がる」と題して，全国に「小京都」といわれる町が多いことを山口の大内氏を挙げて紹介している。

　「⑥江戸の社会と文化・学問」では，「町人文化の広がり」の項目で人形浄瑠璃と台本を描いた近松門左衛門を挙げている。絵画では浮世絵が数多く印刷され，数多く買われたことを紹介している。代表的な作家である歌川広重と，その代表作「東海道五十三次」の絵を載せている。また，学習資料「今も受け継がれている江戸時代の人々の楽しみ」と題して，「相撲」「花火」「落語」を紹介している。「国学の広がりと子どもの教育」では，国学が起こり，日本の古典をもとに，仏教や儒教が伝わる前の日本人の考え方を明らかにしようとしたと説明している。本居宣長が苦心の末，『古事記伝』を完成させたことも記している。子どもの教育として村や町では，寺子屋という塾が開かれ，「読み・書き・そろばん」など，日常生活や商品の取引に必要なことを学んだことを載せている。発展学習で，「阿波人形浄瑠璃の歴史と今」について詳しく説明している。徳島県では，江戸時代に人形浄瑠璃がすみずみまで入りいきわたった。そして今でも徳島市には県の施設があり，毎日，人間浄瑠璃が上演され，日本全国から観光客が訪れることを紹介している。

　この単元の学習では，日本の歴史の特徴のある時代を学びながら，その中から，「貴族のくらし」「今に伝わる室町の文化と人々のくらし」「江戸の文化と

学問」などの部分を中心に,「伝統と文化」を学ぶことができる。まず，法隆寺の五重塔に代表される木造建築の技術力の高さに出会う。奈良の大仏に代表される仏像の文化があり，それが現在に続いており，日本全国の寺院で見ることができる。国風文化では，広い敷地に広がる寝殿造り，庭には人工的な川や池があり，貴族の十二単の姿が見られる。和歌を詠んだり，蹴鞠をしたりと優雅な貴族の生活が見られる。また，かな文字が誕生・発達し，古典の名作も生まれ，漢字からかな文字が誕生したことに驚くだろう。年中行事としてのひな祭りや端午の節句，遊びとしての囲碁やすごろくもこの頃からということで歴史を感じるだろう。時代は進み，室町文化では，金閣の金色の建物に豪華さを感じる。銀閣の内部にある，書院造に，今の和室の床の間付近に似ていることを思うだろう。和室にかかわるものとして，生け花やふすま，掛け軸，水墨画，庭では石庭などがこの時代からと感じるだろう。芸能では，能や狂言が生まれる。「浦島太郎」などのおとぎ話もつくられ，現代に伝わっていることに感心する。江戸の文化では，庶民に愛されたものとして，人形浄瑠璃とその作家近松門左衛門を，浮世絵とその作家歌川広重が登場する。「人びとの楽しみ」として，相撲・花火・落語を挙げているがこれも現代でも人気が高い日本の文化である。人形浄瑠璃が地域によっては盛んに行われ，全国から愛好者が訪れることにも感心する。

　「❸世界のなかの日本とわたしたち」では，小単元「②国際連合のはたらきと日本人の役割」で，「スポーツや文化を通した国際交流」という項目で，「日章旗（日の丸）と君が代」の説明がある。江戸幕府の船印として使用されたものが江戸時代の終わりには外国からも日本の国旗と認められるようになったこと。また，君が代は，明治時代に和歌をもとにして作られ，日本の国歌として歌われるようになったこと。1999年には日の丸が国旗，君が代が国歌であると法律で定められたことを解説している。

　オリンピックの表彰台で，優勝した選手の国の国旗をあげ，国歌を演奏して選手の健闘をたたえる例を挙げ，国旗や国歌がその国の文化や歴史を表し，独立国のしるしとして大切に扱われることを説明している。独立国が互いを尊重

し合うことと同じように，その象徴である国旗・国歌を尊重し合うことが大切であることを教えている。

　日本の伝統的な文化やスポーツである歌舞伎や文楽・相撲などのほかに，すしなどの伝統的な日本食も，世界の人々に親しまれるようになったことも注目すべきことである。最近では，日本の漫画が世界で高く評価されていることも知らせている。

　この単元の学習では，これからのグローバル化した国際社会で生きる子供たちに，真に平和で豊かな社会にするための指針を提示している。それは，それぞれの国民が自国の伝統と文化を誇りに思い，他国の伝統と文化を尊重する精神をもたなければならないということである。なぜ今学校教育で子供達が「伝統と文化」を学ぶ必要があるのかがここにある。

　このようにして小学校社会科の教科書を調べ，「伝統と文化」の内容がどのように組み込まれ，どのような学習過程によって子供に理解をされていくのかを明らかにした。

　子供たちは3年生で初めて社会科に出会い，自分が生きている社会について目を向けるようになる。まず，自分が暮らす校区にある「伝統と文化」に出会う。古くからある建物と神社や寺院である。今自分たちが暮らし，目にしたり触れたりしているものとは少し違ったものであると認識する。学習で取り組まなければ何となく過ごしていってしまうものが，学習により子供の頭の中ではっきり意識され出すのである。それは校区だけではなく，自分たちの住んでいる市にもあることを学ぶ。一般化し，やがて自分自身の興味関心で，広く県内や日本全国に求める。昔話でよく出てきたような温かみを感じる。だんだん少なくなっているようなので，大切にしなければならないという，そんな感覚が子供に芽生える。昔の道具と暮らしの移り変わりの学習では，今の道具と比べる対象として昔の道具が多く登場する。身近に存在する素材で簡単なつくりの道具を，体を動かしてコツをつかんで使う道具であると認識する。やがて人々の工夫や努力で徐々に便利なものへと変化していき，操作も簡単で，労力

も少なくて短時間で作業は終了する。便利な道具の出現に伴って，人々の生活にも変化が出て，自分の楽しみのために時間を使う余裕が出てくることになる。子供たちは，今の便利な生活を肯定しながらも，伝統的な道具やそれを使う人々の精神は大切にしないといけないという認識になる。また，昔から伝わる行事や文化財の学習においては，社会科で学ぶまでは，なんとなく参加することが多い状況だったのが，学習後意識が大きく変化する。行事のいわれやその歴史，保存するために携わっている人々の努力と熱い思いを学ぶと，子供たちはと昔から伝わる行事や文化財にグッと近づく。昔から伝わる行事や文化財を守ることはもちろんのこと，地域やそこで暮らす人々のことまで思いが及ぶことに感動を覚える。参加する意欲が強くなり，何かの役に立ちたいと子供たちの意識も高まるだろう。

　4年生では，地域の発展に尽くした人の学習では，自分たちの住んでいる地域において，地域の発展に尽くした人の業績と生涯を正しく理解する。それとともに郷土やそこに暮らす人々に対する愛情と，自分の力を郷土の発展に尽くしたいという思いと，粘り強く取り組んだ姿に，子供たちは心を打たれるだろう。そして地域に愛情を抱いたり，地域のために力を尽くすことに尊敬の念を抱けるようになる。県内において伝統的な産業がさかんな町の学習では，日本の伝統的な製品を今も製造し続けている町を取り上げ，伝統的な産業で製造された製品のよさに触れること，　伝統を絶やしてはいけないとその産業に取り組む人々の心意気，現代の生活にも取り入れられるようにと工夫する姿などを子供は学ぶ。実物に触れたり，現場を見学したり，直接話を聞いたりというような活動も伴うことが多い。子供たちは学習を通してこの伝統的な製品を好きになり，使えるものは実際に使ったり，この産業が続くようにあれこれ考えたりするようになり，この製品のよき理解者になるだろう。

　5年生では，単元として大きく扱われないが，しかし我が国の国土や各産業の学習に必ず登場するので，「伝統や文化」について理解は深まる。農業における米作りでは，米を主食にしてきた和食や昔から米を加工したさまざまな食品が伝わってきことを学ぶ。水産業では，今も和食に魚がよく結びついている

ことなどを学ぶ。これから，子供たちは和食についてたびたび学び，日本の食文化についてしっかり認識できる。

　6年生の学習では，歴史学習が「伝統と文化」を理解する宝庫である。中国の文化をもとにした新しい文化である国風文化では，貴族が寝殿造りの屋敷を舞台に儀式や年中行事が行われ和歌などの教養を競ったことを学ぶ。現代に伝わるものとして，平仮名，その仮名文字で書かれた『源氏物語』や『枕草子』，ひな祭り，端午の節句，七夕，囲碁，すごろくなどがある。これらが千年も前から伝わっていることを知り子供たちはその歴史の深さに驚くことになる。次に大きく文化が取り上げられる室町文化は，それまでの貴族の文化に大陸の文化の影響を受け，力強さと簡素さを特徴としていることを学ぶ。書院造が広まり，畳が敷かれ，床の間に生け花，ふすまや掛け軸には水墨画，庭には石庭がというふうに今の和風建築に伝えていることが分かる。また，茶の湯や能，狂言，『浦島太郎』などのおとぎ話と今に伝わるものも多く，長く人々によって愛され続け今日に至っていることに子供たちは納得する。次に大きく取り上げられるのが江戸の町人文化である。その代表である歌舞伎や人形浄瑠璃は無形文化遺産に登録された。安藤広重の『東海道五十三次』に代表する浮世絵はヨーロッパの画家にも影響を与えた。相撲，花火，落語は今も受け継がれ，現代人にも人気があり，現代社会にも十分その存在価値を示している。これも町人がさらにすばらしいものをと伝統を受け継ぎながらも，その時代や人々の心をつかんで制作に励み，今日まで続いたことが分かる。国際社会の学習では，国際社会での自国の文化に誇りを持ち，他国の文化を尊重する態度が大切であることを述べている。グローバル化社会になり，自分自身をしっかり持っていないとさまざまなものに流され，自分の進むべき道を見失ってしまう。

　小学校の社会科教科書における「伝統と文化」は，第一歩として家の近所にある古くからある建物に目を向けるところから始まる，それらは，自分の家の周囲にもあり，自分の住む市や県にも有名なものが存在することに気付く。道具の変化と人々の暮らしに目を向け，そこには先人の知恵や工夫が込められていることを子供たちは学ぶ。昔から伝わる行事や大切に保存されている文化財

には，その価値を正しく理解するとともに今まで伝えてきた人々の心情に迫ることができる。地域の発展に尽くした人の実績や生涯とその一生を貫いた熱い思いに触れると，自分の住む地域に強い愛情を持ち，尽力した人を誇りに感じるようになる。自分も地域に愛着をもつことができる。日本の各産業では，日本人が昔から伝統を大切にしながらも，さらに改良を加えて今の日本の生活文化につながっていることを理解する。日本の歴史を調べれば，人々が日本の風土に合う，日本人の心に合う生活を展開しつつも，常にさらに暮らしをよくするために工夫や努力を重ね，日本独自の文化を築き上げてきたことを認識できる。今は世界各地から様々な影響を受けながらも，日本の伝統と文化を受け継いで生活している。そしてこれからの国際社会では，自国の伝統や文化を発信し，相手の国の伝統や文化を尊重する姿勢が大切なことを学べるようになっている。

　指導にあたっては「伝統と文化」を正しく理解できるように工夫しなければならない。しかし，子供たちに対して「伝統と文化」の押しつけはいけない。現代社会では，地域や家庭によって生活スタイルや伝統や文化に対しての接し方は様々である。指導するにあたり，長く伝えられていることとその良さを子供が感じられるようにすることが大切だと考える。伝統と文化がこれからも長く続くかどうかは次代の担い手である子供たちにかかっている。したがって，子供たちが伝統と文化を心地よく感じてくれたらと願うものである。

（西村　康幸）

第4節　地域文化の教材化を図る「ふるさと学習」の基本的性格と課題

1　地域文化の教材化を図る「ふるさと学習」の意義

(1)　地域文化の教材化

　日本は南北に長い島国である。そのために北海道と沖縄では温度差が大きく，日本全国の気候風土は地方・地域により大きく異なる。国土の70%は森林であり，平地に居住する人々もいれば山間地に居住する人々も多くいる。そのために，古代から大陸や国内で交流が頻繁に行われ，全国各地で地方独特の文化が形成されてきた。

　文化について言及しておきたい。文化（culture）の語源は，ラテン語のcultura＝土地の耕作の意味からきている。そこで，風土とのかかわり，環境への適応が文化の語源になる。そのためにその土地で生活する伝統的な衣食住の素材が文化になる。また，生活様式からみた文化は，言語・宗教・学問・芸術などの精神的なものから，衣食住にかかわる機械・建造物・交通手段など物質文化がある。前者は西洋的なもの，後者はアメリカ的なものが日本に影響している。社会生活を営む上での習慣や法制から見れば制度的文化も重要となる。学問的には，風土との関連で文化を特徴づけた和辻哲郎の文化類型や日本とヨーロッパの関係を文明論的に分析した梅棹忠夫の文明の生態史観などがある。

　本節は地域文化の教材化に焦点をあてている。地域には，その土地に暮らす人々の生活と知恵がある。人間は環境に適応するとともに衣食住において知恵を使い，後世に文化として伝承してきた。古代からの農耕生活で形成された稲作文化は，宗教的な儀礼と生活文化を結びつけている。地域文化は，それぞれ

の風土と集団と社会とのかかわりで歴史的に形成されてきたものである。地域文化には他地域との共通性と特殊性があり，一律に論じることはできないが，それぞれ特色ある文化財の教材化はふるさと学習の要である。

(2) 今なぜ，ふるさと学習か

　今，なぜ教材化を図る視点からふるさと学習が重視されるのであろうか。

　第1に，20世紀の物質文明から21世紀の精神文明（豊かさとは何か，幸福とは何かの問い直し）への時代的社会的潮流があるだろう。第2に，中央から地方へ（分権による財源と責任），過疎・過密の国土発展のゆがみの是正の必要性から考えることができるだろう。第3に，2011年3月11日からの再出発，地域の「絆」を大切にした生き方（生活）の模索があるだろう。第4に，学校，学区を核とした地域共同体の再生（グローバル化への対応としてアイデンティティの確立の拠点づくり）があるだろう。どの要件も複合的に重なり合っている。今日の日本人の在り方生き方を問う心の問題として，「ふるさと」教材の重要性が再認識されていると考えられる。

　2020年に東京オリンピックが開催される。1964年以来の2度目になる。オリンピックは世界の国と地域が参加し国民意識が高揚して応援する。また，近年では野球に代わってサッカーが人気を博し，ワールドカップ予選から本大会まで，期間中は日本各地でJapanのユニホームを着たサッカーファンが熱狂するようになった。春夏の高校野球でも多くが県外から素質のある選手を集めた私立学校が代表になっているにも関わらず，自分が育ったり生活したりしている都道府県の代表校を応援し，勝敗に一喜一憂する。

　このような国家愛，地元愛もふるさと愛の延長として考えることができる。日本人は宗教には寛容であり，戦後は特定の宗教を信仰しない人々もかなりの数がある。例えば，結婚式の神前や仏前に代わって人前に代えるケースがある。日本人はいつの間にか神や仏に代わって信じるものを失い，身近な親に対する信頼関係も薄れ，自己に対する自尊感情も低下してきている。

　結論を述べれば，宗教観念が薄れ身近や両親すら尊敬できない，心を喪失した生活者が唯一頼れるのが，心のふるさととしての生まれ故郷の原風景であろ

う。ふるさと学習の教材化の原点は，この心の「原風景」にある。

2　地域文化の教材化を図る「ふるさと学習」の基本的性格

　特色あるふるさと学習のフレームワークは，教育学の要素である，目標と学習内容（教材化）と学び方からフレームを確定することができるが，この枠組みは一般的な○○学習でも適応できる。そこで，ふるさと学習を成立させるフレームワークとは何か，検討することにしたい。周知のように，フレームワークは，枠組み，骨組み，骨格，下部構造，組織などに和訳される。特定のフレームを活用すれば○○学習が成立する汎用性のある枠組みが必要となる。では，ふるさと学習を成立させるフレームワークの要素は何か。

　第1に，心のふるさとを育てるような原体験（源体験）が含まれているか。一生心に残る感動を与えるような体験学習の質にかかっている。

　第2に，地域教材の人，物，事から宝物となる教材が選ばれ，ふるさとを愛し，誇りに思える学習が成立しているかである。

　第3に，地域の大人から次代を担う子どもへの学びが受け継がれているかである。異なる他者である地域の人材としての大人から子どもへ学びを受け継ぐことができているか。

　第4に，学びの主体は子どもであり，子どもの社会参画が保障された学びが仕組まれているかである。

　以上のフレームワークの要素を従来の地域学習と比較して一覧表にまとめて

表2-4-1　ふるさと学習のフレームワーク（筆者作成）

学習フレームワーク	地域学習	①目標 ②内容 ③方法 ④評価	・子どもの育成目標 ・地域教材の内容構成 ・地域の学び方 ・地域学習の評価
	ふるさと学習	①原（源）体験 ②地域教材 ③学びの継承 ④社会参画	・一生心に残る原体験 ・ふるさと愛を育てる地域教材 ・大人からの学びの継承 ・子どもの主体的な社会参画

みると，前頁（表2-4-1）のようなまとめになるだろう。

　そこで，もう少しふるさと学習のフレームワークに関わる要素について，内実を検討しておくことにする。

(1)　一生心に残る原体験

　ふるさと学習のねらいは，心にふるさとを持ち続け，地域，国家・社会，地球社会のどの空間で生活していても，楽しいときはもちろんのこと，苦しいとき，悲しいとき，挫折から立ち直ろうとするときなど，こころのふるさと意識がその人の生きる力となり，再び立ち止まった人生を歩み始める原動力となるためのエネルギーを呼び覚ます体験を仕組むことである。そのためには，中学校区を1つの空間として一生の宝となるような原体験を仕組み，体験を表現活動と結び付け経験知に高められるような「源」の体験を仕組みたい。

(2)　ふるさと愛を育てる地域教材

　ふるさと学習においては地域文化を素材に，どのようなふるさと愛を育てていけばよいのであろうか。ふるさと学習では，先述したように地域にある様々な素材を活用して，人との関わり，ものとの関わり，出来事や社会との関わり，歴史や伝統との関わりを探究する。その過程において，ふるさとの社会や自然の中に生きている一員としての自己の生き方を考える。そして社会や自然の中で開かれた個としての存在を自覚し，主体的な学びをしている自己の生き方を考える。その探究の結果として自己の有用感や学ぶことの意味を自覚することができる。このように，現在や将来の自己の生き方を考えることにより，自己の善さや可能性に気付き，自尊感情を育む。

　ふるさと愛は，意図的な教育活動として形成されるものではなく，地域文化に学び，そこで生活してきた人々の苦労や智恵を学ぶことにより自己との関わりを通して，自然に形成されてくるものであると考えたい。中学生になればふるさと愛から倫理的なものを含めた郷土愛が育てば良いだろう。

（3）大人からの学びの継承

　教育活動は，人類の文化遺産の継承が中心である。学校教育では，それぞれの学問領域で創造されてきた知識や技能を後世に伝えるカリキュラムが開発されてきた。門脇（2010）は，「子どもの社会力」をテーマに子どもたちが異なる他者としての大人に関わることにより，社会適応から社会形成力を身に付けていくと解説している[1]。子どもは経験豊富な大人からコミュニケーションを通して社会で生きていく智恵を学び，社会の質を維持し改善しながら，地域社会を運営していく。大人から子どもへの学びの継承こそ，ふるさとをつなぎ社会を安定的に維持する方法である。

　しかしながら，周知のように人口減少時代を迎えて一部の都市部を除けば，限界集落が散在しかつてのふるさとは，社会機能を失いかけている。このような時代だからこそふるさと学習は，大人から学ぶ子どもの姿が重要になるといえよう。単なる文化の伝承としてだけでなくふるさと学習により，地域文化が教材として価値を与えられ，学びの継承により文化価値形成が行われていくのである。

（4）子どもの主体的な社会参画

　ふるさと学習の学びの主体は，子どもである。子どもがどれだけ主体的にふるさと学習に関わり，未来の形成者として社会参画を実践できているか。

　また，ふるさと学習を計画する教師サイドでは，どれだけ子どもの社会参画を保障し，子どもの主体性と協同的な学びを仕組んでいるかが鍵となる。

3　地域文化の教材化を図る「ふるさと学習」の実践事例と分析

（1）愛知県新城市立開成小学校（旧南設楽郡作手村立開成小学校）

　地域文化の教材化を図る「ふるさと学習」の実践事例として，人口減少地域での小規模校の事例を紹介し，ふるさと学習のフレームワークを活用して分析する[2]。

①学校の概要

　愛知県新城市は，県東部にあり平成の大合併で新城市と鳳来町と作手村が合併して生まれた。過疎の山間地にある旧作手村立開成小学校は，2013 年 3 月をもって 139 年の歴史を閉じ，作手小学校北校舎として 2018 年の統合まで存続する。筆者が研究支援に入った 2006 年度は，全校児童 33 名の複式学級を編成するへき地校であった。筆者の母校でもあり，1966 年当時は全校生徒 150 名の学校であった。三河山間地の盆地にあり山紫水明に囲まれたのどかな田舎の小学校である。保護者も昔からの知り合いが多く，学校への支援や協力は，保護者，高齢者とも積極的である。

②研究の概要

　新城市には，自然・人・歴史と文化の「三宝」があり，「命の大切さ」を知り「豊かな心」や「生きてはたらく知恵」を身につけ，ふるさと新城を愛する人になってほしい（教育長）との願いがあり，各学校がふるさとを愛する子どもの育成に力を注いでいる。

　研究主題は，平成 16-18 年度「ひびきあう開成っ子―生活科・ふるさと学習と国語科との連携を図り，コミュニケーション能力を育てる―」，平成 19-21 年度「心にふるさとのある子―ひびきあう開成っ子―」であった。前半の研究支援は，未来に生きる力を育てるためにコミュニケーション能力を重視した。ふるさと学習（総合的な学習）において身の回りの自然，地域社会の人々，もの，出来事から問題を発見し，お互いの考えや思いを交流する活動により温かい人間関係を気づき，相手意識を持ったひびきあう子どもを育てようとした。後半の研究支援では，ふるさとの自然や人・歴史と文化に学ぶ活動を重視し，授業でのひびきあい，仲間とのひびきあい，自然や人・歴史と文化とのひびきあいをふるさと学習で探究した。特に，ふるさと先生に学ぶ学習では，ふるさとの食文化，ふるさとの産業，ふるさとの自然保護などに携わる講師を年間 30 人招いている。

③食文化の実践紹介

　食文化では，大豆を使った豆腐作り，みそを使った郷土料理や五平餅の食文化比較（愛知・岐阜・長野），郷土のお菓子づくりなどゲストティチャーの支援

をいただいた。

また，山間地の山林には昔から山芋（自然薯）が生育し，村の人々は秋口の自然薯堀を楽しみにしていた。近年では，稲作の転作から畑に自然薯を栽培し，出荷を試みる農家も現れている。ふるさと先生から地域を学ぶ事例を紹介してみよう。

○単元「昔からの食事を調べよう」（5・6年　総合的な学習の時間の実践）

地域の特産品であり，全校で栽培した自然薯を通して，ふるさとの食文化を学ばせたいと考えた。自然薯について聞き取ったことを発表していくと「昔，自然薯は高級だった。」という発表があった。これに関して「町の人にとっては高級だけど，山の人はそんなことないと思う。」や「今は高級品じゃないのか。」などの疑問が出た。

ふるさと先生から話を聞く

それらの疑問を解決するため，地域に昔から住んでいて，自然薯の栽培をしている方を「ふるさと先生」として招き，話を聞くことにした。

> 昔は山にたくさんあったけれど，今はあまりないことが分かりました。昔は1月2日に食べる習慣があると知りました。自然薯の天然物は，グニャグニャでおれやすそうでした。たった1本掘るためだけに何時間もかかるなんて大変だと思いました。やっぱり，自然薯は高級じゃないかなと思いました。自然薯は作手の特産品としてずっと残ってほしいです。（5年児童）

ふるさと先生の話から，昔から作手ではとろろめしが食べられていたことを確認できた。そこで，「うちのとろろめし」として，自分の家の作り方を聞き取ってくることにした。だし作りに使う調味料の違いや，干ししいたけやかつお節を使う家があるなど，自分の家との違いに気づくことができた。違いを具体的にするために，実際に作って，確かめることにした。都合の

家の人と一緒にとろろめし作り

つく家の人には，手伝いに来ていただくことにした。できあがったとろろめしは，ねばり，甘み，だしの風味，味の濃さなど家によって大きな違いがあった。子どもたちは家によって味が違うこと，これが「我が家の味」ということがわかった。来て下さった家の方も，「こんなに味が違うんですね。」と驚いていた。

　単元の終末にはレシピ集「うちのとろろめし」としてまとめた。

④村歌舞伎の実践紹介

　地域の伝統文化の実践では，古くから伝わる農村歌舞伎の復活に取り組んでいるＳさんを講師に１年生の６人が熱心に取り組んだ。歌舞伎独特の台詞を暗記し，所作の指導を受け，学芸会や村の行事で見事に「白波五人男」などの演目を演じきった。

　全国の過疎地域では，伝統芸能が衰退の危機にある。後継者がいない，継承者の高齢化が進むなど，これまでふるさとの人々の心を支えてきた地域文化は，保護の前に消えゆく運命にある。１年生の取り組みは，地域の大人の支援により難しい口上も子どもが暗記し，村歌舞伎を演じことで文化を伝える優れた実践である。

(2) 愛知県岡崎市立井田小学校

　地域文化の教材化を図る「ふるさと学習」の実践事例として，都市部大規模校の事例を紹介し，ふるさと学習のフレームワークを活用して分析する[(3)]。

①学校の概要

　愛知県岡崎市は，隣接する豊田市と並んで愛知県西三河を代表する文化都市である。平成の大合併により額田郡額田町を合併し人口38万人の都市になっている。岡崎市は戦国の三英傑の一人である徳川家康生誕の地としても有名な都市である。井田小学校は市の北部にあり児童数1,000人を超す大規模校であり，旧市街地と新興住宅街を抱える地域でもある。校名にある「田」は校区にはなく交通量の激しい学区でもある。

②研究の概要

　井田小学校は，新旧の市街地（学区が県道により東西に分かれている）の住民を

一つの地域文化圏として融合するために，子どものふるさと学習を核とした井田学の創造を目指して研究課題を設定した。

> （研究課題）
> 井田ッキーのふるさと創生〜魅力ある「ふるさと井田」を創造する子供の育成〜

井田小学校の研究課題の意義をまとめると下記の5点になる。

ア．都会化された学区をふるさと学習の視点から見直そうとしている。

イ．古くから住んでいる住民と新しい住民の融合を目指し，子供主導（キャラクター）による総合的学習の学びを創造しようとしている。

ウ．未来志向で心の教育を充実させようとしている（道徳の教科化の動きの中で）。

エ．将来のコミュニティ・スクール構想を現実化させる研究である。

オ．子供を社会形成者（地域創生の担い手，社会環境形成者）として育てようとしている。

③井田小学校の「ふるさと学習」のカリキュラムの特色

井田小学校のカリキュラムの特色について，内容知，方法知，自分知に分けて説明してみたい。

第1に内容知である。内容知はふるさと学習の素材から課題を設定し探究する教材になる。具体的には，ふるさと井田の人々，生活，自然，歴史，伝統，文化，産業，学区などを取り上げることになる。

第2は方法知である。総合的学習では教科学習の様に共通に学習する内容は設定されていないので，自己の生き方を考えるような学び方の技能習得が発達段階に応じて育成されていくことが重要となる。その中心は体験や交流による学びである。学年での学び（異学年交流を含む）が中心となる。

第3は自分知である。総合的学習のゴールは課題探究をスパイラルに繰り返しながら，自己の生き方を考えていくことをねらいとしている。それはふるさと意識の形成であり，未来志向の岡崎で生きる（岡崎を離れて生きる）を追求していくことになる。

次に，カリキュラムを編成する際のスコープとシーケンスを見ておきたい。

　ふるさと学習のスコープとして，井田校区・自然，環境，産業，歴史，文化，福祉などを設定している。そして，将来的には葵中学校との連携により学区・校区のふるさと学習を「井田学」のカリキュラムに体系化し，他の学校でも活用できる科学性を担保できるカリキュラムを目指している。具体的に各学年のスコープを見ておきたい。

　○1年—探検・自然・交流（お年寄り・園児）の場としての井田
　○2年—学区探検，木，野菜作り，地蔵巡り
　○3年—ぶどう園，天狗祭り，学区の商店街，地形と経済・流通，電車通り
　○4年—学区の変化，学区の今昔，学区カルタ，学区の環境，1/2成人式
　○5年—井田んぼ園，福祉施設，学区の農業，緑教室，井田森遊園地化計画
　○6年—地産地消，歴史探訪，住みやすい街作り，校歌，特別支援—栽培活動，学校探検，学区探検，学校生活

　そしてシーケンスについては，ふるさとから学び，ふるさとを守り，ふるさとを通した交流の輪（和）を広げ，人間関係形成（ふるさとへの愛情と誇り，生き方の探求）を重視した「よりよく生きる子ども」を目指す配列となっている。その配列の理念は，ふるさと学習の活動として低学年は「井田から学ぶ活動」中学年は「井田を守る活動」，そして高学年は「交流の輪（和）を広げる活動」を通して地域に発信することを目指している。すなわち，低学年では地域に学び（in），中学年では地域のために学び（for），高学年では地域について学ぶ（about）学びを配列している(4)。

④単元の活動の流れと具体的な能力を位置付け

　「知る」（認識）→「考える」（思考）→「創る（創生）」（判断・意思決定・提案・合意）→「伝える」（発信・参画）→「省みる」（内省）

　また，活動に合わせて具体的な能力を探究過程として位置付けている。

　ア．知るための「ふるさと収集力（見つける，集める）」

　イ．考えるための「ふるさと分析力（分析する，予測する）」

　ウ．創るための「ふるさと創造力（創造する，改善する）」

　エ．伝えるための「ふるさと伝達力（語る，伝える）」

⑤「井田んぼ」実践の紹介

ここでは，本校の校名になっている「田んぼ」を教材とした5年生の取組を紹介する。1000人を超える児童が学ぶ校区には，戦後から地域の人々によって，守られてきた田畑のうち宅地化等により稲作のための田んぼが消えた。

校長先生はこのことを強く痛み，校内に保護者の援助を得て子どもに稲作を体験させる「井田んぼ」を作り，米作りの過程を体験させるとともに秋の収穫祭を企画し，地域・保護者と共に稲作づくりに取り組んだ。具体的な，年間計画は，後の単元展開で示す。本実践は「井田んぼで農薬を使うべきか，使わないかを根拠を持って考えよう」が学習課題になっている。松田司教諭の「児童の実態」（学習指導案の項目）を少し長くなるが紹介してみよう。

本学級は男子19名，女子14名の33名である。5年生では，井田んぼに関わることを楽しみにしていた児童が多く，総合の時間にどんなことにチャレンジしたいか調査したところ，「井田んぼで米作りがしたい」という意見が多く出た。

最初に，井田んぼの果たす役割について話し合った。「5年生で米の学習をするから」「お米の大切さを知ってほしいから」など社会科での学習に関連した意見が多い中，「井田学区に田んぼがないから，田んぼを広めるため」という意見が出された。学区に田んぼがない事実に気づいたことで「井田んぼは，学区に唯一の田んぼだから，大切にしていきたい」という思いが芽生え，より一層米作りへの意欲が高まった。そこで，井田んぼでの米作りを前に，学区の米作り名人との出会いの場を設けた。それにより，田起こしや代かき，田植えの仕方について知識を得るとともに，昔は，井田学区にも多くの田んぼがあったことを知った。そして田んぼには多くの生き物たちが集まっていた話も聞き，米作りだけでなく生き物たちにとっても田んぼは大切な場所であることに気づき，田んぼの役割について新しい意識が加わった。

その後，田起こし，代かき，田植えを経て，「今後，井田んぼをどのような田んぼにしていきたいか」を話し合った。すると主に「たくさんお米が実る」「病気や害虫に強い」「生き物たちが多く集まる」「学区の宝だと言ってもらえる」という4つの意見に集約された。そこで，それら4つを5-1の目指す「井田んぼの姿」としてこれからの活動に指針とすることを全員で確認した。それにもとづき「自分たちの願いがかなう井田んぼになるように，これから，自分たちがしなければならないこと」について考えた。水の管理，毎日の観察，草取りなどの考えが出る中，農薬の使用について意見が出た。その点については「秋にたくさんのお米を収穫するには，虫などの被害を防ぐために必要」という立場と「体への影響が心配だから安全な米にしたい」「集まってくる生き物に影響があるのでは」という立場に分かれた。そのため，農薬を使用すべきかどうかという視点で調べ学習を行い，それぞれの立場で根拠となる資料を得た。

本時では，農薬の使用についてそれぞれの立場から話し合いを行う。意見を発表する際に

は，自分で調べた資料をもとに根拠をもって行えるようにする。そうすることで，現実味のある話し合いになるとともに，使用すべきかどうか判断に迷っている児童も意見を聞き自分なりの判断を下すことができると考える。話し合う中で，自分たちの願いに沿ったものになっているかを確認しながら進めていくようにする。話し合いの最後に，5-1 の目指す４つの「井田んぼの姿」について再度，確認する。その際に，事前に個々に考えさせておいた目指す４つ「井田んぼの姿」のうち最も大事にしたいことのクラス全体の結果を提示し，「学区の宝だ」と言ってもらえるような井田んぼにすることが一番大切にしたいと感じていることを知らせる。そうすることで，クラスとしてどうするべきか判断する視点を明確にしたい。

　日本の伝統文化，地域文化は稲作文化との関連が多い。新興住宅街と旧市街地の融合を図る井田学を目標とする本研究の核となるのが，ゼロからスタートした井田んぼの学習である。稲作は産業としては一部の地域を除いては，産業としては成り立たない瀕死の状況にある。井田学区には子どもたちが見られる田園風景はない。松田教諭の実践では，５年生の課題として社会科の産業学習に関連させ，「農薬を使うか，使わないか」というテーマでの話し合いを行っている。収穫量を重視した実り豊かな井田んぼを目指すのか，それとも環境保護による井田んぼを守るのかという葛藤の討論が仕組まれている。もはや農業は伝統産業になり得ていない。子どもたちが安心，安全な米を作り，次の学年の４年生に引継ぎ，課題探究学習として学んだことからこれからの井田学区の在り方を考えようとしている。単元の展開は，①井田んぼの役割について考えよう（４時間）→②農薬を使うべきか，使わないか話し合おう（本時，4/10 時間）→③私たちが育てた，安心安全な米を大切に収穫しよう（４時間）→④井田んぼでの米作りを井田っ子に引き継ぐ計画を立てて，伝えよう（６時間）→井田んぼでの活動を通して学んだことを生かし，これからの井田学区のあり方について考えよう（４時間）となっている。

（3）徳島県神山町立神領小学校

　地域文化の教材化を図る「ふるさと学習」の実践事例として，人口減少地域ではあるが近年，地域おこしとして積極的に民間企業を誘致してふるさと創生を図っている中規模校の事例を紹介し，ふるさと学習のフレームワークを活用して分析する [5]。

①学校の概要

徳島県神山町は，豊かな自然環境にめぐまれた徳島市から自家用車で30分程度の山間地である。近年，IT企業を誘致するなど地方再生に行政と教育委員会が協働して町づくりに取り組んでいる。神領小学校は児童数89人の小規模校（平成27年12月現在）であり，地域の人々は学校に大変協力的であり，子どもたちも素直で毎日の学校生活を楽しんでいる。学校には戦前アメリカから平和の交流として贈られた学校の宝物「青い目の人形（アリスちゃん）」があり，教材の価値が今日全国的に改めて見直されている。

②研究の概要

神領小学校から鳴門教育大学の教職大学院に派遣されたE教諭は，「探究的な活動を通して，自分の考えを表現し合う児童の育成〜地域教材の活用を中心としたカリキュラムの改善〜」を研究課題として取り組んでいる。特に，地域教材の活用を中心としたカリキュラムの改善を図る中で，学校の宝物として大切に保存されてきた「青い目の人形（アリスちゃん）」の教材としての価値を全国的に位置づけ，町づくりの核とし地域再生のために地元の行政や教育委員会と共同して，地域の担い手づくりに実践研究を関連させている。

③仮説と手立て

E教諭の研究仮説と実践研究の手立ては下記のような計画である。

○仮説1　地域教材を体験的に学ぶことにより，ふるさとを誇りに思う子どもが育つであろう。

　手立て　①総合的な時間の年間計画の見直し，②体験的な学びのための人材バンクの作成，③地域教材を体験的に学ぶ単元の設定

○仮説2　地域教材を探究的に学ぶことにより，主体的に学ぶ力を身につけ，自分の考えを表現し合う子どもが育つであろう。

　手立て　①ペアやグループ学習など学習形態を工夫，②話し合いのための思考ツールの活用，③自分の考えを表現する場の設定

○仮説3　カリキュラム改善によって，地域素材を見直せば，アリス人形の教材的価値を共有することができるであろう。

　　手立て　①「アリスカレンダー」の作成，②地域教材の見直しワークショッ
　　　　　プの実施，③アリス人形を教材とした授業の実施，④青い目の人形
　　　　　を活用した教育活動の全国調査

④「アリス人形」を活用したふるさと学習

　学校課題フィールドワークでは，まず教師が地域を知りカリキュラム改善が
図れるように地域と関わり様々な体験活動を経験し，ワークショップを活用し
て年間計画を見直し人材バンク表を作成した。児童の体験としては2年生の
「焼山寺お接待体験」（四国霊場12番札所）や5年生の「米作り体験」などがあ
るが，児童のふるさと学習としての原体験となる教材は，「アリス人形」を活
用したふるさと意識の形成であろう。

　全国には「青い目の人形」保存小学校（37都道府県158校）がある。全国調査に
よれば，①学校長のお話しなどの話題として，②学校の全体行事の中で，③学校
の総合的学習の中で，④特定の学年や学級の活用において，⑤保護者や地域の
人々の活用としてなどがある。「青い目の人形」は，国際理解の教材，国際交流
の教材，平和学習の教材，地域教材としてなどの活用がある。神領小学校では，
「アリス人形」の展示室を設置し，学校行事等で活用され子どもたちの宝物とし
て地域教材の価値を高めている。近年，ご当地キャラクターが地域おこしとして
活用されているが，「アリス人形」はアメリカとの友好の象徴として寄贈され，
その後，戦争により教材としての価値が失われ，戦後の平和学習や国際理解教育
として再評価された宝物である。子どものふるさと意識やふるさとへの思いを形
成する貴重な学習材となっている。徳島県で唯一現存する「アリス人形」の活用
は，同校においてアリスカレンダーの作成，授業における国際理解，平和学習に
よりふるさと意識を醸成する原体験の核をなしている。

4　地域文化の教材化を図る「ふるさと学習」の課題

　これまで紹介してきた3校のふるさと学習の実践について，先に示したふるさ
と学習のフレームワークを活用してみる。紙幅の関係で表にまとめる形式で

それぞれのキーワードを示すことにする。

　以上の３校のまとめから改めて地域文化の教材化を図るふるさと学習の成果を振り返り，課題を考えてみたい。

　第１は，地域文化の教材化を図るためには，子どもにどのような原体験をさせることがふるさと意識の形成につながっているかである。一生心に残る原体験が仕組まれていることが重要になろう。開成小学校では，地元の食材を使った調理体験と村歌舞伎の実技がある。井田小学校では，都会化された大規模校の校庭に田んぼを造成し，米作りをしている。また，神領小学校では，遍路文化でのお接待体験と青い目の人形との出会いがある。三校共にその地域ならではの原体験が有り，一生こどもの心に残る源体験となるであろう。地域教材の何をどのように原体験として位置づけるかが課題となる。

　第２は，ふるさと愛を育てる地域教材の開発と文化的価値づけである。三校共，自然薯，歌舞伎，地域開発の造成と田んぼ，遍路文化と人形といった地域の文化価値を理解させ，体験を通して価値を体得し，社会的活動を生み出す教材開発と文化的位置づけが意識されている。地域文化の教材化には，文化価値理解と文化価値形成と文化価値創造の観点が課題となる。

　第３は，地域の大人から子どもへどのように学びが継承されているかである。三校の実践共，大人と子どもが協働的学びを行い，大人から子どもへの学びが継承されている。開成小学校では歌舞伎の技術指導，井田小学校では，消滅した稲作復活のために田の造成から大人が協力し，年間を通して米作りの作業を

表 2-4-2　ふるさと学習のフレームワークに基づく３校の実践のまとめ

	①原（源）体験	②地域教材	③学びの継承	④社会参画
（1）開成小学校	村の食文化 村歌舞伎	自然薯 伝統文化	共同調理 調理指導	調理参加 歌舞伎実演
（2）井田小学校	米作り		ふるさと名人に よる伝承	稲作
（3）神領小学校	お接待 人形との出会い	遍路文化 青い目の人形	世代間接待 人形継承	接待参画 人形保存

子どもに伝承している。また，神領小学校では，遍路文化のお接待について子どもと大人が協働してそのおもてなしの心を伝える学びが成立している。ふるさと学習の課題は，こころを育てる学びの継承が課題となる。

　第4は，子どもの主体的な社会参画が保障された実践になっているかである。大人が指導や支援をしつつも，活動そのものは子どもの主体性を保障しなければならない。開成小学校の実践では，村歌舞伎の技術を体得したいという子どもの意欲的な取り組み姿勢が見られた。井田小学校では，全校児童が米作りにチャレンジし，日本の伝統的な食文化を身近な環境改善によりその価値を主体的に受け継いでいきたいとの感想が見られた。神領小学校では，歴史的価値のある青い目の人形をどのようにふるさとの文化的価値として保存し，後世に伝えたら良いのか地域教材を主体的に活用しその活動に参画したいという姿勢が見られた。社会参画を取り入れた地域文化の教材化は，ふるさと学習を自分事と捉える要諦であり，教材化を図る上で社会参画をどのように位置づけるかが課題となる。

（西村　公孝）

註

（1）門脇厚司『社会力を育てる』岩波新書，2010 年，pp.62-65。
（2）新城市立開成小学校「研究紀要」（平成 16-21 年度参照）。
（3）岡崎市立井田小学校「井田ッキーのふるさと創生」『研究発表会紀要』平成 26 年 10 月。
（4）海老名三智子「教職大学院中間発表」資料（2016 年 7 月 31 日）。
（5）木村吉彦「小中連携と学びの In・About・For」高階玲治『幼小中高の連携・一貫教育の展開』教育開発研究所，平成 21 年，pp.143-146。

参考文献

古荘純一『日本の子どもの自尊感情はなぜ低いのか』光文社新書，2012 年。
和辻哲郎『風土―人間学的考察』岩波書店，1935 年。
梅棹忠夫『文明の生態史観』中公クラシック新書，2002 年。
永田忠道，池野範男『地域からの社会科の探究』日本文教出版，2014 年。
佐藤晴雄「コミュニティ・スクール制度の創設」『コミュニティ・スクールの研究』風間書房，2010 年。

第5節　定時制高校におけるアクティブ・ラーニングを用いた「文化価値理解」を図る地理単元の授業実践
―神戸・沖縄のショッピングモール市場調査活動を手がかりに―

1　神戸・沖縄の文化価値理解

(1)　神戸・沖縄の文化比較

　本校が位置する兵庫県神戸市は，北は六甲山・南は瀬戸内海に面し，東西に細長い市街地を持っている。日本を代表する港町として，国内や海外との交易を行ってきた歴史を持つ。特に江戸末期の開国により，多くの外国人が日本に入ってきた。神戸では外国人居留地が設けられ，現在でも異国情緒あふれる街並みが残っている。また，神戸再開発のウォーターフロント計画において，時代を先取りした複合娯楽施設が展開され，海を活かした新たな文化が創造された。2008年には，ユネスコ創造都市ネットワークデザイン都市に認定されている[1]。

　沖縄はその地理的要素より，中国や東南アジアなどと独自の交易活動により繁栄してきた。アジアの多くの文化を取り入れてきた沖縄は，本国とは異なった街並みや習慣が形成されている。その多文化を受け入れながら発展してきた歴史は，神戸と共通するものがある。海外の文化を受容し，新しい独自の文化を作り上げる。この気風は長い年月をかけて培われた習慣である。さらに，先の大戦による米軍との関わりにおいて，また新たな文化が融合した。米軍基地の影響は，色濃く現在の沖縄に反映されている。しかも，その影響を利用し，アメリカ的商業施設が建設され，現在の沖縄における若者文化を牽引している。

(2) ショッピングモールにおける市場調査活動による文化価値の理解

　神戸と沖縄。歴史的背景は異なるが，海外と盛んな交流を通じて栄えてきた過去は共通している。北野や居留地などの異国情緒あふれる街並みや，未来を見据えた街づくりを目指す神戸。アジア諸国の多様な文化を取り入れ，さらにアメリカ文化とも共生する沖縄。本授業実践ではこの新しい文化と共に生きていく神戸と沖縄の姿を文化価値として，異文化理解を図る。特に海外の影響を色濃く受けた街並みは，一見して文化の相違を感じることができ，基礎知識の少ない定時制生徒において興味関心を引きやすい。この異国情緒あふれる街並みと現在の街並みを視点として，その文化が出来上がる歩みを考察することで，それぞれの文化が持つ特性を理解することができる。

　具体的には「ショッピング」における商業活動を柱とする。買い物という活動を通じて見えてくる街並みや風景から，神戸と沖縄の類似点や相違点を分析する。神戸では，ウォーターフロントの施設や神戸一の繁華街。沖縄は，アメリカ若者文化を牽引する商業施設を調査対象とする。商業施設の市場調査によって，ターゲット層やコンセプトを把握することができ，その地域に根付いているショッピングの志向を分析することが可能である。また，商業目的を明らかにすることで，そこで暮らす人々の生活や習慣を理解し，そこから見えてきた新文化との共生する姿を地理的・歴史的・社会的に考察することが可能である。この考察を経て，それぞれの文化が持つ重みにたどりつけると仮設して授業を開発した。

2　『神戸・沖縄のショッピングモールからとらえる生活文化』の授業事例案

(1) 単元計画と授業計画

対象生徒　兵庫県立長田商業高等学校　第3学年　21名

単元名　神戸・沖縄のショッピングモールからとらえる生活文化

単元設定理由

　本単元は人間の余暇活動である「買い物：ショッピング」を教材として，地域における特徴を探求しながら，人々の生活文化を考察する。神戸のウォーターフロントでは「デザイン都市・神戸」を具現化するリーディングエリアとして発展中である。しかし，ショッピング施設は「神戸らしさ」といった特徴は各店舗にはあまり見受けられない。逆に沖縄のショッピングモール「美浜アメリカンビレッジ」は米軍基地だった過去もあり，「アメリカ」をテーマにした特徴ある店舗が数多く並ぶ。また，神戸では居留地などのヨーロッパ風の建造物，沖縄ではアジア風の建造物が町に並んでいる一面もある。地域の比較を通して，沖縄がアジアなどの多文化と共生した過去を持ちながら，アメリカ様式を取り入れた文化に迫るとともに，地元神戸の「神戸らしさ」について考えを深められる教材である。

　本生徒は Umie やマリンピアなど神戸のショッピングモールによく出かけて余暇活動を楽しんでいる。しかし，そのショッピングモールの形成過程や「神戸らしさ」については漫然とした印象しかない。また，基礎知識が少なく，神戸や沖縄の歴史についてもわからない生徒が多い。

　したがって，地元神戸のショッピングモールと，修学旅行先である沖縄のショッピングモールを比較させ，それぞれの地域の特性を学ばせる。授業形態は調べ学習とフィールドワークを軸とする。インターネットを使って情報を収集し，その情報を共有しやすくするためにクラウドを使用する。そして実際，現地に足を運び店舗や客にインタビューを行いながら，それぞれのマーケティングについて得た情報をグループで話し合わせる。その地域の人々の考えに対して，歴史的・地理的・社会的要因を考察させながら，現在の商業活動につながっていることを学習させることが重要である。

単元目標

関心・意欲・態度	思考・判断・表現	資料活用の技能	知識・理解
神戸や沖縄の街並みができた要因を過去や社会構造から探求することによって，それぞれの生活文化に対する関心を高め，各文化を尊重する態度を養う。	神戸と沖縄の商業活動を比較し，その土壌となっている文化を歴史的・地理的・社会的に考察し，他者に根拠をもって説明する。	ショッピングモールの調査によって市場実態を明確にし，その情報を用いて神戸・沖縄の生活文化を分析することができる。	神戸・沖縄の商業活動について，その歴史的背景を知り，人々が築いてきた新文化との共生を理解する。

単元の指導計画

次	学習活動	教授活動
1	ネット調査	インターネットを使って神戸のショッピング施設を調べさせ，必要な情報を集めながら現地調査の準備を行わせる。
2	現地調査フィールドワーク	ショッピング施設へ赴かせ，店員もしくは客にインタビューを行わせ，市場をリサーチさせる。
3	まとめ＆発表	得られた調査情報をグループで整理させ，「神戸らしさ」をテーマに，全体に向けてグループの意見を発表させる。
4	ネット調査	インターネットを使って沖縄の美浜アメリカンビレッジについて調べさせ，必要な情報を集めながら現地調査の準備を行わせる。
5	現地調査フィールドワーク	修学旅行中にショッピング施設へ赴き，店員もしくは客にインタビューを行わせ，市場をリサーチさせる。
6	まとめ＆発表	得られた調査情報をグループで整理させ，「沖縄と神戸の違い」をテーマに，全体に向けてグループの意見を発表させる。

授業計画

1次

	教授活動	学習内容
導入	○神戸のショッピングモールを利用する頻度と目的を調べる。 ○以下のグループ分けを行う。 ①Umie ②マリンピア ③三宮センター街	・自らが神戸のショッピングモールを利用する場所や回数・目的をアンケート用紙に記入する。 ・最も利用した施設もしくは興味のある施設ごと3班に分かれる。

展開	○PCを使ってインターネットで調査を開始させる。 　―調査項目― 　①いつから？②だれが？ 　③ねらいは？④ターゲットは？ ○Googleのクラウドサービスを利用して,データを作成させる。 ○グループで集合させ,調べた情報について話し合わせる。	・個人でネットサーフィンをしながら項目を調査する。 ・調査した内容はワークシートに記入する。 ・自分の調べた内容を文書形式にしてドライブに保存する。 ・グループでクラウド上のデータを見ながら情報を共有する。
終結	○インタビュー項目を確認させる。	・インタビューの仕方や内容を確認する。

2次

　神戸のショッピング施設へ赴き，マーケティングリサーチを行う。1次で準備した内容に沿って，店員や買い物客をインタビューする。インタビューは店のコンセプトとターゲット層を把握して，そのショッピングモールの商業活動を調査する。また，「神戸らしさ」の要素も街並みを見ながら探させ，自分が考える神戸像を明らかにさせる。

3次

	教授活動	学習内容
導入	○グループで調査結果を共有させる。	・得た情報や写真を提示しながら，「神戸らしさ」について話し合う。
展開	○「デザイン都市・神戸」を視点にして神戸が目指すビジョンをGoogle画像検索より紹介する。 ○「神戸らしさ」に関してキーワードを挙げ，グループで1つ選ばせる。 　①異国情緒漂う街（図2-1-1） 　②おしゃれな街（図2-1-2） 　③ウォータフロント（図2-1-3） ○グループで選んだキーワードについて資料を渡して話合わせる。	・Googleの画像検索「神戸　デザイン都市」で出てきた写真を見る。 ・「神戸らしさ」の概念を明確にし，自分が住む町の特徴について1つのテーマに絞る。 ・①②③とも神戸ならではの地理的条件と歴史があることに気付く。
終結	○代表者に班で出た意見や仮説を発表させる。	・代表者が発表する。

異国情緒漂う街 ～ハイカラな街～

ハイカラ：西洋風の身なりや生活様式をする様

- 神戸の港は奈良時代に「大輪田の泊」と呼ばれ、中国大陸や朝鮮半島の港と交流
- 江戸時代には日米修好通商条約で開港し、外国人居留地が設けられ、衣食住はもちろん娯楽や文化などあらゆる面で欧米の生活がそのまま持ち込まれた

居留地（日本の支配が及ばない外国人のための区域）が設置

イギリス人土木技師の設計により、整然とした敷地割りに、格子状街路・遊歩道・公園・下水道・街灯などが設置

その街路形状や敷地割りは現在でもほとんど変わっていない

居留地の運営はすべて外国人の自治によって行われ、ガス灯・洋服・牛肉などの衣食住をはじめ、新聞・ゴルフ・登山などの文化や娯楽などがそのまま持ち込まれた

1899年日本へ返還後も神戸を代表する都心業務地として発展を続け、ファッション・スポーツ・洋風建築などをはじめとする世界の文化を受け入れる窓口として発達

現在も大正から昭和初期にかけてのレトロな近代洋風建築が数多く残されているのは当時の名残

図 2-5-1

おしゃれな街

- 昭和48年「ファッション都市宣言」

政治・企業一体となってファッション都市づくりを進めている神戸は、市民・観光客などの目にふれやすい最終消費財を生み出すファッション産業の振興が神戸の都市イメージ・都市ブランドの構築に適していると判断

－背景－

　輸出を中心に発展してきた製鉄・造船などの重厚長大産業に限界が見え始めたため

－結果－

ファッション性豊かな街づくりを推進し、神戸は日本を代表する「ファッションの街」として広く知られている

1. 街並みや流行を発信する神戸アパレルや全国的にも有名な神戸洋菓子などの産業が集まりやすいイメージ

2. 集積、ファッションショーなど身近にファッションにふれることのできる数多くのイベント

3. 神戸に集まるファッション感度の高い人、よいものに目利きがきくといわれている神戸のライフスタイル

以上**3点**が結集し「ファッションのまち」「おしゃれな街」として神戸の都市ブランドを形成している

神戸コレクション2014のファッションショーイベント

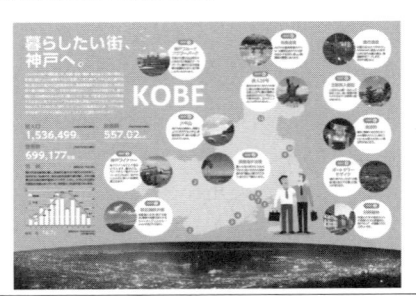

図 2-5-2

ウォータフロント

- ・ ハーバーランドからHAT神戸に至る都心・ウォーターフロントは、六甲山の山並みと、穏やかな瀬戸内海に囲まれ、恵まれた自然環境のもとで、これまでの神戸の発展を牽引してきた中心的な地域
- ・ 都心・ウォーターフロントを、「デザイン都市・神戸」を具現化するリーディングエリアとして新たな魅力と活力にあふれる地域として期待がかかる。

2008年10月16日

ユネスコ（国際連合教育科学文化機関）

「創造都市ネットワーク」デザイン都市アジア初認定

- ・ ユネスコ「創造都市ネットワーク」とは？

文学・映画・音楽・クラフト&フォークアート・デザイン・メディアアート・食文化の7分野が設定

- ・ 加盟都市との連携・交流を図り、世界へ発信！創造都市ネットワークに加盟している都市との国際的なネットワークを構築し、都市間の連携・交流を促進しながら、「デザイン都市・神戸」を世界に向けて発信
- ・ 「ユネスコ デザイン都市・神戸」ロゴマーク誕生！

図 2-5-3

美浜アメリカンビレッジ

- ・ アメリカ合衆国の雰囲気を模した
  ショッピング・エンターテイメントエリア
- ・ 場所：北谷町（ちゃたんちょう）
- ・ 時期：**1997年**から本格的な工事が開始
  翌年から施設が順次開業　**2004年**ほぼ完成
  2003年における年間来客数は延べ**830万人**
  民間と行政が一丸となり町の一大プロジェクト

1. 第二次世界大戦によって北谷町は米軍の上陸地点に
2. 地勢良好な平坦部の多くを米軍基地として接収
3. 在日米軍施設が**1981年**に返還
4. **1988年**新たに埋め立て地が造成され、その地区に一体的な開発が行われ北谷公園とアメリカンビレッジが建設
5. 在日米軍施設が集中するこの地域の特性を生かしてアメリカ合衆国の雰囲気を前面に押し出す
6. ターゲット層は観光客はもちろんのこと沖縄県民をねらう

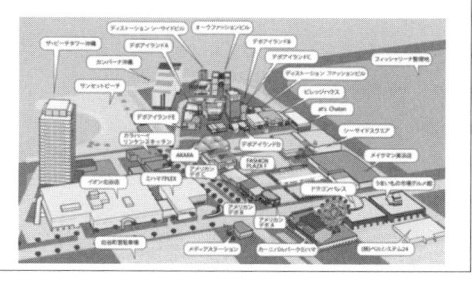

図 2-5-4

4次

　1次と同様，PC を使って調査活動を行う。調査項目は沖縄の「美浜アメリ
カンビレッジ」で「なぜそこにショッピング施設ができたのか？」をテーマと
する。北谷町役場総務部企画課が発行した『美浜タウンリゾート・アメリカン
ビレッジ完成報告書』[2]，を参考にして作成した図 2-5-4 を教材として，テー
マについて仮説を立て，その仮説に沿って PC を使って施設の配置や入ってい
るテナントなどを調べる。また，観光の際の動線も班で協議させ，フィールド
ワークの準備を行う。

5次

　美浜アメリカンビレッジでフィールドワークを行う。事前学習で準備した内
容に基づいて，店のコンセプトやターゲット層を把握する。インタビューでは
取材依頼から始め，店の情報や施設の目的・形成過程・今後の方向性などを聞
き取り，美浜アメリカンビレッジの商業活動についての情報を収集する。

6次

	教授活動	学習内容
導入	○グループで調査結果を共有させる。	・得た情報や写真を提示しながら，「沖縄の商業施設」について話し合う。
展開	○資料 A ～ D を再提示する。 ○神戸や沖縄に対する「わかったこと」を視点にして各班テーマを設定させる。 テーマ例： 　なぜ沖縄にアメリカ文化？ 　神戸はおしゃれな街？ 　沖縄と神戸の共通点　など ○代表者に班で出た意見や仮設を発表させる。	・神戸では「ハイカラ・おしゃれな・デザインのまち」などファッション性の高い街づくりが外国文化の流入やウォーターフロントという立地条件・流行りを気にする神戸の市民性によって形成されてきたことを理解する。 ・沖縄で「アメリカ文化」を商業活動としたのは，大戦での苦い経験とそれを利用し新たな街づくりを計画した沖縄の県民性によって形成されてきたことを理解する。 ・代表者が発表する。

終結	○神戸と沖縄の違いについて調べた感想をワークシートに書き込ませる。	・文化の形は様々であり，その背景にあるものが見えてこそ，その文化について知ることができることを理解する。

(2)　授業事例案の構成と展開

　(1) の計画事例案は神戸と沖縄のショッピングモールを視点として，神戸の買い物文化と沖縄の買い物文化の異なる点を探し出し，その要因となっている過去や社会の仕組みを探る授業を計画した。

　ショッピングは生活に関する必需品から，娯楽や気晴らしのために行われることもある。現在の日本社会では余暇活動の一つとして大きな地位を占めており，それは高校生段階でも活発である。特に定時制の高校生は仕事で収入を得ている分，全日制課程の生徒よりショッピングの欲求は高い傾向がある。このショッピングは社会生活の中の「文化」となっており，生活文化と定義できる。生活文化は「現在の生活や社会が歴史的に形成されてきたものであることを実感させることができる」と言われており[3]，身近な視点から興味を持つことができ，社会の構造やその過去を理解するのに役立つ。地元である神戸ではハーバーランドの Umie や垂水のマリンピアなどウォーターフロントのショッピングモールが有名である。沖縄も島国であることから周りを海に囲まれた環境があり，アウトレットモールのあしびなや，美浜アメリカンビレッジなど複合ショッピングモールが近年栄えてきている。この両者はどちらの地域も海に面し若者文化が栄えている。神戸港として繁栄し，特にヨーロッパの影響を受けてきた神戸の地と，アジア圏の多様な文化を併せ持ちアメリカとの密接な関係を抱える沖縄の地。海外交流の過去をお互い持ちながら形成されてきた文化の背景を探ることで，地域特有の文化が出来上がるプロセスを考察することが可能となり，その文化の特性や価値を理解することができる構成となっている。

　対象学年は修学旅行で沖縄県を訪れる。沖縄という日本本土とは多少異なる風土や文化から，ショッピングを視点として自らの生活圏である神戸と比較し，その背景にある歴史や社会の仕組みを把握させることが目的である。文化の違

いを理解しながら，その中でそれぞれの文化の価値を明らかにする。指導方法
はアクティブ・ラーニングを用いて生徒の主体的な学習への関与を促していく。
フィールドワークを中核として前後にグループワークを設け，事前準備と事後
のまとめを行う。体験的な活動を行いながらグループで情報を収集し，仮説を
立て，その仮説を取材等のフィールドワークで立証していく。また，指導技法
としてインターネットを活用する。情報収集に PC やモバイル端末を使用し，
クラウドを使って情報をどこでも，だれでも，いつでも発信・整理・獲得でき
るよう指導する。本校生のほとんどがスマートフォンを持っているその現状を
踏まえ，インターネットを利用して情報を一元化することで，調査活動におけ
る最も時間のかかる情報共有を簡略化することができる。具体的には，Google
が提供しているフリーソフト「Google Drive」を各端末にインストールさせて，
1 つのアカウントに情報を集約させることによって，情報共有を簡素化し，旅
先での情報整理の効率化を図る。

　下記に授業計画の展開をまとめる。

計画の目的	神戸・沖縄の生活文化にかかる特性を理解する。
構成の方法	自文化（神戸）への理解を深め，その観点から異文化（沖縄）を分析し，両者の生活文化の特性を明らかにする。
指導の方法	アクティブ・ラーニング：PC 調査やフィールドワーク・他者との協議・発表といった生徒の主体的活動を促す指導を行う。
指導の技法	インターネットの使用：情報収集・情報整理・情報発信を，PC やモバイル端末を媒体としてインターネットで行う。

3　地理単元『神戸・沖縄のショッピングモールからとらえる生活文化』の授業実践

(1) 計画事例案の授業実践

　1 次では神戸について調べる学習を行った。自己のショッピングの行動範囲

や頻度を確認し，グループに分かれて３つのショッピング施設の商業活動を各班 PC を使って調べた。普段からスマートフォンなどでネットサーフィンをしているため，スムーズに情報を獲得することができていた。各施設のターゲット層について調べた情報から仮説を立て，調査報告を共有できるようクラウドにデータを保存し，班内で仮説を含む調査の情報を話し合った。

「Google Drive」をインストールしてアプリの動作確認を行う際，OS や初期設定によって仕様が異なるケースがあり，少し時間を取られた。

生徒が立てた仮説の一例を載せる。

- ■　Umie・マリンピア
  歴史は新しく，駐車場や建物の構造上ショッピングしやすい環境のため，ファミリー層が多いのではないか。
- ■　三宮センター街
  歴史は古く，個人商店を含む多様なジャンルの店が幅広く展開しているため，特定のターゲット層はないのではないか。

２次では，１次の仮説に基づき夏休みを利用してフィールドワークを行った。商業施設を訪ね，店員や客にインタビューをする中で，自分の仮説を確かめた。特に Umie やマリンピアはファミリー層がかなり多く，仮説を立証できたと言える。また，「神戸らしさ」についての宿題に関しては，「おしゃれ」「きれいな街で上品」「海」「港をイメージした施設のつくり」などが生徒の感想であった。調査報告は撮影した写真と共に，「Google Drive」に保存した。

３次では神戸らしさをテーマとして，調べてきた情報を使いながら神戸の街

について考えた。調査報告として撮影した写真を使いながら商業施設のコンセプトやターゲット層を班内で共有し，神戸らしさについて協議した。資料（図2-5-1, 2, 3）を使いながら，神戸に関する知識を獲得し神戸の街について地理的・歴史的・社会的な要素を考察した。最後に自分の班が考えた神戸の街についてプレゼンテーション形式で発表を行った。各班とも，自分たちがフィールドワークで調べてきた「神戸らしさ」を仮説としながら，資料の内容を参考にして，理論立てて説明することができていた。

　4次では沖縄の「美浜アメリカンビレッジ」について調査を行った。3次と同様の方法で資料（図2-5-4）を参考として，沖縄の過去や現在の社会的状況を分析し，テーマである商業施設の形成過程について仮説を立てた。施設に入っているテナントを調べフィールドワークにおける動線を確認しながら，店の特徴を把握した。ほとんどの生徒は沖縄というイメージから観光客をターゲットにしていると考え，フィールドワークの準備を行った。

　5次のフィールドワークではショッピングを楽しみながら，多くの店を回りインタビューをすることができた。アメリカ的な店が多く立ち並び，異文化を感じさせる佇まいが施設に広がっていた。

　生徒がクラウドに上げた調査報告を以下に載せる。

- ■観光客だけでなく米軍や地元の人も多い（特に若者）
- ■米軍基地という条件を利用した商業施設である
- ■辛い過去があるのにアメリカの文化を受け入れるのはスゴイ
- ■海・米軍基地・観光地といったすべての沖縄らしさが入った商業施設

　6次はまとめ学習として最終報告会を行った。神戸と沖縄の違いを考えながら，それぞれの地域が持つ特性や過去を踏まえ，「なぜそこで？」を視点として要因を探った。生徒は多様な観点から協議し合っており，発表ではまとめる作業に苦労はしたものの，地域の特性や現状を過去や文化的素地を根拠として説明することができた。A班では，「なぜ，沖縄でアメリカ風の商業施設が栄

えているのか」というテーマで発表した。そこでは「沖縄の多文化を受け入れる風土が昔から存在したことを根拠に，戦争で支配され入ってきた文化でも，そこに価値やチャンスを見出して共生する考えがあるから」と結論付けた。またＢ班では，「なぜ神戸はおしゃれな街と言われているのか」をテーマとした。「ウォーターフロントといった海を利用した街並みはおしゃれに見えやすい。しかし，沖縄は海のきれいさが際立っているからおしゃれとはならない。逆に神戸は道路や店の雰囲気が際立っていて，海がそれをさらにおしゃれな雰囲気に見せている。」と神戸と沖縄の特徴を比較することで根拠を示すことができた。

　終結ではこの単元をとおしての感想をワークシートに書かせた。以下にその感想の一例を載せる。

　神戸と沖縄のショッピングモールを調べて多くのことが知れました。沖縄は始めていきましたが，海はきれいで街並みも独特で，地元では見られないような建物や風景をたくさん見られました。アメリカンビレッジでは那覇とは違う街並みで，アメリカ人もたくさんいました。インタビューをしてみると，思っていた予想とは違うことがたくさん聞けました。地元の神戸でも実際にインタビューをしてみると知らなかったことがたくさんありました。しかも，神戸らしさを意識して歩いてみると，いつもとは違った街並みが見えました。また，居留地やハーバーランド・おしゃれな神戸は知ってはいたけど，その過去や目的などは知らなかったです。今回の活動で神戸についてより多くのことが知れて良かったです。

　以上の実践を終えて，単元目標の達成度を評価した。

関心・意欲・態度	評価
神戸や沖縄の街並みができた要因を過去や社会構造から探求することによって，それぞれの生活文化に対する関心を高め，各文化を尊重する態度を養う。	ショッピングという普段から興味を持って行っている活動のため，多くの生徒が好奇心を持って活動に臨むことができた。商業施設はいつも利用していても，「ただの買い物をする場所」という感覚であったが，その背景や過去を知り，その地域の人々と交流することで，文化の多様性や重要性を認識することができた。しかし，今回の活動ではその文化に対して理解し認識することはできたものの，尊重するまで生徒の態度が変容したかはわからなかった。

思考・判断・表現	評価
神戸と沖縄の商業活動を比較し，その土壌となっている文化を歴史的・地理的・社会的に考察し，他者に根拠をもって説明する。	調査活動において集めた情報を使って，それぞれの地域の特性を過去や立地条件・人々の考えなどから考察することができた。3次の中間発表では現状報告と調査の説明を理論的にまとめることができた。6次の最終発表では過去や他文化との比較を根拠として，自分たちが考えた文化像を説明することができた。

資料活用の技能	評価
ショッピングモールの調査によって市場実態を明確にし，その情報を用いて神戸・沖縄の生活文化を分析することができる。	インターネットで調べた情報・教師が用意した教材・自らの足で収集した人々の暮らしの情報を使いながら，それぞれの地域の生活文化を分析した。資料の読み取りが苦手な生徒もグループで協力しながら役割を分担し，商業活動の形成過程に迫ることができた。

知識・理解	評価
神戸・沖縄の商業活動について，その歴史的背景を知り，人々が築いてきた新文化との共生を理解する。	当初，神戸港の開港や沖縄の戦争等，生徒の既存知識はほぼなかったが，調査活動によって点と点が結びつき歴史的背景に関する知識を獲得することができた。また，神戸・沖縄両方に多文化共生の気風や風土があることを，過去を学ぶことで理解することができた。

（2）アクティブ・ラーニングを用いた文化価値理解

　文化はその地域や国が歩んできた歴史でもあり，現在の人々の暮らしをさせる土台でもある。人々が長い年月をかけて暮らしてきた集大成ともいえる。その文化を理解するためには，その形成過程や今の姿を机上の学習で理解するだけでなく，地域の人々と触れ合わなければならない。それによって文化が持つ重要性や大事さを実感することができるからだ。実際に本授業実践でも，机上で立てた仮説をもとに，地域の人々との触れ合いを行った。そこでは人々が暮らしている生の声を聞くことができ，この体験は人が作り上げた文化を理解する上で欠かせない学習である。

　今回行った授業では能動的な学習を行うためアクティブ・ラーニングを使っ

て，人との触れ合いができる学習方法を採った。教師の一方方向の授業形態から，教師と生徒，また生徒と生徒が「学び合う場」へ変えるスタイルへ変更したことによって，人とのふれあいは増大した。特に，自分が机上で調べた情報や仮説から，地域の人々へのアプローチを行うため，生徒の意欲的な態度が多く見られた。そして「文化理解」に関してはこの能動的な学習が特に有効である。本校のような定時制高校では多様な背景を抱えた生徒が多く，基礎学力が低い傾向がある。その生徒たちに文化を理解させるには，行動を起こして体験的に学習する経験が欠かせない。「他者と会話する」ことで人の考えや思いを知ることができ，その考えや思いにはそれぞれ特有の文化的背景が存在する。アクティブ・ラーニングによって生徒発信の授業形態をとることで，知識や頭脳ではなく五感で文化に触れることが可能となる。時間はかかるが，その文化の価値を理解させるためには，その文化に直接触れることが必要となってくる。文化は決して不変なものではない。人々が生きていく中で変遷し，形を変え後世に受け継がれていく。そんな生き物として文化を捉えるのであれば，自分から動いて学びに行かなければ，その文化の実態を把握し理解にたどりつくことは困難であろう。

　グローバル化が進行する現代社会では，「文化理解」はこれまで以上に大きな意味を持っている。文化的背景を異にする人々が出会い，結びつき，協働する社会で，人々は互いに深く理解し合わなくてはならない。いまや日本でも，文化を異にする人たちがいないことはないような時代であり社会となった[4]。異文化についてはどこからが異文化で，どこからが自文化なのか定義が定まっていない。その文化を理解するには，机上の学習では限界がある。多様な背景や価値観・考え方は講義形態の授業では教師の価値観の域を出ない可能性が高くなるからだ。そのため，「お互いが学び考えていく」アクティブ・ラーニングの手法で生徒自身がその生活文化に触れることによって，文化理解は促進すると考えた。

（安田　博貴）

註

（1）神戸市 HP を参考（2016/9/1 閲覧）

　　　http://www.city.kobe.lg.jp/information/project/design/

（2）北谷町役場総務部企画課『美浜タウンリゾート・アメリカンビレッジ完成報告書』2004 年。

（3）大友秀明「社会科教育における『文化学習』の意義と可能性」『埼玉大学紀要教育学部』第 63 号，2014 年，pp.253-266。

（4）青木保著『文化理解』岩波文庫，2002 年。

授業実践で使用した資料（プレゼンソフトで筆者が作成）

図 2-5-1：神戸市 HP を参考に筆者が作成（2015/1/17 閲覧）

　　写真：旧居留地 https://ja.wikipedia.org/wiki/

　　　　　異人館 http://www.kobeijinkan.com/

図 2-5-2：神戸市 HP を参考に筆者が作成（2015/1/15 閲覧）

　　写真：神戸 C　http://www.kobe-collection.com/

　　　　　暮らしたい街神戸　http://kobe-investment.jp/charm/livable/

図 2-5-3：神戸市 HP を参考に筆者が作成（2015/1/23 閲覧）

　　写真：神戸景色 http://www.city.kobe.lg.jp/information/project/design/

　　　　　神戸ユネスコ http://www.unesco.or.jp/kobe/about.html

図 2-5-4：上記報告書を参考に筆者が作成（2015/1/20 閲覧）

　　写真：アメリカンビレッジ http://www.okinawa-americanvillage.com/

第6節 「現代社会」教科書における「日本の文化」に関する新たな教材化の試み
―「和文化」を視点に，統一的な理解をめざす―

1 「現代社会」教科書における「日本の文化」に関する教材内容の検討

平成18（2006）年12月，60年ぶりに教育基本法が改正された。改正の要点の1つに，教育における「伝統と文化」の尊重がある。改正された教育基本法の前文には「伝統を継承し，新しい文化の創造を目指す教育」と示され，さらに第2条（教育の目標）第5項に「伝統と文化を尊重し，それらをはぐくんできた我が国と郷土を愛するとともに，他国を尊重し，国際社会の平和と発展に寄与する態度を養うこと」と規定されている。

この改正によって学習指導要領も改訂され，高等学校公民科「現代社会」においては「改訂の要点」として「青年期についての学習の中で伝統や文化を扱うこと」[1]と記載されている。

本節では以上の流れをふまえて，現行の「現代社会」の教科書において，「日本の文化」については，どのように記載されているかを考察すると同時に，新たに，日本の文化の特徴を「和文化」と表現した場合，どのような教材化が可能になるかを検討・提案する。

今回，検討した「現代社会」の教科書は，以下の7社11冊である。
　帝国書院〈帝国〉『高等学校 新現代社会』，山川出版社〈山川〉『現代社会』，教育出版〈教育〉『最新現代社会』，第一学習社（A5判）〈第一A〉『高等学校 現代社会』，第一学習社（B5判）〈第一B〉『高等学校 新現代社会』，実教出版（A5判）〈実教A〉『高校 現代社会』，実教出版（B5判）〈実教B〉

『最新現代社会』，清水書院（Ａ５判）〈清水Ａ〉『高等学校 新現代社会最新版』，清水書院（Ｂ５判）〈清水Ｂ〉『高等学校 現代社会最新版』，数研出版（Ａ５判）〈数研Ａ〉『現代社会』，数研出版（Ｂ５判）〈数研Ｂ〉『高等学校 現代社会』

※1　いずれも 2012 年文部科学省検定済み．

※2　〈　〉は略称

　前述したように「現代社会」の中で伝統や文化について記述しているのは，学習指導要領の単元でいえば「現代社会と人間としての在り方生き方」の中の「青年期と自己の形成」の部分である。

　教科書での該当の単元名を抽出すると「日本の伝統と文化について考えよう」〈帝国，p.50〉，「伝統や文化と私たちの生活」〈第一，p.45〉，「文化と青年」〈清水Ｂ，p.32〉，「日本の伝統思想と生活文化」〈数研Ａ，p.86〉など，すべての教科書で「文化」のキーワードは入っている[2]。

　さらに単元中の小見出しをみると，「多様性のある日本」「日本の伝統と文化」「新しい文化の創造」〈帝国，pp.50-51〉，「日本文化の特色」「日本の年中行事」「伝統文化と現代」〈教育，pp.44-45〉，「人間と文化」「日本の生活文化」「日本の特色ある文化」「日本の新しい文化と情報発信」〈清水Ｂ，pp.32-35〉など，最初に日本文化の概要を述べ，次に個々の文化項目について記述し，最後に現代とのかかわりについて述べる，という流れで構成されている教科書が多かった。

　次に，個々の文化項目の内容についてみてみると，多くの教科書では，日本文化の例として年中行事と通過儀礼をあげている。すなわち年中行事としては，1月の初詣，2月の節分，3月の雛祭りから12月の除夜の鐘までを月ごとに紹介しており，こうした行事は「四季の推移や日本人の敏感な季節感，農作物の種まき・収穫の時期を示す農事暦などと深くかかわっており」〈第一Ａ，p.46〉，また「年中行事や祭りは，普段の日である**ケの日**とは違う，特別なことが行われる**ハレの日**として，人々は農作業を休んでその行事に参加した。それは枯れ

かけた気力（気枯れ＝ケガレ）を回復する日でもあり，人々にとっては大切な休息日だったのである。（ゴチック体は原文通り）」〈数研B，p.57〉と書かれている。通過儀礼は，お宮参り，七五三，成人式，結婚式，葬式など人の一生の節目に行われる儀式のことで，こうした儀礼を通過することで「それまでの自分から新たな自分へと生まれ変わることを意味しており，まさに人生の節目の役割を持っているのである」と述べている。そして最後に「古くからの行事を通して，生きることの意味や意義を確認してみるのも大切なことではないだろうか」〈数研A，p.88〉と結んでいる。

　日本人の精神性や宗教性については，「清き明き心（清明心）」，「アニミズム（精霊崇拝）」などの用語が散見される。清き明き心については，古来より日本人は，「豊かな山林と水にめぐまれた地形」により「自然との一体感のなかで，人々は素朴で大らかな生命力を謳歌し，私心のない純真な心」〈数研A，p.86〉を尊んでいると，日本の風土から説明している教科書もあれば，「古代日本では農耕生活が中心で，村人たちの協力が欠かせなかった。共同体で暮らす人々には，他人に隠し立てをしない気持ちである『清き明き心』が求められ，共同体のつながりを絶つ行為は穢きものと嫌われた」〈教育，p.46〉と，共同体の中から発生したと説明する教科書もある。さらに「こうした心の純粋さを尊ぶ考え方は，のちの正直や誠といった道徳観の源となっている」〈実教B，p.67〉と，道徳との関係で結論づけている教科書もある。アニミズムについては，「山川草木など，すべての自然物には霊が宿るというアニミズムの思想があった」〈数研A，p.86〉と説明しており，こうした考え方が祭り（祭祀）や神道の形成までつながっていると述べている〈実教B，p.66〉

　日本の文化全体を統一的に表現する言葉としては「重層性の文化」，「恥の文化」，「和の精神」などがあげられている。しかしながら，こうした言葉は，言葉の紹介だけで，具体的な内容は乏しいといわざるを得ない。例えば，重層性の文化については，「日本の文化は外来の文化を元の文化に重ねながら共存させてきた」〈教育，p.44〉と欄外の注で示しているだけで，具体的な説明はされていない。恥の文化については，アメリカにおける女性人類学者のベネディク

トの著書である『菊と刀』の中の言葉を簡単に紹介するだけに終わっている〈山川，p.136〉。また和の精神についても「個人よりも集団を尊重する日本的な和の精神」〈第一Ａ，p.47〉と，常識的な説明で終わっている。

　いずれにしても，日本文化全体の特徴を表すキーワードをあげていても，個々の文化との関連や，具体的な説明が乏しいと言わざるをえない。

　教科書全体についていえることは，日本文化の説明が総花的な点である。つまり，年中行事があります，通過儀礼もあります，歌舞伎もあります，茶道もありますと，次々と文化項目を羅列して，それによって日本文化を説明しているように見受けられる。また文化項目の扱い方にも偏りが見られる。たとえば文化項目の中でも重要な位置を占める一つに，「宗教」がある。この宗教に関しても，各教科書で扱いが異なる。「八百万の神」，「アニミズム」，「清き明き心」などの用語を使って詳しく日本人の宗教性を説明している教科書（〈山川，pp.136-137〉，〈実教Ｂ，pp.66-67〉，〈数研Ａ，p.86〉）がある一方，全く宗教的な事項を取り扱っていない教科書（〈第１Ａ〉，〈清水Ｂ〉）もある。こうした総花的で，偏りのある日本文化についての説明では，日本文化の本質的な特徴を理解したとは言い難いのである。日本文化の本質的な理解と，個々の文化項目の理解の両方が統一的に把握されて初めて，日本文化を理解したことになるのではないだろうか。

　そこで次項以下では，日本文化の本質的な理解と，それに応じた個々の文化の両方を統一的に理解できる方法を検討し，提案する。

2　「現代社会」教科書における「日本の文化」に関する教材化としての「和文化」の視点

　日本文化の本質的な理解を得るため，最初に文化自体の捉え方を明らかにする。

　文化には三つの領域があるといわれている[3]。１つ目は，人間の自然環境への適応の仕方から生まれた文化である。日本では衣食住をはじめ様々な文化が，

四季への対応の仕方から生まれている。2つ目は，社会関係の中から生まれた文化である。家族，仲間集団，国の在り方などから多様な文化が生まれている。3つ目は，言語，芸術，宗教など，人間の精神活動から生まれた文化である。以上をキーワードで表現すると，自然，社会，精神となり，後者の方が，より内面的で抽象度が高いといえる。

　次に，日本の文化をどのように捉えるかを検討する。日本の文化の特徴を表す言葉の1つに「和文化」という語がある。すなわち，「和」という漢字を付けることによって日本の文化であることを表す方法である。たとえば，洋菓子に対して和菓子，洋服に対して和服，洋室に対して和室と，いずれも欧米の「洋」に対して「和」という漢字を付けることによって日本のことを表している。しかしながら，日本文化とは「和文化」である，と言っただけでは同じ文化内容を別の言葉で表しただけで，何も説明していないのに等しい。いわば同義語反復（tautology）なのである。検討すべき点は，「和」という言葉は本来何を意味しているか，ということである。国語辞典，漢和辞典等で「和」を調べてみると，「和」とは，合わさっている，うまく釣り合っている，調和している，対立や疎外がなく集団としてよくまとまっている，等の意味があることがわかる。また『論語』の中には「和して同ぜず」という使われ方もある（子路二十三）。これは組織の中の状態でいえば，「人々が協力し合って全体としてよくまとまって調和がとれているが，一人一人の個性がなくなったわけではなく，主体的な主義主張や自分の立場をそれぞれ明確にもっている状態」と解釈することができる[4]。また長谷川櫂は『和の思想』の中で，「和とは本来，さまざまな異質のものをなごやかに調和させる力のことである」と述べている[5]。こうした点から，和文化を「二つ以上の異なった要素が同時に存在しながらも全体として調和しており，しかもそれぞれ主体性を失っていない文化」と定義することができる。

　そこで，前述した文化の三つの領域，および「和文化」の視点から日本文化をみると，以下のようになる。

　自然環境との適応の仕方から日本文化をみると，「自然と人間の和」が存在

する。社会関係から日本文化をみると，一つは「人と人の和」が存在し，さらに国の在り方の観点からは「天皇と民（国民）との和」が存在する。そして，精神活動から生れた文化の中では，言語では「和語と漢語との和」が，また宗教の視点からは「神と仏の和」が，それぞれ存在する。

　以下において，日本文化の中における「和」の具体的な事例を列記する。

3　「現代社会」教科書における「日本の文化」に関する教材化としての「和文化」内容の事例

(1)　日本文化の中にみる「自然と人間の和」

　日本列島は，東西方向の緯度線に対して，ほぼ垂直に立ち上がる南北3000kmにおよぶ長い国である。緯度的には北緯24度から45度におよび，おおよそ中緯度の温帯に属している。しかし南北に長いため南は亜熱帯気候であり，北は亜寒帯的な気候となっている。気候帯が多様であり，本州以南の低地は湿潤気候のため，植物，動物，魚類等の種類も多く，海の幸，山の幸に恵まれた豊かで，四季の変化に富む国となっている。南北の国土に気候帯が多様であるため，ある年のある気候帯が不作でも，別の気候帯が豊作となり，ある帯が台風の被害にあっても，別の帯では豊作となりうることもある[6]。こうして日本列島に住む人々は，自然の豊かさ，有難さを生活の中で実感として感じ取っていった。このような風土で生まれた日本では，自然をできるだけ生活に取り入れ，自然と一体になることを良しとする文化が生まれた。具体的には次に見る様に，生活の中の様々な場面で，自然を取り入れる工夫が見られる。

　たとえば庭園である。日本の庭園はできるだけ自然を取り入れるように造られている。すなわち山，川，池，樹木や花なども自然それ自体をそのまま似せて造られている。ヨーロッパのそれは，逆に幾何学的な，人工的な美しさを求めようとしている。

　家屋の造り方を見ても，日本の場合は家の内と外を厳密に区別するのではな

く，境をあいまいにするか，もしくは家の中にも，できるだけ自然を取り入れようとする。たとえば，縁側，簾（すだれ），葦簾（よしず），障子，土間などは家の外と内を緩やかに区別するものであり，生け花を飾ったり，襖（ふすま）や屏風に自然をモチーフにしたものを描いたりしているのも，その現われとみることができる。また鈴虫等を籠に入れ，室内でその音色を楽しむのも，欧米などにはない習慣である。

　和菓子においても，自然を取り入れようとする傾向が見られる。有名な和菓子として，水仙粽（ちまき）（京都），柚子（ゆず）饅頭（東京），越乃雪（新潟），荒城の月（大分），夜の梅（東京），などがあるが，いずれも名前だけでなく，形も名前のものに似せて造られており，自然そのものを取り入れ，楽しむ傾向がある。

　平成19（2007）年に文化庁が「親子で歌いつごう日本の歌100選」を定めたが，その100曲（実際は101曲）のなかで「赤とんぼ」，「海」，「朧月夜（おぼろ）」など自然をテーマとした曲が半数以上取り上げられている。

　その他，列車の名前においても，さくら，あさかぜ，富士，銀河，やまびこ等が使われており，欧米のリンカーン号，コロンビア号などと比べてみても，自然の名前を取り入れた場合が多い。遊びにおいても，剣や刀のトランプに対して，花札は自然そのものであり，宝塚歌劇団の組名も，雪組，月組，花組，宙組となっている。

　このように日本文化の中には，自然を尊重しつつ，人間生活の中に取り入れて調和させるという和の文化の側面がみられる。

(2)　日本文化の中にみる「人と人との和」

　人と人の「和」といえば，人口に膾炙（かいしゃ）しているのが，聖徳太子の十七条憲法第一条の「和を以（も）って貴しとなし，忤（さから）うことなきを宗とせよ」，つまり，皆仲良く争いをしないように，ではないだろうか。しかし太子のいう「和」とは，単に仲間内で仲良くやっていくと言う事だけではなく，第一条が「上和（かみやわ）らぎ下睦（しも）びて，事を論ずるに諧（かな）うときは，則（すなわ）ち事理（じり）自ずから通ず。何事か成らざらん」と結んでいるように，「和」の心をもってそれぞれが意見を出し合い話し合えば，そこに自ずから物事の「理」が通り，それが宇宙の「理」にも通じ，

出来ない事は何もないということである。さらに第十七条にも「それ事は独り断むべからず。必ず衆とともによろしく論ずべし。（中略）衆とともに相弁うるときは，辞すなわち理を得ん」，つまり一人ひとりの意見を尊重しつつ話し合いをすれば，何事もうまくいくという，現在でいえば民主主義の精神が説かれているのである。

　和歌も，単なる日本の歌ということだけではなく，もともとは「和する歌」，つまりある人物が，別の人物に向かって歌の形で自分の心を歌いかけ，それに対して，歌を贈られた人が，自分の心の内を同じ形式で返す，というものであった。

　遊びやスポーツの世界においても「和」の精神が生きている。たとえばヨーロッパの球技はほとんどすべて，いかに相手に打ちにくいボールを返すかで勝負が決まってくる。テニス，卓球，バレーボール等すべてそうである。つまり如何に相手にいやな目にさせるか，と言っても過言ではない。しかし日本の蹴鞠は逆に，如何に相手に蹴り易い鞠を蹴ってあげるかに心を砕くのである。蹴鞠では鞠を蹴る時，「アリ」，「ヤウ」，「オウ」などの掛け声を掛け合って，相手が蹴り易いようにしているのである。蹴鞠道とは，まさに和の文化そのものと言える。

　「日本的経営」という言葉がある。欧米では資本家（経営者）と従業員は対立の関係と見なされているが，日本では家族主義的経営ともいわれ，経営者は従業員を家族のようにみなし，労使一体となって会社を運営していくことが，理想的な経営の在りかたであると説かれている。現在は以前のような労使一体の雰囲気は少なくなっているが，それでも忘年会，社員旅行，運動会などは，現在でも行われており，社員の和を大切にする精神は残っている。

　日本の国のことを「大和の国」ともいうが，これは人々の大いなる和で成立した国の意味であり，国名からも和の精神がうかがえる。

(3) 日本文化の中にみる「天皇と民（国民）との和」

　ヨーロッパにおいても，中国においても皇帝や王は，一般の庶民にとっては，

手の届かぬ絶対的な存在であり，また皇帝や王も，いかに庶民をうまく支配するかに心を砕いていたのである。したがって，ヨーロッパにおいても，中国においても両者の間には常に疑惑の念が漂って対立しており，それが血なまぐさい事件などを引き起こしている。革命が起き，王やその一族が人々の前に引きずり出され，首を切られるなどはその例である。一方，日本においては，天皇は古代のある時期を除いては，直接権力に携わることはなく，常に権威の象徴としての存在であった。そもそも日本の天皇は，神々を祭る祭祀の代表者のような存在であり，一般の庶民を「大御宝（おおみたから）」と呼び，人々の生命と生活の安全を常に神に祈っている存在なのである。人々もそうした天皇の心を「大御心（おおみこころ）」と呼んで，尊崇の念を表わしている。こうした天皇の国民に対する祈りの気持が外に現れたのが，かつての戦場への慰霊の旅，被災地やハンセン病療養所，孤児院などへのお見舞い，全国植樹祭などへの参加である。

　さらに天皇の人々に対する気持ちは，具体的には天皇が詠まれた御製（ぎょせい）をみると明らかである。

　　代治（だいおさ）まり　　民安（たみやす）かれと　　祈るこそ　　我が身につきぬ　　思ひなりけり

後醍醐天皇

　　あさゆふに　　民安かれと思ふ身の　　こころにかかる　　異国（とつくに）の船

孝明天皇

　　とこしえに　　民安かれと　　祈るなる　　我が世を守れ　　伊勢の大神（おおきみ）

明治天皇

　　もろもろの　　民安かれの　　御いのりも　　年のはじめぞ　　ことにかしこき

大正天皇

　　よろこびも　　かなしみも　　民と共にして　　年は過ぎゆき　　今はななそじ

昭和天皇　古稀の年に

　まるで同一人物の歌と思える程，天皇の民を思う心があらわれている御製である。

　さらに，こうした「民と共に」という気持ちは，他の詔勅にも現われている。たとえば，「教育勅語」の中に「朕（なんじ）爾臣民ト倶（とも）ニ拳拳服膺（けんけんふくよう）シテ咸其徳（みなその）ヲ一（いつ）ニセ

ンコトヲ庶幾フ」，つまり「私自身（天皇）も，皆さんとともに一心同体となって，祖先の教えをしっかり守っていこうと思っております。」と国民に問い掛けている。一方的に「この教えを守れ」と言うのではなく，私も守るので，皆さんも守って下さいというスタンスである。また昭和21（1946）年の「新年の詔書」（新日本建設ニ関スル詔書）においても昭和天皇は「惟フニ長キニ亘レル戦争ノ敗北ニ終リタル結果，我国民ハ動モスレバ焦燥ニ流レ，失意ノ淵ニ沈淪セントスルノ傾キアリ。（略）然レドモ朕ハ爾等臣民ト共ニ在リ。常ニ利害ヲ同ジウシ休戚ヲ分タント欲ス。朕ト爾等国民トノ間ノ紐帯ハ終始相互ノ信頼ト敬愛トニ依リテ結バレ，単ナル神話ト伝説トニ依リテ生ゼルモノニ非ズ」とあり，この詔書はいわゆる「人間宣言」と呼ばれているが，昭和天皇が最も強調されたかったのは，「朕ハ爾等臣民ト共ニ在リ」，つまりどんな困難なことになっても，常に皆さん（国民）とともにこの苦しい時を乗り越えていきたい，という点である。

　天皇と国民との和を示す戦後のエピソードとしては，昭和21（1946）年2月から始まった天皇の地方巡幸がある。ＧＨＱ（連合国軍総司令部）は，天皇は罵られ，石を投げられたりするはずだと考えていた。しかし天皇がどこに行かれても歓迎され，天皇より直接声をかけられると号泣する場面もあったという。また当時は禁止されていた日の丸を掲げる人もおり，こうして足かけ8年かけて全国を巡幸されたのである。

　「民と共に」の精神は，御所の造りが端的に示している。京都の御所は堀もなければ，高い石垣もない。攻め込もうと思えばいつでも攻め込める形になっている。日本の城やヨーロッパの王宮は深い堀や，高い塀に囲まれ容易には踏み込めない形となっている。御所はそうした防衛設備がないにもかかわらず，1200年の間，安泰であったのである。

　以上の事例からも，日本においては，天皇と民（国民）はまさに和の精神で結ばれていると言えよう。

(4) 日本文化の中に見る「和語と漢語との和」

　日本文化を構成する重要な要素である日本語は，和語と漢語の両方の要素をそれぞれ残しながら一つの言語として成り立っている，まさに「和の言語」といえる。

　和語とは，やまと言葉ともいい，日本人が古くから使用していた言葉である。しかしながら，古代の日本では文字がなかった。そのため，中国より漢字を取り入れて日本化することになる。最初は漢字のもつ意味を無視して，音として使用した。たとえば「梅の花」を「宇米能波奈」と書き表した。奈良時代の『万葉集』で使用されていたので，万葉仮名といわれる表記法である。平安時代に入ると，漢字を書き崩した形の平仮名を，漢字の一部を取り出した片仮名が使われた。漢字の「安」が平仮名の「あ」となり，漢字の「伊」から片仮名の「イ」となった。特に平仮名は女文字ともいわれ，女性が文字を書くときに用いられた。

　こうして日本語の三要素である漢字，平仮名，片仮名と揃い，その後は，多様な展開となる。前述したように最初は，漢字は読みだけ借りて日本語として使用していた。しかし一つの漢字に複数の読みがある場合，一つに統一するのではなく，そのまま使用した。例えば「行」は呉音では「ギョウ」，漢音では「コウ」，唐音では「アン」と発音し，それぞれ行事，進行，行脚として残っている。さらに漢字を正確に読ませる場合は，「行事（ぎょうじ）」，「行脚（あんぎゃ）」のように漢字の横，または上にルビとよばれる「振り仮名」を付けることも行われた。

　漢字の日本的な使い方としては，訓読みがある。訓読みの「訓」は「教える」の意味で，漢字の本来もっている意味を，和語で「教える」役割をもっている。つまり漢字のもつ意味を，やまと言葉で表している。例えば「水」を「みず」，「山」を「やま」と読む方法である。また訓読みも，漢字一文字に対して複数の読みも行われた。前述の「行」も「いく」，「ゆく」，「おこなう」などの訓読みである。さらに「なく」という動作を表す和語の場合，漢字では「泣く」，「啼く」，「鳴く」と書き分けた。これは漢字のもつ意味内容を充分踏

まえての表記である。

　こうして本来は外国の文字であった漢字を，そのもっている意味を失わずに完全に日本語として使用することに成功した。さらに漢字には偏と旁（つくり）の組み合わせで新字を生み出せるという特徴がある。かつての日本人は，こうした特徴を生かし，和語から新しい漢字を創り出すという離れ業を行った。「峠」，「働」，「畑」など約300字あるといわれる国字（和製漢字）である。また漢字を「真名」というのに対して，平仮名，片仮名は，あくまでも「仮の文字」として「仮名」と命名されたが，完全に日本語の主要な要素として使われている。日本人は漢字を自家薬籠中のものとしたのである。

　明治時代以降は，欧米から入ってきた言葉を，漢字のもつ意味をできるだけ尊重して新しい熟語を創っていった。「科学」，「主観」，「共和国」などである。また漢字に置き換え難い語は，外国語をそのまま片仮名で表記することも可能とした。現代では漢字，平仮名，片仮名をはじめ，アラビア数字，ローマ数字，アルファベットが混入している文章であっても，難なく読み，理解することができる。藤子不二雄の漫画の「オバケのQ太郎」なども，4種類の文字で構成されているが，すぐに理解可能である。

　このように日本語は，和語（やまと言葉）をベースにしながらも，中国からの漢字を始め，外来語も巧みに取り入れながら，統一した日本語として成立させた。現在の日本語は外国からの多様な文字の要素を，そのまま生かしながら，統一した言語として成立した世界でも稀な「和の言語」ということができる。

（5）日本文化の中に見る「神と仏との和」

　平成24（2012）年の初詣の参拝者数をみてみると，1位が明治神宮で約315万人，2位が成田山新勝寺の約298万人で，以下3位が川崎大師平間寺（へいけんじ），4位が浅草寺（せんそうじ），5位が伏見稲荷大社と続いている。つまり神社と仏閣が混在しているのである。極端にいえば，神様でも仏様でも，めでたいものであれば，どちらでも構わないという感覚である。

　しかし，本来は神と仏とは別物である。神は宗教的には神道に属し，日本の

場合は自然環境との中で，始祖を特定せず，自然発生的に生まれ形成されたものである。それに対して仏教は，インドの釈迦を始祖とする外国の宗教であり，6世紀に日本に伝来したものである。ところが日本では神様という信仰対象と，仏様という外国の信仰対象が同時に存在し，それぞれの存在意義を失わずに信仰され，調和が保たれているという和の信仰形態なのである。一つの例として神宮寺がある。神宮寺とは，神社に付属して建てられた仏教寺院のことで，神護寺や別当などともいわれている。武家の守護神であった八幡神自体が「八幡大菩薩」と称され，石清水八幡宮のように境内では神社の他，仏教施設もある。外国での他の宗教の場合をみてみると，キリスト教の場合は古代ギリシアのオリンポスの神々やゲルマンの神々を滅ぼしながら広まっており，イスラム教が広まるのも同様であった。

　なぜ日本では，古来の宗教と外国からの宗教が和の精神で同時に存在することができたのか。これについては，諸説があるが[7]，1つのきっかけが，『日本書紀』の中にみられる「敬神の詔」だといわれている。すなわち，6世紀に仏教の導入に積極的であった蘇我氏と，それに反対する物部氏の二大勢力があり，武力闘争の末に蘇我氏が勝利し，日本に仏教が取り入れられることとなった。しかしながら，607年に推古天皇の名において「敬神の詔」が発せられたのである。つまり日本は仏教を取り入れることになったが，古くからの日本の神様を疎かにしてはいけないとの詔で，これを起草したのは仏教に熱心であった聖徳太子であるといわれている[8]。この伝統が後々まで続き，日本の宗教が「神仏習合」といわれる流れをつくっていった。こうして現代においても，数は少なくはなっているが，一つの家に，仏壇と神棚の両方存在している。

　日本の場合は，この神道，仏教のほかキリスト教も存在し，日本の習俗の一部になっている。よく例に出されることであるが，日本では，12月末にキリスト教のクリスマスを祝い，大晦日にお寺で除夜の鐘を聞き，翌日の元旦には神社に初詣にいく。また結婚式は神道式もしくはキリスト教式で行うが，葬式は仏式でおこなっても，まったく違和感がない状態である。また最近ではハロウィンの祭りが盛んに行われている。ハロウィンは，元来はヨーロッパ古代ケ

ルト民族の民間宗教行事であったものが，他の地域に広まったものである。日本人の感覚では，宗教行事ではなく，イベントとしてとらえられているが，本来は宗教的な行事である。

　紀伊半島のユネスコ世界文化遺産である「紀伊山地の霊場と参詣道」は，神道，修験道，仏教という異なる宗教が道で結ばれている世界でも珍しい場所である。日本では，このように異なる宗教が同時に存在していても違和感なく存在するという，まさに和の宗教現象を呈している。

　日本の七福神は「神仏習合」や「複合宗教」の見本のようなものである。すなわち，大黒天，毘沙門天，弁財天はインドのヒンズー教から来ており，布袋さんは中国の仏教，福禄寿，寿老人は中国の道教からで，日本の神は恵比寿のみであるが，それでも仲良く一緒に船に乗っている。

　現在の（財）日本宗教連盟は，教派神道，仏教，キリスト教，神社本庁，新宗教の連合体で，親密な提携によって宗教文化の振興を図ることを目的としており，ここでも宗教での和の精神が生きているのである。

　以上，日本文化の中の「和」からの視点で，五つの和，すなわち「自然と人との和」，「人と人との和」，「天皇と民（国民）との和」，「和語と漢語との和」，「神と仏との和」を見てきた。

　そもそも，日本の国歌「君が代」においても，「さざれ石の　巌となりて苔のむすまで」とあるように，「小さな石が集まって大きな岩になり，それに苔が生えるぐらいまで，いつまでもこの国が栄えるように」ということで，ここでも小さな石が集まって大きな岩となる，という和の精神を表わしている。

4 「現代社会」教科書における「日本の文化」に関する教材化としての「和文化」内容の課題

　公民科科目「現代社会」に限らず，現在の学校教育全体においても，日本の「伝統と文化」の教材を積極的に取り入れようとする流れがある。その際，歌舞伎や文楽，茶道など日本文化の個々の内容を学習することは，無論重要なこ

とではあるが，同時に日本文化の底に流れる本質的な要素に着目して，その観点から日本の文化を学習したり，また外国の方々に日本文化を紹介する方法を検討したりすることも，同時に重要なことではないか。

こうした問題意識から，本研究は公民科「現代社会」の中で，日本文化をどのように教材化とするかを検討するところから出発した。そして日本文化を「和文化」として総括し，5つの和の視点から和文化の具体例を提示した。この5つの視点からの例は，全5時間の単元とすることも可能である。ただし現行の「現代社会」の中で日本文化についてのみ5時間使用するのは難しい状況であり，実際に実施する場合は，「総合的な学習の時間」もしくは「学校設定教科・科目」の中で行うことになる。しかしながら，こうした構想があるもの，本稿自体は，その教材化のための参考資料の域に止まっており，いわば「教材研究ノート」ともいうべきものである。また和の具体例の1つ1つは検証が必要な事項もある。今後は，この「教材研究ノート」を実際の授業に使えるよう，どのように授業化するかが課題となる。

（森 一郎）

註

（1）文部科学省『高等学校学習指導要領解説 公民編』教育出版，2010年，p.3。

（2）11冊の教科書の中で，〈実教A〉と〈清水A〉には「伝統」「文化」という単元名はない。

（3）米山俊直「三層の環境」『文化人類学を学ぶ人のために』世界思想社，2001年，pp.6-7。「文化」『縮刷版 文化人類学辞典』弘文堂，1994年，pp.666-667。

（4）山田史生『全訳論語』東京堂出版，2014年，p.383。北尾吉孝『ビジネスに活かす「論語」』致知出版社，2012年，p.178。など。

（5）長谷川櫂『和の思想』中公新書，2010年，p.205。

（6）清水馨八郎『日本人が忘れてしまった「日本文明」の真価』祥伝社，1999年，pp.60-61。

（7）義江彰夫『神仏習合』岩波新書，1996年。その他参考文献参照。

（8）堺屋太一『日本を創った12人』講談社インターナショナル，2003年，p.38。齋藤武夫『学校でまなびたい歴史』産経新聞社，2003年，pp.46-47。

参考文献

　和文化全体

梶田叡一『日本の感性　和魂ルネッサンス』あすとろ出版　2009 年。

上寺久雄『「日本のこころ」の底ぢから』毎日ワンズ　2008 年。

下村博文『世界を照らす日本のこころ』ＩＢＣパブリッシング，2015 年。

　「自然と人間の和」に関して

芳賀綏『日本人らしさの構造』大修館書店　2004 年。

松藤司『先生も生徒も驚く日本の「伝統・文化」再発見』学芸みらい社，2012 年。

　「人と人との和」に関して

舟橋晴雄『純和風経営論』中央公論新社，2015 年。

池修『日本の蹴鞠』光村推古書院，2014 年。

尾高邦雄『日本の経営』中央公論社，1965 年。

　「天皇と民（国民）との和」に関して

三浦朱門『日本人にとって天皇とは何か』海竜社，2014 年。

所功『皇室の伝統と日本文化』モラロジー研究所，1996 年。

　「和語と漢語との和」に関して

今野真二『漢字からみた日本語の歴史』ちくまプライマリー新書，2013 年。

黄文雄『日本語と漢字文明―漢字を受け入れ，仮名をつくった独創性』ワック，2008
　年。

山口仲美『日本語の歴史』岩波新書，2006 年。

　「神と仏との和」に関して

長部日出男『神と仏の再発見―カミノミクスが地方を救う』津軽書房，2014 年。

伊藤聡『神道とは何か―神と仏の日本史』中公新書，2012 年。

鎌田東二『神と仏の出逢う国』角川選書，2009 年。

第Ⅲ章
文化価値形成を意図する社会系教育実践

第1節　地域への愛着形成を意図する伝統文化教材の授業構成
—静岡大学附属静岡小学校第3学年社会科授業実践
「凧作りの魅力って？」を手がかりに—

1　地域への愛着形成を促す要因

　地域に対する愛着とは，「人と地域を結ぶ情緒的な絆」のことである[1]。公共事業への市民参加，災害時の住民連携等の観点から，土木や建築等の研究領域では，地域に対する愛着形成が多様に研究されている[2]。これらの研究では，質問紙による調査を通して，「地域に高い愛着を持つ住民は，まちづくりやリサイクル活動，防災活動など，地域活動に積極的に参加する」ことなどが報告されている[3]。また，地域に対する愛着形成の要因として，地域の自然や歴史，地域にある施設等の利便性や安全性といった物理的環境と，地域住民の人間関係，祭礼やイベント等の歴史的文化的資産といった社会的環境が指摘されている[4]。こうした研究による知見は，地域に対する愛着形成が地域社会への参画的態度を促進すること，「イベントや小規模の住民参加プロジェクト，住民の歴史学習，地域の表彰制度」等が愛着形成を促進すること等を示している[5]。

　これらの知見は，「よりよい社会の形成に参画する資質や能力の基礎を培うことを重視」する小学校社会科教育における実践，研究にも示唆を与えるものである[6]。すなわち，所属する社会に対する愛着は，「よりよい社会の形成に参画する資質や能力」形成の土台となっているのである。したがって，例えば地域社会における地域の歴史や祭礼等の歴史的文化的資産の教材化，これらの学習を媒介とした地域住民との交流，連携等を図ることは地域社会への愛着形成を高め，身近な地域社会への参画的態度形成を促進すると言える。

　そこで，本研究では，静岡大学附属静岡小学校で実践された，小3社会科授

業実践「凧作りの魅力って？」を取り上げ，地域への愛着形成を意図する伝統文化教材の授業構成を解明したいと考える。小3社会科授業実践「凧作りの魅力って？」を取り上げるのは，本授業実践が駿河凧を教材としているからである。駿河凧は，400年の歴史を持ち，歴史的文化的資産としての性格を有している。駿河凧が400年の歴史を持つ背景には，骨組みや図柄等凧を製作するための技術の継承とともに，製作された凧を展示，飛揚させるために地域の人々が購入するという関係が続いてきたことがある。加えて，玩具としての性格を有する凧は，遊びを通して子ども同士はもちろん，子どもと周囲の人々，地域住民同士といった地域の人々の交流を促す。したがって，本授業実践を検討することによって，地域に対する愛着形成を図る歴史的文化的資産としての伝統文化教材の授業構成を明らかにできるのではないかと考えたのである。研究方法は，以下のとおりである。第一に，授業概要として実践校，実践時期，指導計画等授業実践の全体像を解明する。第二に，授業の実際として，実践記録に基づき授業でどのような内容が扱われ，どのような方法で授業が展開されているのかを抽出し，授業の事実を確定する。第三に，授業構成として，授業内容並びに展開方法の選択と構成の背後にある考え方を解明する。扱われている内容，及びその順番を内容構成とする。また，授業で展開されている教授活動，並びに学習活動（以下，「教授・学習活動」とする。）を展開方法とする。

2　地域への愛着形成を意図する「凧作りの魅力って？」の授業計画

　「凧作りの魅力って？」は，深山貴之教諭が2002（平成14）年11月1日から14日にかけて，静岡大学附属静岡小学校で実践されたものである[7]。本単元の目標は，次のとおりである[8]。

　「昔から続いている駿河凧を自分で作って遊び，駿河凧を作っている人に心を寄せたり，今ある遊び道具と比べたりすることを通して，古くからある凧遊びのよさについて，自分自身の見方や感じ方を見つめ直す」

　この目標を達成するために，以下のような 9 時間扱いの指導計画が立てられている [9]。

第 1 時　駿河凧とその他の凧を比べて見て何を感じますか

・昔から伝わる遊び道具の駿河凧を数種類と，一般に売られている凧を紹介する。紹介した後に，実際に挙げることも考えたい。

第 2 時　駿河凧作りをしている人についてどう思いますか

・自分たちの地域で駿河凧作りをしている加藤さんの存在を紹介する。どんな仕事をしているのかを簡単に教師が説明し，昔から伝わる郷土玩具を作っている加藤さんについて感じたことを話す。

第 3 ～ 7 時　駿河凧を作って，あげてみよう

・実際に駿河凧を作り，あげてみることで，凧作りの大変さとあがった時の歓びを感じていく。遊びへの見方，感じ方，考え方が広がることが期待できる。加藤さんには，仕事の話しや子どもたちの質問にも答える場を設定する。

・加藤さんや保護者にも手伝ってもらう。雨の時は，作ることだけやり，後日あげることにする。

第 8 時　凧遊びとお店で買ってきた遊び道具とどちらで遊ぶか

・今流行の遊び道具としてカードゲーム，ベイブレードやテレビゲーム，シール遊びなど，子どもたちの身近にあるものを取り上げていきたい。

・自分で苦労して作った凧に愛着を感じながらも，今の遊びの手軽さ，楽しさに惹かれている子がどちらを選ぶのかに，その子の凧遊びに対する価値観が表れてくる。

第 9 時　自分は凧遊びをこれからもやりたいか

・自分は凧遊びをこれからもやりたいかどうかを考えていくことで，凧をあげる遊びの楽しさや凧作りに携わっている人への思いに触れていく。教師は，なぜ自分は凧遊びを大切にしたいのかと問うことも考えている。そこには，昔から続いているものを大切にしたい，でも今の自分にはあまり関係ないと，自分の心の内で思い悩む姿が見られる。

・自分たちの地域で活躍する人との出会いで，自分にとって愛着のある地域の

広がっていくことが期待できる。

　すなわち，本授業は，第7時までは，駿河凧の特徴や魅力，製作過程や製作技術，駿河凧の飛揚を認知的体験的に理解させる学習となっている。そして，第8・9時は，その理解に基づいて伝統的な玩具に対する価値判断と意思決定を求める学習が構想されているのである。

3　地域への愛着形成を意図する「凧作りの魅力って？」の授業実践

　第1時（11月1日）「駿河凧とその他の凧を比べて見て何を感じますか」では，まず児童が持参した凧で凧揚げが行われている。その後，教室に戻り凧揚げの感想が交流されている。次に，深山は駿河凧を提示し，駿河凧が400年前から作られていること，学校の近くで手作りされていること等を説明し，児童に感想を求めている。深山は，駿河凧は手作りされていること，絵を描く人は県内で一人しかいないこと等を付け加え，これから駿河凧について勉強することを話し，授業を終えている[10]。

　第2時（11月5日）「駿河凧作りをしている人についてどう思いますか」では，まず前時に続いて駿河凧に関する感想を改めて聞いている。その後，駿河凧の製作風景を，解説を加えながら視聴させている。深山が話した主な内容は以下のとおりである。

・凧を作っている方は加藤さんというおばあさんで，全国でも数少ない女性の凧師である。お孫さん（女性）が5代目を継いでいる。

・駿河凧の絵に登場する顔は150種類ある。下書きはせずに絵を描く。雨でも色落ちしない，染料を使っている。

・間違えてしまったら売りには出さない。

　最後に，次時に駿河凧を作り，揚げることを話し授業を終えている。

　第3〜7時（11月6日）「駿河凧を作って，あげてみよう」では，駿河凧の起源と歴史，現状について説明がなされ，駿河凧の製作が行われている。完成

した凧は，駿府公園で揚げている。作業手順は，以下のとおりである[11]。

「(1) 和紙から駿河凧の型を断つ　(2) 本体に下絵を墨で写す　(3) 竹ひごをはる　(4) 本体に色をつける　(5) 糸目をつける」

第8時（11月7日）「凧遊びとお店で買ってきた遊び道具とどちらで遊ぶか」では，まず前時の感想が発表されている。その後，深山は，「どうして難しいのに楽しいの」「みんなが作った凧をずっと作り続けている加藤さんはどんな思いで駿河凧を作っているのかな」と発問し，話し合いが展開されている。最後に，深山は，「みなさんは昔から伝わる凧遊び，手作り遊びと今流行の買って楽しむおもちゃとどちらで遊びますか」と発問し，自分の考えをノートに書かせている。

すなわち，第8時までの学習は，駿河凧の特徴，歴史と現状，材料並びに製作方法，製作風景，製作者の心情が内容として扱われ，観察，説明を聞く，製作体験，話し合いといった教授・学習活動が展開されているのである。つまり，第8時までの学習は，本学習の動機づけを図るとともに，駿河凧，並びに製作者に対する認知と情意の形成を図っていると言える。

第9時（11月8日）は，「凧遊びとお店で買ってきた遊び道具とどちらで遊ぶか」の話し合いが行われている。深山は，前時に児童が書いたことをもとに，「昔から伝わる凧遊びで遊びたいという人（6人）今流行りのおもちゃ（10人）どちらとも言えないの凧遊びより（1人）今流行りより（11人）中間（11人）」と意見分布を知らせた後，意見を発表させている。最後に，深山は，「みんなが流行りのおもちゃをやってしまったら凧遊びをやる人がいなくなって，なくなってしまうかもしれない」とHさんに発言させている。そして，「駿河凧はなくなってしまうのか，について自分の考えを書いてください」と，意見をノートに記述させている。

第10時（11月14日）は，「駿河凧はなくなってしまうのか」という前時の最後に出された話題が話し合われている。「なくならないと思う人4人くらい，なくならない数人，どちらとも言えない多数」と，児童の意見を確認し，話し合いを始めている。話し合いの途中，深山は，「みんなはなぜ駿河凧がなくな

ってほしくないと思うのかな」と問い，自分の考えを書かせている。

　第11時（11月18日）は，「駿河凧はなくなってしまうのか」という前時の話題が，引き続き話し合われている。深山は，まず児童の考えを確認した後，「なくなってもいいと思う人」に発言を求めている。次に，「なくなってほしくないという人」に意見を求めている。途中，深山は，「なぜそのように（自分とは関係なくても一筆者註）思ってしまったのか，そこを深く考えてみよう」と指示し，児童に発言を促している。最後に，深山は，「自分たちの近くにあること，有名なこと，しかもみんなも作ったことがあるということ，自分の心の中がわかってきたかな。駿河凧がなくなってほしくないという思う自分の心の中をはっきりさせよう」と，ノートに自分の考えを書くことを指示して，授業が終わっている。第10時，11時の児童の意見分布と理由は，以下のとおりである(12)。

　すなわち，第9時以降の学習は，第8時までに学習した駿河凧の特徴，歴史と現状，製作者の心情を視野に入れ，「凧遊びとお店で買ってきた遊び道具とどちらで遊ぶか」という伝統的玩具と現代的玩具の選択，「駿河凧はなくなっ

表 3-1-1「駿河凧はなくなってしまうのか」の意見分布と理由

	なくなってしまう		なくならない・なくなってほしくない		どちらともいえない		不明
理由／授業時	10 時	11 時	10 時	11 時	10 時	11 時	10 時
需要	1	3	5		3		1
歴史・伝統	2		8	7			
地域性				2	1		
製作		1	3	3			
凧遊びの楽しさ			3	1	1		
共感			3	6			
複合的	1		5	7	1	1	
意思表示のみ	4	1	5	1	1		
その他	1	3		1			2
合計	9	8	32	28	7	1	3

てしまうのか」という伝統的玩具の将来に関する判断をテーマに，教師の関与する話し合いという教授・学習活動が展開されているのである。つまり，第9時以降の学習は，駿河凧，並びに製作者に対する理解と共感をもとに，児童の内面の表出と交流によって，駿河凧，並びに製作者に象徴される地域への愛着形成を図っていると言える。

4　地域への愛着形成を意図する「凧作りの魅力って？」の授業構成

(1)　地域への愛着形成を意図する「凧作りの魅力って？」の内容構成

　本学習で，凧が教材として選択され，授業内容が前述のように構成されるのは，「自分で作った遊びのよさや人に心を寄せ，自分自身をふり返らせたい」という深山の意図があるからである[13]。深山がこのように考えたのは，これまでの人と出会う学習で，「その人の生き様に心を寄せ自分とは違う考えに新たな発見をして喜ぶ姿」が，児童に見られたからである[14]。こうした深山の意図に基づく本学習における児童の主な発言は，以下のとおりである[15]。

　駿河凧の観察，製作，飛揚体験に関わる発言を見ると，児童は持参した凧と駿河凧を比較し，「24 形が違うし，下に竹の棒が出ている」「25 鬼のような顔が怖いけど，色がきれい」といった駿河凧の特徴を指摘している[16]。また，凧の製作体験では，「107 やってみたら面白かったし，墨で下絵を描くときには大変だったけど，髪の毛をはけでつけた時はとても楽しかった」という製作の楽しさ，「109 自分だけの凧で，自分で作って自分の自慢の凧ができたからうれしい」という達成感等，駿河凧に対する心情を深めていることが指摘できる[17]。

　加藤さんに関わる発言を見ると，仕事ぶりを観察して，「75 集中力がある。細かい所まで丁寧にやっているので難しい」という職人意識，「77 加藤さんは，はみ出ていないのでプロだと思った」という技術，「81 加藤さんにしか作れそ

表 3-1-2　「駿河凧に関わる発言

教授・学習活動	児童の主な発言
・駿河凧を観察する	24「形が違うし、下に竹の棒が出ている」 25「鬼のような顔が怖いけど、色がきれい」 32「色合いがきれいだし、形も珍しい、…（中略）…飾りにもなる」
・製作風景を観察する	47「すごいきれい。大きな凧だな」
・駿河凧に関する説明を聞く ・製作を体験する	107「やってみたら面白かったし、墨で下絵を描くときには大変だったけど、髪の毛をはけでつけた時はとても楽しかった」 109「自分だけの凧で、自分で作って自分の自慢の凧ができたからうれしい」 120「はみ出した所があったけど、高く上げるとはみ出た所が目立たなかった。本物のようにかっこよく見えた」
・教師の発問（「どうして難しいのに楽しいの」）に答える	125「作るのは難しいけど、上げるのは一生懸命やったので、やったとうれしくなるから」 128「うまくできるか心配だった。作ると意外と難しかった。自分なりにうまくできてうれしかった」 129「一生懸命作ったのがやっととんだからうれしかった」

表 3-1-3　加藤さんに関わる発言

教授・学習活動	児童の主な発言
・製作風景を観察する	71「色を間違えてしまうと捨ててしまわないといけないから、とても厳しい」 75「集中力がある。細かい所まで丁寧にやっているので難しい」 77「加藤さんは一日に何十個は作っているから手が痛くなると思う」 77「加藤さんは、はみ出ていないのでプロだと思った」 81「加藤さんにしか作れそうもない凧なのですごい」
・教師の発問（「凧をずっと作り続けている加藤さんはどんな思いで駿河凧を作っているのかな」）に答える	134「みんなに楽しんでもらいたいと思って作っている。子どもたちが凧を上げて楽しむこと」 137「加藤さんは子どもの時のことを思い出しながら楽しく作っている。楽しくないならやっていない。好きだからやっている」 140「今の人にこういう遊びがあったと伝えたい」

うもない凧なのですごい」という作品の完成度等に感動している姿を指摘でき
る[18]。また，「134 みんなに楽しんでもらいたいと思って作っている」「140 今
の人にこういう遊びがあったということを伝えたい」というように加藤さんの
思いを推測し，共感を深めていることも指摘できる[19]。

　こうした児童の発言は，本学習が，駿河凧の歴史，絵柄や形，製作工程や製
作技術，制作する加藤さんの思いや願いといった授業内容によって構成されて
いること示している。すなわち，本学習は，駿河凧の歴史と特徴，駿河凧の製
作技術を継承し，保持してきた加藤さんの作業等を観察，体験することによっ
て，駿河凧並びに製作者である加藤さんに対する理解と心情を深めるように内
容構成が図られているのである。したがって，「凧作りの魅力って？」は，愛
着形成要因の一つである社会的環境，すなわち駿河凧並びに駿河凧製作者とい
う地域の歴史的文化的資産に対する認知と情意の形成を図り，「人と地域を結
ぶ情緒的な絆」を深めるところに内容構成の原理があると言える。

(2) 地域への愛着形成を意図する「凧作りの魅力って？」の展開方法

　本学習では，後半，「昔から伝わる凧遊びのよさか，今流行の遊びか」「駿河
凧はなくなってしまうのか」という学習問題が設定され，話し合いが行われて
いる。「凧遊びか流行の遊びか」という学習問題が設定されるのは，「自分が苦
労して作った，昔から伝わる凧遊びのよさか，今流行の遊びかという選択の中
で，自分自身の凧遊びへの価値観を見つめるに違いない」と深山が考えたから
である[20]。「駿河凧はなくなってしまうのか」という学習問題が設定されるの
は，「自分で作った駿河凧への強い思い，地域にいる加藤さんと自分とのつな
がりを通して，子どもたちが，今まで自分たちが広げてきた地域への愛着を自
分なりに深めていくことになるに違いない」と考えたからである[21]。

　こうした教師の意図のもと，例えば，駿河凧の地域性に気付く第 11 時「駿
河凧はなくなってしまうのか」では，次のような話し合いが行われている[22]。

表 3-1-4　第 11 時に見られる児童の主な発言

教師の発問・示唆・反駁等	児童の主な発言
31 なくなってほしくないという思いのある人（大勢の子が手をあげる）…（中略）…なくなってもいいと思う人（4人くらい手をあげる）	68 別に未来にもあるかもしれないけど売れない。じきにつぶれると思う 70 あれば残しておけばいいし、なくなれば、遊ぶ人がいなくなっているということだから、関係ないと思う 71 あまり凧遊びは面白くない 73 未来にもっと面白いものができると思う
34 それは自分に関係があるの	74 私たちがもともと持っているからなくなってほしくない 76 昔から伝わっているものがなくなっているともったいない。加藤さんが一生懸命作っているからかわいそう
35 それは S さんには関係ないようだけど、なぜそう思うのかな	78 紙とか以外凧は自分で作ったものだからなくなってほしくない
37 なぜそのことが S 君に関係があるの	80 ずっと昔の人たちは遊んでいたから，凧がなくなってしまうと寂しい 82 自分で作ったものなら自慢ができる
39「でもそれは R さんには関係ないでしょ」	83 400 年ぐらい続いているから、400 年という歴史がある。それでも今あるから、もっと続くと思う 85 人の顔が描いているのは珍しい。未来に伝えたい。…中略…未来の子にも，手作りのおもちゃを作らせてあげたい 86 上げれば楽しいし，作るのは大変だけど、自分で手作りした凧を上げるのは楽しいから 88 未来に伝えたい。駿河凧を作るのに加藤さんが苦労しているから
42「なぜ、加藤さんが苦労することが関係あるの」 44「なぜそう感じるの」	91 凧は残していきたい。自分には関係ないこと、未来の子に伝えたい。今まで伝えてきたので未来にも伝えたい 94 残していきたい。なくなってほしくない。今は、1 軒しかない凧八がなくなると、400 年続いてきたことの意味がなくなってしまう。…（後略）… 98 色を塗ったり、作ったりするのはやってみたらとても大変だったから、そんな仕事をしている加藤さんには頑張ってほしい
48 なぜそのように思ってしまったのか、そこを深く考えてみよう	109 色々な人の意見が出たけど、なくなってもいい。凧は 400 年続いてきているから、新しいおもちゃにとってよくない。でも、加藤さんがあんなにたくさん作っているから、がっかりしてしまう
57 自分たちの近くにあること、有名なこと、しかもみんなも作ったことがあるという	111 昔から伝わっているけど、400 年しかないのにもう日

こと、自分の心の中がわかってきたかな。駿河凧がなくなってほしくないという思う自分の心の中をはっきりさせよう	本にはあまりお店がないんだよ。…（中略）…静岡はそんなに広いのに、なくなったら寂しい。私たちの学校の近くにあるから最高 112 浜松なら遠いからどちらでもいいけど、静岡は近いし、しかも自分たちの学校の近くだという思いもある

　第11時は，教師の指名によって「なくなってもいいと思う」児童の発言から始まっている。「なくなってもいいと思う」児童は，「68 別に未来にもあるかもしれないけど売れない。じきにつぶれると思う」「70 あれば残しておけばいいし、なくなれば、遊ぶ人がいなくなっているということだから、関係ないと思う」「71 あまり凧遊びは面白くない」「73 未来にもっと面白いものができると思う」というように，駿河凧の需要予測，現代の遊びとの比較，玩具の進化への期待等を理由に意見を述べている[23]。一方，「なくなってほしくないと思う」児童は，「74 私たちがもともと持っているからなくなってほしくない」「76 昔から伝わっているものがなくなっているともったいない。加藤さんが一生懸命作っているからかわいそう」「78 紙とか以外は，凧は自分で作ったものだからなくなってほしくない」「80 ずっと昔の人たちは遊んでいたから，凧がなくなってしまうと寂しい」「82 自分で作ったものなら自慢ができる」というように，駿河凧の歴史，製作者や製作手段への共感等を理由に意見を述べている[24]。児童の意見に対し深山は，「それは自分に関係があるの」「それはなぜなんだよ」等，示唆や反駁を試みている。深山が，このように児童の話し合いに関与するのは，「『なぜ駿河凧を残していきたいのか，自分はどうして駿河凧を大切にしたいのか』と，子どもたちが自分の心の有り様を見つめる関わりをしたい」等と考えたからである[25]。

　こうした教師の関与に対し，児童は，「85 人の顔が描いているのは珍しい。未来に伝えたい。…（中略）…未来の子にも，手作りのおもちゃを作らせてあげたい」「86 上げれば楽しいし，作るのは大変だけど，自分で手作りした凧を上げるのは楽しいから」「91 凧は残していきたい。自分には関係ないこと，未来の子に伝えたい。今まで伝えてきたので未来にも伝えたい」「94 残していき

たい。なくなってほしくない。今は，1軒しかない凧八がなくなると，400年続いてきたことの意味がなくなってしまう。…（後略）…」「98色を塗ったり，作ったりするのはやってみたらとても大変だったから，そんな仕事をしている加藤さんには頑張ってほしい」というように，駿河凧の歴史とともに加藤さんの努力に対する尊敬，心情への共感を理由に意見が述べられている[26]。こうした話し合いの中で，「なくなってもいい」と考える児童も，「109色々な人の意見が出たけど，なくなってもいい。凧は400年続いてきているから，新しいおもちゃにとってよくない。でも，加藤さんがあんなにたくさん作っているから，がっかりしてしまう」と発言している[27]。そして，この意見に対し，教師は，「54加藤さんのことが気になるんだな」「55みんなの心の中が少し見えてきたよ。自分には関係ないことでも何で気になってしまうのか」というように，加藤さんを象徴に愛着形成の社会的要因の一つである児童と地域住民の人間関係を深めているのである[28]。この教師の発言を受けて，児童はさらに，「111昔から伝わっているけど，400年しかないのにもう日本にはあまりお店がないんだよ。…（中略）…静岡はそんなに広いのに，なくなったら寂しい。私たちの学校の近くにあるから最高」「112浜松なら遠いからどちらでもいいけど，静岡は近いし，しかも自分たちの学校の近くだという思いもある」というように，愛着形成要因の一つである地域の歴史的文化的資産としての駿河凧の性格を確認する発言がなされるのである[29]。

　すなわち，「昔から伝わる凧遊びと今流行りのおもちゃのどちらで遊びたいか」「駿河凧はなくなってしまうのか」という葛藤的選択，関与を迫る判断について，教師の積極的な関与のもと，駿河凧の歴史，凧遊びのおもしろさ，製作における苦労や工夫等，駿河凧並びに製作者に対する理解と共感に基づいて話し合いが組織されているのである。したがって，「凧作りの魅力って？」は，地域の象徴としての駿河凧，並びに製作者という歴史的文化的資産に対する価値を確認し，情緒的関係を深めるように教師が関与し，そのもとで児童の内面の表出と交流が図られているところに展開方法の原理があると言える。

　本小論では，小3社会科授業実践「凧作りの魅力って？」を取り上げ，地域への愛着形成を意図する伝統文化教材の授業構成を解明してきた。社会科授業実践「凧作りの魅力って？」は，地域の歴史的文化的資産の一つである駿河凧を教材に，駿河凧の特徴，歴史と現状，製作者の思いや願いといった内容と，観察，討論，製作・飛揚体験等の展開方法とによって構成されていたのである。そして，駿河凧並びに製作者に対する認知と情意の形成を図るとともに，教師が積極的に関与する葛藤的選択，主体的関与を促す判断に対する児童の内面の表出と交流によって，地域の象徴としての駿河凧と加藤さんに対する情意を強化し，あわせて地域への愛着形成を促進する構成となっていたのである。本研究は，地域に対する愛着形成における伝統文化教材の意義を明らかにしたところ，伝統的玩具を教材として地域の愛着形成を図る授業構成を明らかにしたところに意義が認められる。今後の課題は，他の伝統文化教材による地域への愛着形成を意図した授業実践を解明し，授業構成の一般化を図ることが考えられる。

（峯岸　由治）

註及び参考文献

（1）建築や土木の研究領域では，地域に対する愛着に対して，「人と居住地を結ぶ」機能が指摘されている。引地博之・青木俊明・大渕憲一「地域に対する愛着の形成機構—物理的環境と社会的環境の影響—」土木学会『土木学会論文集D』Vol.65, No.2, 2009年，pp.102. また，下記論文では，地域に対する愛着を「人と特定の場所との絆や情緒的なつながり」と定義されるとしている。*M.CARMEN HIDALGO and BERNARDO HERNANDEZ:PLACE ATTACHIMENT:CONCEPTUAL AND EMPIRICAL UESTIONS, Journal of ENVIRONMENTAL SYCHOLOGY, VOL.21, 2001, p.274.*

（2）例えば，以下の研究がある。

　①若林直子・赤坂剛・小島隆矢・平手小太郎「住民の防災意識の構造に関する研究—その3：地域コミュニティとの関わりを表す項目を含む因果モデル—」『日本建築学会大会学術講演梗概集』，2000年，pp.807-808.

　②若林直子・小島隆矢「住民意識調査による防災意識の構造に関する研究」日本行動計量学会『日本行動計量学会大会発表論文抄録集』29，2001年，pp.172-175.

③海野碧「まち歩きが地域愛着に与える影響に関する研究─長崎さるくを対象として─」学位論文，東京大学大学院工学系研究科都市工学専攻，2013年.

④引地博之・青木俊明・大渕憲一，前掲1），pp.101-110.

（3）引地博之，同上④ p.101.

（4）引地博之，前掲④ p.102.

（5）引地博之，前掲④ p.109.

（6）文部科学省『小学校学習指導要領解説　社会編』東洋館出版社，平成20年，p.4.

（7）本実践は，次の文献に紹介されている。

深山孝之「人を感じていくこと：3年2組『児童会館から科学館へ』『凧作りの魅力って？』の実践から」静岡大学教育学部附属静岡小学校『研究紀要：学びをひらく』2003年，pp.43-48. 深山孝之教諭は，現在静岡市立西奈小学校に教頭として勤務されている。

（8）深山孝之「3年2組　学習指導案」，p.1. なお，深山氏から以下の資料をいただいた。頁のふっていないものは，筆者が便宜上頁をふった。

①「社会科　自らの価値観を見つめ直し，社会事象を見る眼を広げていく」

②「3年2組『凧作りの魅力って？』教材に込める願い」

③「3年2組　学習指導案」

④「3年2組　学習指導本時案」

⑤「3年2組『凧作りの魅力って？』本時に至るまでの追究過程」

⑥「3年2組『凧作りの魅力って？』本時以降の追究過程」

（9）深山孝之，同上③，p.5. 資料をもとに，筆者が抽出した。

（10）深山孝之，前掲8）⑤，p.1. 紙幅の関係で，教師の発言等，以下特に断らない限りは，前掲8）⑤⑥からの引用である。また，深山氏は抽出児童を2人選んで，授業中の発言，ノート等を詳細に記録している。

（11）製作体験の当日は，加藤さんの娘さんである福島幸江氏と孫にあたる後藤光氏が指導に当たったそうである。しかし，授業記録は「加藤さん」となっているので，本小論も「加藤さん」とした。また，現在，凧八は，5代目の後藤光氏が継いで駿河凧の製作を続けている。ＨＰ等は，以下のとおりである。

ＨＰ　http://kite8.com/　　　　後藤氏のブログ　http://5th.kite8.com/

後藤氏のフェイスブック　https://www.facebook.com/hikaru.goto.460

（12）深山孝之，前掲8）⑥をもとに，筆者が作成した。

（13）深山孝之，前掲8）②.

（14）同上.

(15) 深山孝之，前掲8）⑤，pp.1-10.

(16) 同上，p.2.

(17) 同上，p.7.

(18) 同上，p.4.

(19) 同上，p.9.

(20) 深山孝之，前掲8）③，p.2.

(21) 深山孝之，前掲8）④，p.2.

(22) 深山孝之，前掲8）⑥をもとに筆者が作成した。

(23) 同上，p.5.

(24) 同上，p.6.

(25) 深山孝之，前掲8）④，p.2.

(26) 深山孝之，前掲8）⑥，pp.6-7.

(27) 同上，p.8.

(28) 同上.

(29) 同上.

【附記】

　本研究をまとめるにあたって，静岡市立西奈小学校教頭深山孝之氏から，指導案や授業記録等の資料を提供していただきました。記して感謝いたします。

第2節　ESD的価値形成を意図した社会科
「文化学習」の授業開発
―小学校第6学年単元「世界文化遺産(宮島とモンサンミッセル)の秘密」の場合―

1　社会科「文化学習」の性格と方向概念としてのESD [(1)]

(1) 社会科教育における「文化学習」

　文化といった概念[(2)]は，人間が作り上げた恣意的なものである。人が属する社会集団の違いによって，文化の尺度も内容も違ってくる。それゆえ，文化は，多義的であり曖昧な概念であると言えよう。このような文化に一定の定義を与えたのは，イギリスのエドワード・タイラーである[(3)]。タイラーは，文化について「知識・信仰・芸術・道徳・法律・慣習・その他，およそ人間が社会の成員として獲得した能力や習性の，複合的全体である。」と定義づけた。この定義によると文化とは，単独で成立するものではなく，その文化が存在する社会的背景を含めた複合的全体が文化ということになる。そして，このような恣意的で複合的な文化が学習対象となる時，取り上げた文化の現象面だけでなく，その社会的背景を追究する学習がなされなければならない。そうでなければ，子どもたちは表面的に文化を捉えてしまい，ステレオタイプ的に文化をレッテル化してしまうといった危険性を常に孕むことになるのである。

　このような文化を対象にした社会科「文化学習」の領域は，大友が指摘[(4)]するように「文化遺産」，「異文化（国際理解）」，「文化の機能」，「生活文化」等，多岐に広がる。そして，これらの「文化学習」の指導方法は，学習者が体験と経験を通して文化的価値を内在化し，自らが意義づける経験論的アプローチと学習者が授業を通して文化事象の価値と意義を認識する認識論的アプローチに分類することができよう。前者の学習構成においては，経験・体験する場と状

況を授業構成に位置付ける必要が出てくる。しかし，認識教科である社会科に
とっては，経験したことを内在化するだけの時間と場面を確保することが困難
であり，学習者の認識面を中心とするなら，後者が中心となるであろう。

　したがって，社会科の「文化学習」は，先述したように，学習対象となる文
化の意義や価値を社会的背景も含めて多面的に認識させる授業構成が課題とな
るのである。では，そのような授業を通して，文化が持つどのような価値観の
形成を図ればよいのか，本稿では，現代の教育課題である ESD（持続可能な開
発のための教育）に焦点を当て検討していく。

(2)　方向概念としての ESD

　ESD は，「持続可能な社会の構築」を目指す価値観の形成を図る方向概念で
ある[5]。

　価値多元化社会といった教育の目指す方向性が揺らいでいる現代において，
教育は何を目指して為されるべきか，そのことを説明する枠組みであると言い
換えることもできよう。このような方向性を示した概念が，近年，様々な立場
からその目標，内容，方法に関して検討されることで，概念が多様に拡充し，
包括的で曖昧な教育として捉えられてきたのではないだろうか[6]。このこと
について，筆者は，これまで次の二点の問題点があると捉えてきた[7]。

　第一は，ESD の教育としての独自性が明確にならないことである。ESD の
教育理念が矮小化され，例えば参加体験型の活動であれば ESD であると曲解
され，結局，這い回る学習に陥ることである。

　第二は，教科等の役割が明確にならないことである。ESD が学際的な取り
組みであったとしても，各教科において，その理念をどのように生かすのか共
通理解がない限り，ESD の意義を示すことは難しいであろう。

　以上の問題意識に基づき，社会科教育における ESD について検討すれば，
ESD は，社会科の究極目標である公民的資質を説明する枠組みとして位置づく
と考える。つまり，公民的資質をより具体的な持続可能な社会構築の担い手とし
ての資質と見なすことで，普遍的価値である社会の持続可能性についての価値形

成を図る教科として捉え直すことができるのである。更に ESD を目指す社会科教育における学習内容は，持続可能な社会形成を阻害する社会問題や持続可能な社会を可能にした地理的・歴史的文化事象等が対象となることも指摘できよう。

　したがって，本稿では，ESD 的価値形成を図るために，地理的・歴史的文化事象の授業開発を通して，社会科「文化学習」の可能性について論じていきたい。では，どのような文化事象を事例にすればよいのか，本稿では，ESD に位置づく世界文化遺産の教材化の視点から検討していく。

2　ESD 的価値形成を意図した社会科「文化学習」教材の意義と内容構成

(1)　ESD に位置づく世界遺産学習とその教材的意義

　ユネスコにおける世界遺産教育が始まるのは，1994 年とされる[8]。その後，「ユネスコ協同学校」に参加校において世界遺産について学習する機会が設けられた。そして，2002 年の国連総会において，2005 年から 2014 年までの 10 年間を「国連持続可能な発展のための教育（ESD）の 10 年」とすることが決議され，世界遺産学習や環境学習等の 8 分野が，ESD の概念図の中に位置づけられた。これらの地球規模の問題に関連する様々な分野を「持続可能な社会の構築」の観点からつなげ，総合的に取り組むことが大事だとしたのである。つまり，持続可能な構築に関わる諸問題の一つの分野として，世界遺産の問題がとりあげられたと見なすことができる。

　このことに対して，田淵は，「多くの世界遺産は「持続性の証明」であり，「幸運にも残った」ものである。そのかけがえのなさを確認させる必要がある」と指摘し[9]，世界遺産教育と ESD の共通点として，「何世代にもわたって保護されてきた世界遺産は，現世代の人々だけのものではなく，次世代の人々にバトンタッチしなければならないという認識でも共通している。」[10]と持続性といった観点からそれらの共通点を明確化している。

したがって，ESD としての世界遺産学習は，文化遺産，自然遺産に関して言えば，「持続性」がキーワードであり，そのような世界遺産の社会的意味は，「持続性」を実際に証明する社会事象として意義づけることができるであろう。更に，社会科授業においては，このような「持続性」を可能にした世界遺産が存在する社会が学習対象となる。実際，世界遺産が維持されてきたのは，それを可能にした社会が存在したからであり，今後の社会の中で維持・継承されなければならない価値を示した遺産なのである。

したがって，社会科授業においては，「世界遺産は，どのように維持されてきたのか」また，「なぜ，維持できたのか」，そして，「これから世界遺産は，どのようにして維持されるべきか」といった世界遺産の「持続性」を可能にした社会と「持続性」の継承を可能にする社会の仕組みを追究させることで，学習者が ESD 的価値観を形成することが求められるのである。そして，このことが，社会科「文化学習」において世界遺産を教材化する意義であり，言い換えれば，世界遺産学習が ESD に位置づくことで，世界遺産教材を通して「持続可能な社会」の仕組みとその価値を学習する可能性を高めたことを指摘しておこう。

では，世界遺産には，どのような「持続性」を可能にした社会の仕組みが存在したのであろうか。

(2) 世界文化遺産教材の内容構成

①観光地としての枠組み

本稿では，世界遺産の事例として日本の「宮島」とフランスの「モンサンミッセル」といった文化遺産を取り上げよう。両者は，日仏国交 150 周年記念ポスター（図 3-2-1）にも使われた，海に浮かぶ宗教的建築物であり，両国を代表する観光地である。これまで，様々な歴史的憂き目にあいながらも，時代ごとの変化に対応し維持され，両国を代表する文化遺産，そして，多くの観光客が訪れる観光地として維持され続けている。では，なぜ，両者は，今日まで維持されてきたのか。「持続性」を可能にした社会の仕組みを読み解く視点として，本稿では，世界遺産の「持続性」を可能にする観光地の立地条件に着目する。

図3-2-1　日仏国交150周年記念ポスター

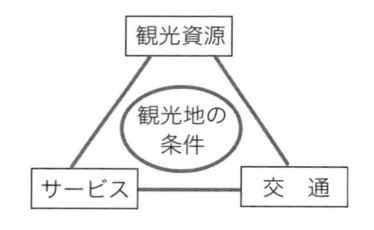

図3-2-2　観光地の立地条件（筆者作成）

世界遺産の「持続性」に関して長谷川は，「世界遺産の持続可能性は，遺産の保存，住民等の関係者の福利，世界遺産に係る経済活動（観光等）の三つの調和の上に成り立っている」と指摘し，世界遺産の持続可能性のために必要な観点を指摘している[11]。これらの観点は観光等の経済的裏付けの中で，自然景観が保存され，住民の福利が保障されてきたと解釈できる。

また，観光地の立地に関して，新たな観点を示したのは小松原である[12]。小松原はウェーバーの工業立地論に基づき，観光資源，サービス，交通の3要素からなる観光地の立地条件を示した（図3-2-2）。

つまり，これら3要素が揃っていることが，文化遺産が観光地として成立する条件であり，各々の要素が古来より維持されることで，世界文化遺産として認定されることに繋がるのである。

では，「宮島」と「モンサンミッセル」に関して，その概要を示した上で観光地の立地条件について検討してみよう。

②世界文化遺産「宮島」の場合

〈世界文化遺産「宮島」の概要〉

世界文化遺産「宮島」の正式な名称は「厳島」（国土地理院管轄）であり，世界遺産には，厳島神社と周辺の建造物群，これらと一体となっている前面の海，背後の弥生原始林を含む森林地域が登録されている。古代から島そのものが自然崇拝の対象だったとされ，信仰上の理由から人間活動がほとんど加えられてこなかった。厳島の代表的建造物である厳島神社は，593年佐伯鞍職により創

建され，1168年に平清盛によって今の形に造営された。平安時代末期以降は厳島神社の影響力の強さや海上交通の拠点としての重要性からたびたび歴史の表舞台に登場している。しかし，たびたび火災や高潮，台風，土石流などの被害を受けたが，時の権力者の庇護を受け復興し，現在の本社本殿は1571年に毛利元就により再建されたものとされる。江戸時代中期頃から，日本屈指の観光地として栄え，現在では人口1800人余りの島に国内外から年間300万人を超える参拝客及び観光客が訪れている。2011年には，世界最大の旅行クチコミサイト「Trip Advisor（R）」の日本法人・トリップアドバイザー[13]が「外国人に人気の日本の観光スポット」トップ20の第1位と発表し，原爆ドームと並んで広島県の代表的な観光地の一つとなっている。

〈世界文化遺産「宮島」の選定基準〉

厳島神社が世界遺産（文化遺産）として登録されるには，登録基準[14]（文化遺産は6項目）のうち1つ以上満たす必要がある。厳島神社は4項目の価値基準を満たすとされた。それらの価値基準は次のようになっている。

---

(1) 創造的な才能が生んだ傑作
(2) 建築や芸術，都市の構成や景観の発展において，ある時代や地域における人類の文化的交流の形跡を示すもの
(4) 歴史上の有意義な時代を示す優れた建造物や建築物群，景観の例
(6) 世界的に著名な事件・伝統・思想・信仰・芸術作品・文学作品と密接に関係するもの

世界遺産の価値基準に基づけば，厳島神社は，造営当時の寝殿造り様式を維持し，海上に立地するなど優れた景観を残し，伝統と信仰と密着した建造物であることが，世界遺産選出の大きな理由であることが指摘できよう。

〈世界文化遺産「宮島」の観光地の仕組み〉

観光地の立地条件から検討すると，次のようになる[15]。

交通の面では，宮島は長い間，神聖な島として人が住むことも許されなかったが，中世になると厳島神社に仕える人たちが住むようになる。そして，江戸時代には参拝客が多く訪れ，観光地として賑わっていく。このような観光客を，対岸の廿日市や地御前から宮島まで運ぶために，渡海船や番船が就航し，渡船

業者が定期的に観光客を運んでいたとされる。その後，明治に入ると10数隻の渡海船が，1894年には蒸気船が就航したことが確認できる。そして，1897年には，現在の宮島航路が確立し，宮島駅ができたことにより，鉄道と船によるが輸送が可能となった。現在，JRによるフェリーと広島電鉄（私電）によるフェリーが就航し，その他，原爆ドームや市内のホテルから宮島をつなぐ定期便が就航している。これらのことから，江戸時代以降，時代に応じて交通機関が発達し，観光客のニーズに応じて利便性を高めていることが指摘できる。

　サービスの面では，江戸初期頃，大根屋（現宮島グランドホテル有もと）[16]が開業し，徐々に宿泊施設が整備され，現在，宮島には約25の旅館・ホテルが整備されている。また，宮島独自のお土産として，江戸時代には色楊子，杓子（しゃもじ）が提供され，明治時代に入ると，伊藤博文のエピソードからもみじ饅頭が考案されている。つまり，サービスの面からは，時代の移り変わりに応じて宿泊施設が整備され，その土地特有のお土産が生み出されていることが指摘できる。

　観光資源の面では，宮島の代表的な建物である厳島神社は，1571年に毛利元就により再建されて以降，幾度ともなく台風等の自然災害によって倒壊・浸水の被害を被っている。しかし，その度に卓越した修復技術と建造の工夫（海水の圧力を弱める床板の隙間，回廊が壊れることで本殿を守る構造等）によって，同様の景観を維持している。また，周りの自然は，信仰上の理由から人間活動ができなかった（伐採の禁止，耕作の禁止等）ことにより維持されている。つまり，観光資源の面からは，厳島神社とその周りの自然は，建造の工夫と信仰上の理由から維持されてきたことが指摘できる。

　以上，3点の観光地としての側面が，江戸時代以降，世界遺産「宮島」が維持されてきた理由であると言えるであろう。そして，その前提として，地理的に陸とは隔離された島であったこと，神聖な島としての風習が今も残り，神域として大事にされたこと等が要因として挙げられる。

③世界文化遺産「モンサンミッセル」の場合

〈世界文化遺産「モンサンミッセル」の概要〉[17]

　「モンサンミッセル」の世界文化遺産登録の正式名称は「モン・サン＝ミシ

ェルとその湾」であり，世界遺産には，モンサンミッセルとその周辺のサンマロ湾まで含んだ地域が登録されている。修道院が築かれた小島は，元々満ち潮の時には海に浮かび，引き潮の時には自然に現れる陸橋で陸と繋がった「トンボロ現象」を示した場所であり，干満の差が 15 m 以上であったことから，多くの巡礼者が命を落とした場所でもあった。

　この島は，古来，モン・トンブ（墓の山）と言われた信仰地であったが，708年，司教オベールが大天使ミカエルのお告げにより礼拝堂を作ったのが始まりであるとされる。966 年にはノルマンディー公リシャール 1 世がベネディクト会の修道院を島に建て，その後，増改築を重ねて 13 世紀にはほぼ現在のような形になり，中世以来，カトリックの聖地として多くの巡礼者を集めた。百年戦争の期間は英仏海峡に浮かぶ要塞の役目を果たし，島の入り口には今もイギリス軍が捨てた大砲が残っている。18 世紀末のフランス革命時に修道院は廃止され 1863 年まで国の監獄として使用され，その後荒廃していたが，ナポレオン 3 世が 1865 年に再び修道院として復元された。19 世紀には陸との間に堤防を造成して鉄道（のちに廃止）・道路ができ陸続きになり，現在，フランス有数の観光地となっている。

〈世界文化遺産「モンサンミッセル」の選定基準〉

　モンサンミッセルは 3 項目の価値基準を満たすとされた。それらの価値基準は次のようになっている。

---

(1) 人類の創造的才能を表現する傑作。
(3) 現存するまたは消滅した文化的伝統または文明の，唯一のまたは少なくとも稀な証拠。
(6) 顕著で普遍的な意義を有する出来事，現存する伝統，思想，信仰または芸術的，文学的作品と直接にまたは明白に関連するもの。

　世界遺産の価値基準に基づけば，モンサンミッセルは，文化的伝統や修道院としての信仰を残し，特徴的な地理的特徴と建造物を調和させた景観を維持したことが選定された理由として指摘できよう。

〈世界文化遺産「モンサンミッセル」の観光地の仕組み〉

　観光地の立地条件から検討すると，次のようになる。

　交通の面では，古来より，修道院の巡礼地として，多くの巡礼者を迎えていた。しかし，干満の差が激しく，多くの巡礼者が亡くなる悲劇から，堤防道路（1849 年築造）が造成され，潮の干満に関係なく島に渡れるようになった。そのため，巡礼者と共に多くの観光客が訪れるようになった。その後，道路の上には鉄道が通るようになったり，モンサンミッセルの麓に駐車場を造成したりすることで，観光客の利便性は向上した。しかし，橋が潮流をせき止めることとなり，100 年間で 2m もの砂が堆積したため，海に浮かんだ景観が失われることとなった。そこで，2009 年に道路を撤去し，橋げたがある橋に改良する工事が行われた（2014 年完成）。また，堆積した砂を可動式のダムなどで排出する工事も行われ，景観を復元することとした。新たな橋げたがある道路は，海水が通り易くなり，また，その上をシャトルバスが走ることで，景観を維持しながら，観光客の利便性に配慮した造りとなっている。

　サービスの面では，修道院へ訪れる巡礼者をもてなす為に，1888 年に「ラ・メール・プラール」といった宿泊設備を備えたレストラン（オーベルジュ）が島の入り口に開業した。その後，島内に幾つもの宿泊施設が開業され，現在，島内に約 4 施設，対岸に約 7 施設のホテル・オーベルジュが整備されている。また，19 世紀後半には，島内はオーベルジュといった施設だけでなく，お土産屋が多数立ち並び，モンサンミッセルの名物として，巡礼者に栄養価が高い食べ物としてふるまった「プラールおばさん」のオムレツ（スフレリーヌ）が名物料理となったり，同時期に考案された「プラールおばさん」のガレットクッキー等も売買されたり，今なお人気の高いお土産として認知されている。つまり，当初は巡礼者のための宿泊施設から，観光客をターゲットにした宿泊施設が整備され，その土地特有のお土産が生み出され，維持されていることが指摘できる。

　観光資源の面では，美しい景観を維持するために，前述したように，古くからある道路を撤去し，ダムを造り，橋げたのある新たな道路を建設することで，海に浮かぶ「モンサンミッセル」景観を取り戻す作業が行われている。また，当初修道院であったが，その後，イギリスの百年戦争の要塞，フランス革命時の監獄，また，ナポレオン時代の修道院としての復元，そして，現在のフラン

ス有数の観光地と，時代に応じ，その役割を変化させることで，歴史的景観は維持されてきたことが指摘できるであろう。

　以上，3点の観光地としての側面が，19世紀後半以降，世界文化遺産「モンサンミッセル」が維持されてきた理由であると言えるであろう。そして，その前提として，修道院といった宗教的理由から，神域として大事にされたこと等が要因として挙げられる。

3　ESD 的価値形成を意図した社会科「文化学習」教材の授業開発

(1)　単元名と単元構成の視点

　本単元「世界文化遺産（宮島とモンサンミッセル）の秘密」は，小学校第6学年において，持続可能な社会構築に向けての価値形成を図る社会科「文化学習」の事例として開発した単元である。

　これまでの検討に基づけば，世界文化遺産の「持続性」を明らかにした上で，ESD 的価値観の獲得を目指すには，観光地の立地条件から「持続性」を可能にした世界文化遺産の背景にある社会の仕組みを読み解かせた上で，「持続性」の継承を可能にする価値形成を図る単元構成が求められる。また，単一の世界文化遺産ではなく，複数の世界文化遺産を比較・検討させることで，地域特有の事例ではなく，より一般化が図れる事例としての認識が強化されることで，ESD 的価値観といった普遍的な価値観の形成を可能にする。したがって，次の視点に基づき単元を構成していく。

　〈単元構成の視点〉

　・世界文化遺産「宮島」に関して「持続性」を可能にした地域社会の仕組みを多面的に認識させるために，歴史・自然・風習・交通等の視点に着目させ，子どもたち自身で調査活動を行い，基本的な情報を獲得させる。
　・世界文化遺産「宮島」に関する基本的な情報をもとに，「宮島」が維持されてきた要因を観光地の立地条件の観点（観光資源・交通・サービス）から追究させ，「宮島」が維持されてきた社会の仕組みを多面的に認識させる。

> ・世界文化遺産「宮島」の学習において獲得した観光地の枠組みに基づき，他の世界文化遺産「モンサンミッセル」についても追究させ，両者の共通点と相違点から，文化遺産が持続するために必要な観点を獲得させ，一般化を図る。
> ・両者の世界文化遺産が「持続性」を維持できた要因から，「持続性」の継承のために，今後の世界文化遺産「宮島」が観光地として持続発展するために，何が必要か，その課題を明らかにした上で，具体的な改善プランを考え，表現させる。

　以上の単元構成の視点に基づき，単元は次の5場面に分けることができるであろう。

　最初は，世界文化遺産「宮島」に対する問題意識を高める①問題設定場面である。次は，「宮島」の地域社会の仕組みを調査させる②構造追究場面である。そして，世界文化遺産「宮島」の観光地としての仕組みを3条件（観光資源・サービス・交通）から読み解かせ，その枠組みの認識に基づき，他の世界文化遺産である「モンサンミッセル」を分析させ，世界遺産が維持された枠組みに関する認識の一般化を図る③構造分析場面である。更に，これらの認識に基づいて，④解釈構築場面において，これからの世界文化遺産「宮島」の維持・発展について具体的な改善プランを3条件に応じて形成させる。そして，最後にその改善プランについて，「持続性」の観点から吟味を図る⑤解釈吟味場面を位置づけていく。

　単元の展開は表3-2-1のようにまとめることができる。

（2）単元の具体的指導内容

①問題設定場面

　最初に，子どもたちに「宮島」に行った経験や体験からのイメージを交流させた上で，その他の日本の観光地について質問する。すると，ディズニーランドや京都の金閣寺，姫路城や沖縄等を答えるであろう。次に，「日本にはたくさん観光地があるけど，外国人にとって『宮島』は日本の観光地で何位だと思う。」と問うと，「世界遺産だけど，多分，京都や沖縄の方が有名だから，10位ぐらいかな」と予想するであろう。そこで，「宮島」は，外国観光客が行きたい日本の観光地の1位であることを知らせた上で，「なぜ，外国人は『宮

表 3-2-1　単元　「世界文化遺産（宮島とモンサンミッセル）の秘密」の指導計画

＊全 14 時間（　）の数字は時間数

次	場　面	学　習　内　容	認識内容	教材・教具
1 (1)	〈導入〉 問題設定 場面	1. 宮島に対するイメージと他の日本の観光地についての交流 2. 外国人が行きたい観光地調査結果の提示による学習問題の提示と予想の設定	○認知的不調和による学習問題の認識	・宮島,姫路城,ディズニーランド等の観光地の写真 ・観光地調査結果のグラフ
2 (3)	〈展開Ⅰ〉 構造追究 場面	1. 予想の交流による分類と調査問題の設定（自然・歴史・建物・風習・交通） 2. 調査活動の実施（書物・WEB・見学） 3. 調査結果の交流	○予想の分類による調査問題の認識 ○宮島社会の概括的認識	・印刷資料（宮島本など） ・Web 資料 ・見学のしおり
2 (2)	〈展開Ⅰ〉 構造分析 場面 1	1. 宮島の観光地の仕組みに関する学習問題の設定と絵画の読み取り 2. 観光地の仕組みの追究 3. 観光地の各々の視点に関する価値づけ	○観光地の仕組みの多面的認識 ○価値対立場面の価値認識	・絵画資料（江戸時代の宮島, 櫓船, 帆船など） ・写真資料（宮島の景観, もみじ饅頭, 杓子等）
2 (2)	〈展開Ⅱ〉 構造分析 場面 2	1. 前時の概念に基づく, モンサンミッセルの観光地の仕組みに関する予想の設定 2. 観光地の仕組みの追究 3. 観光地に関する各々の視点に関する価値づけと対立状況の把握	○前回の概念に基づく観光地の仕組みの多面的認識 ○価値対立場面の価値認識	・日仏国交 150 周年記念ポスター ・写真資料（モンサンミッセルの景観, 堤防道路, ガレットクッキー等）
3 (3)	〈展開Ⅲ〉 解釈構築 場面	1. 観光地の改善視点に応じたグループの設定 2. 観光地の改善意見に基づく, メディアの制作	○思考の表現を通した認識内容の強化 ○協同的学習による認識内容の強化	・絵画資料, 写真資料 ・意見形成プリント
4 (3)	〈まとめ〉 解釈吟味 場面	1. 制作したメディアの発表 2. 各々のメディアについての討論（実現性の立場からの評価） 3. 役場への提案 4. 世界文化遺産の持続性に関する価値形成	○討論を通した各々のメディアに関する多様な対策の認識 ○自らの認識内容の修正と価値認識の形成	・プロジェクター ・インタビュービデオ ・振り返りシート

島』に行きたがるのだろうか。」と学習問題を成立させ，予想させる。

②構造追究場面

　子どもたちの予想を整理し，自然・歴史・建物・風習（食べ物）・交通などに分類した上で，其々の視点に関して「宮島」が存在する地域社会の魅力を調べる調査活動を行わせる。資料やWebでは解決できない内容については，実際に「宮島」に行き，厳島神社のつくりを調べたり，「宮島」のお店の方や厳島神社の神主さんに聞き取ったりする活動を行い，其々の視点ごとにまとめさせる。そして，調べて分かったことを発表し合い，「宮島」に対する基本的な情報を獲得させる。次に，「宮島」が世界遺産登録された理由を基本的な情報から考えさせ，造られた当時の姿を残し，海上に立地し，背景の山と一体となった景観が維持されていることをまとめた上で，「宮島」が外国人をひきつける魅力について意見交流する。

③構造分析場面１

　最初に，「宮島」の魅力について発表した後，江戸時代から神社を中心とした観光地であったことを確認した上で，「なぜ，宮島は，長い間，観光地であり続けることができたのか」と学習問題を示す。江戸時代の「宮島」の様子を描いた絵図を提示し，絵図に描かれている内容を調べ発表させる。この絵図では，今と変わらない厳島神社と共に武士や町人等が行き交い，船着き場やお土産屋などが描かれ，観光地として賑やかな様子を示している。この絵図から，江戸時代と現在の観光地としての仕組みを，観光資源，サービス，交通の観点から意見交流しながら板書にまとめていき，「宮島」が観光地として維持された理由を子どもなりにまとめさせる。

④構造分析場面２

　宮島とフランスの「モンサンミッセル」が描かれたポスターを提示する。このポスターは日仏国交150周年記念として作られたものであることを知らせた上で，なぜ，フランスの代表的な観光地が「モンサンミッセル」なのか，予想を交流する。観光地の仕組を学習している児童は，3つの観点から，追究することを考えるであろう。そこで，「モンサンミッセル」が世界文化遺産であ

ることを知らせた上で，観光資源，サービス，交通の資料を提示し調べさせる。観光資源に関しては，時代に応じて役割を変化させることで景観を維持してきたこと等，サービスに関しては巡礼者をもてなす宿泊設備が生まれ，観光客のために，独自のお土産が生まれたこと等，そして，交通に関しては巡礼者のために道路が整備されてきたこと等を調べるであろう。そこで，3つの観点から観光地の仕組みをまとめさせた上で，交通に焦点づける。昔からある道路は，現在，撤去されたことを知らせ，「なぜ，巡礼者や観光客が命を落とさないために作られた道路は撤去されたのか」と問い，話し合わせる。観光客の利便性のために作られた道路により，砂が堆積し，海に島が浮かぶ景観が破壊されたことに気づかせ，観光資源を維持することと観光客の利便性を向上することの対立状況に関する意見をまとめさせる。

⑤解釈構築場面

　これまでの学習を想起させた上で，宮島に焦点づけ，宮島が観光地であり続けることができるかどうか意見交流し，「宮島がこれからも観光地であり続けるには，どうしたらいいと思いますか」と学習問題を成立させる。観光地の仕組みの3つの観点の中で，一番大切だと思うことを理由をつけて判断させ，改善点について考えさせる。観光資源である「自然と建物が一体となった景観」を選んだ児童は，景観を維持する為にできることを考えるであろう。また，サービスを選んだ児童は，現在の土産物から，新しい商品について考えるであろう。そして，交通を選んだ児童は，現状の観光客数から，宮島までの航路の問題と広島県のアクセスの問題について考えることが予想される。これらの案を具体的に選択したメディアで表現させる。

⑥解釈吟味場面

　宮島が観光地であり続ける手立てについて具体的な案を発表させる。その場合，「モンサンミッセル」の道路の事例を想起させた上で，各観点の対立状況について考えさせ，各々の案の内容について，妥当であるかどうか話し合わせる。その後，具体的な案をまとめ，廿日市の役場に提案し，意見をいただく。そして，最後に，世界文化遺産は，これからどのように維持されるべきか，自

分自身の価値観を形成させる。

4　ESD 的価値形成を意図した社会科「文化学習」の意義と課題

　本稿では，社会科「文化学習」の性格を示した上で，ESD 的価値形成を意図した世界文化遺産教材の内容編成の論理に基づく，社会科「文化学習」の授業を具体的に明らかにした。本研究の意義は次の二点に求めることができるであろう。

　第一は，社会科「文化学習」として，世界文化遺産教材の価値を ESD の観点から明らかにしたことである。ESD を方向概念と捉え，ESD 的価値形成を図るために世界文化遺産教材を位置づけることで，ESD 的価値形成を図る社会科「文化学習」の新たな教材の可能性を示した。

　第二は，複数の世界文化遺産を事例にした具体的な授業開発内容を示したことである。これまでの世界文化遺産学習は，単一の事例に留まることが多かったことに対して，「宮島」，「モンサンミッセル」といった日仏の世界文化遺産を観光地の仕組みといった枠組みの中で読み解くことで，地域の特別な事例ではなく，より一般化につながる持続可能性に関する価値形成を図る授業の可能性を示した。

　課題として，本開発授業を実践すると共に，更に他の世界文化遺産に関する授業を開発し，価値形成の観点から検証を行い，ESD 的価値形成を図る社会科「文化学習」授業の妥当性について検討していきたい。

（松岡　靖）

註及び参考文献

（1）ESD：Education for Sustainable Development（持続可能な開発のための教育）

（2）文化の概念について以下の文献を参考にした。

　　・小島孝之・小松親次郎編『異文化理解の視座』東京大学出版会，2003 年．

　　・平野健一郎『国際文化論』東京大学出版会，2000 年．

（3）中田光雄『文化の協応』東京大学出版会　1982 年．

（4）大友秀明「社会科教育における「文化学習」の意義と可能性」『埼玉大学紀要教育学部』63（1），2014 年，pp.253-266.

（5）「持続可能な社会」といった文言は，2008 年からの小・中・高の学習指導要領，

指導要領解説編において示されている。なお，小学校では「持続可能な社会の実現」，中学校では「持続可能な社会の構築」「持続可能な社会を形成」，高等学校では「持続可能な社会の実現」「持続可能な社会の形成」といった文言で示している。

（6）ESD の現状に関しては，次の文献を参考にした。

・野村康「アジア太平洋地域における ESD：研究の現状と課題」『環境教育』Vol.20-1，2010 年．

・阿部治「「持続可能な開発のための教育」（ESD）の現状と課題」『環境教育』Vol.19-2，2009 年．

（7）松岡靖「グローバル化に対応した附属小型 ESD カリキュラムの開発研究―世界遺産学習「宮島」の開発を通して―」『学部・附属学校共同研究機構研究紀要』第42 号，2014 年，pp.39-40.

　　この論文では，ESD カリキュラムの事例として「宮島」に関する世界遺産学習を示しているが，社会科「文化学習」の性格に基づく開発内容ではない。

（8）世界遺産教育に関しては次の論文を引用・参考にした。

長谷川俊介「世界遺産の普及と教育」『レファレンス』5 月号，2010 年．

（9）田淵は世界遺産教育推進の立場から ESD との関連性を明らかにしている。

田淵五十生『世界遺産教育は可能か―ESD（持続可能な開発のための教育）をめざして―』東山書房，2011 年，p.29.

（10）同上，p.41.

（11）前掲書（註8）p.26.

（12）小松原尚「観光地の立地条件」『地域創造学研究Ⅲ』第 20 巻第 1 号，2009 年，pp.1-2.

（13）「外国人観光客お気に入りの観光スポット 2011」トリップアドバイサー，（http://www.tripadvisor.jp）

（14）「世界遺産の登録基準」日本ユネスコ協会（http://www.unesco.or.jp/isan/decides/）

（15）宮島の基本的な情報に関しては，次の文献を参考にした。

・中国新聞社『世界文化遺産の島宮島を楽しむ』中国新聞社，2006 年．

・舩附洋子『厳島絵地図　宮島に生きた先人たちの足跡を綴る』ザメディアジョン，2011 年．

（16）宮島グランドホテル有もと HP（http://www.miyajima- arimoto.co.jp/index.html）

（17）「モンサンミッセル」の基本的な情報に関しては，次の文献を参考にした。

・富井義夫『モン・サン・ミシェル巡礼』写真工房 BOOKS，2013 年．

・ジャン＝ポール・ブリゲリ・池上俊一『モン・サン・ミシェル：奇跡の巡礼地』創元社，2013 年．

第3節　郷土の「偉人」を顕彰する教育実践と
その現代的意義
―高島市における「藤樹学習」事例を通して―

1　高島市における中江藤樹に関する地域的教育実践の経緯

　日本各地で地域出身の業績ある人物を「偉人」として顕彰し，その人物と業績をモチーフとしてさまざまな教育実践が展開されることがある。そうした教育実践は，地元地域の教師たちによって坦々と継承されており外部に向けて喧伝されにくい。従って，このような地域的教育実践を現在の教育制度に位置付けて説明しようとする試みはほとんど見あたらない。本稿の目的は，滋賀県の高島市において中江藤樹を郷土の「偉人」として顕彰する教育実践（「藤樹学習」と呼ばれている）が現在までどのように進められていて，なぜ継続が可能になっているかを明らかにすることである。そして，この事例を通して，こうした教育実践一般がもつ現代的意義について考察する。

　高島市内の小中学校を巡ると，すべての学校で近世初期の儒学者中江藤樹を顕彰する何らかのモニュメントを発見することができる。校庭に中江藤樹の子どもの頃の像（与右衛門少年像）があり，玄関や廊下に「致良知」や「五事を正す」[1] といった藤樹先生の教えを記した額が掲げられ，校長室に藤樹先生坐像が備わっているのが一般的である。古くから継承されているモニュメントもあるが，新たに設置されたものもある。これらは，中江藤樹を郷土の「偉人」として顕彰し，現在の教育に何らかの形で生かそうとしている地域として特徴ある学校風景である。さらに，中江藤樹を地域の「偉人」として顕彰する学校教育活動は，（もしもその教育活動を参観し，接する機会があれば）市外から訪れた人に新鮮なものとして受け取られるだろう。現在の学校教育において，「藤樹先生」のエピソードに因んだ教育活動は，高島市以外ではなされていないから

である。おさえておかなくてはならないのは，中江藤樹と近代学校制度との歴史的関係についてである。中江藤樹の学問について学校教育で扱うか扱わないかについては昭和20年終戦の年を境としての明白な断絶がある。これは全国的なものであったが，高島地域にはこの断絶は無かったか，あったにしても軽微なものだったという。この断絶が無かったということが，中江藤樹が郷土の「偉人」として扱われてきた証である。

　この間の変遷をもう少し丁寧に述べよう。学校教育における教科書が明治37年4月に国定になってから，昭和20年8月の敗戦にいたるまで，修身科教科書には一貫して中江藤樹が取り上げられ，その逸話や教えが教材として使われていた。しかし，戦前に長きにわたり親しまれていた中江藤樹は修身科廃止と運命を共にして，封建的教えを説いた儒者として一般的には見捨てられた。即ち，戦前の国家主義的な教育の象徴と見做された中江藤樹とその教えは，戦前の教育を全て否定するところから始まる戦後の教育民主化における象徴的行為として消し去られたのである。その落差は，戦前に初等教育を受けた者と，戦後教育の影響下に育った者との違いとして，「近江聖人」という呼称を前者は知っているが後者は理解できないと言えるほど明白である。けれども，高島地域では，中江藤樹その人とその徳行を戦前戦後の区別なく一貫して顕彰し，現在の学校教育にも取り入れている。つまり，高島市においては，中江藤樹はあくまで郷土の「偉人」であり，戦前教育の否定の象徴にはならなかった。もともと郷土の偉人であった「与右衛門さん」（親しみを込めた中江藤樹の呼称）は修身科の教科書に取り上げられて一時的に広く扱われたが，戦後は地元での限定的な扱いに戻ったのである。

　ただ，詳しく見ると高島市域においても中江藤樹の扱いには旧町村レベルでの地域間差がある。現在の高島市は，滋賀県高島郡の高島町・安曇川町・新旭町・今津町・マキノ町・朽木村の5町1村が対等合併して平成17年1月1日に成立した人口5万余の地方都市である。中江藤樹の生家があり，私塾「藤樹書院」がひらかれた旧小川村を含む安曇川町においては，藤樹に関する学習材が戦前戦後を通じて受け継がれ活用されてきた。安曇川町庁舎（現高島市役所安

曇川支所）前には「近江聖人中江藤樹誕生の地」の木柱の案内標がある。そして，旧安曇川町教育委員会では昭和46年に『藤樹先生』という副読本を作成して中江藤樹を顕彰し，小学校中学年の郷土学習に盛んに活用していた。さらに，全国的には中江藤樹が顧みられなくなる風潮があるのに反して，町村合併後の高島市では安曇川町教育委員会作成の副読本を高島市教育委員会が引き継ぎ，高島市のカリキュラムに『藤樹先生』を位置付けて，郷土の「偉人」として学習するエリアを旧町村域から市域全体へと広げながら定着させてきたのである。

　こうした高島市における中江藤樹に関わる教育実践の継承は，和文化教育だと言うことができる。和文化教育学会会長の梶田叡一氏は，「和文化教育」とは日本人としてしっくりくる感じを支えるものを学齢期の子どもたちに体験させて伝えておく教育だと述べている[2]。伝統文化の中には日本人にしっくりくるものがあり，それぞれの本物の一端に学校で触れさせておくのが和文化教育だというのである。このとき「儒教」の四書五経のようにオリジナルが外国のものであったとしても，我が国において歴史的に受け入れられて文化として馴染んだものは「和文化」であり，日本陽明学の祖とされている中江藤樹独自の学問はまぎれもなく「和文化」であろう。

　では，中江藤樹を郷土の「偉人」として扱う学習は，現在どのようにしてなされているのであろうか。その根拠として「高島市小中一貫教育標準カリキュラム」が作成された。この標準カリキュラムは2年間にわたる小中一貫教育の研究の成果として高島市教育委員会の企画の下で高島市内の現職教員が委員となって，平成26年1月に完成させたものである。地域における9年間を見通した学校教育の推進をねらいとして平成27年度より本格的に運用されている。この中の「道徳」のカリキュラム内容一覧表には，藤樹紙芝居・副読本『藤樹先生』・視聴覚教材「ＤＶＤ中江藤樹」[3]といった教材（以後，「藤樹教材」）が配置されている。この一覧表は学年4段階（小学校1・2年，3・4年，5・6年，中学校）を横軸にし，指導要領の示す道徳の4つの内容区分を縦軸にして組まれており，16枠中の7枠に「藤樹教材」が配置されている。「高島市小中一貫教育標準カリキュラム」の意義は，中江藤樹の徳行や教えを提示して学習するこ

とが学校単位ではなく高島市全体で進められるようになることである。このことは郷土の「偉人」学習が各学校一定の水準で実施されるようになったことを意味している。

　標準カリキュラムの中で「高島市の重点項目」には藤樹教材利用の7つの枠の内容が指定されている。つまり，高島市では，藤樹教材を積極的に生かそうとしているのである。次のページに『高島市小中一貫教育標準カリキュラム』の道徳に位置付けられた藤樹教材の内容一覧表を掲載している。この一覧表を見ると，中江藤樹顕彰という和文化の継承は，郷土の「偉人」の思想や徳行を，紙芝居・副読本・ＤＶＤといった媒体に載せて，学校教育のカリキュラムに位置づけようとすることよってなされている。藤樹教材開発は，地域の人々の熱意で実現しており，であればこそ生まれている。ローカルな価値表現の工夫が郷土の「偉人」学習の核になるという特徴を示す事実である。

　倫理学者の佐藤正英氏は，学問には知識のかたちをとる学問と知恵のかたちをとる学問の2種類があるとして，前者は「集団的利用の可能な論理とそれに対応する普遍的に妥当する客観的な内実をもっている」のに対して，後者は「時代や地域などに制約されていて，翻訳も，受け売りも難しい」と規定し「近代以降のわが国では黴の生えた，時代遅れの旧弊な学問とみなされてきた」と述べている。学校教育に，生きるための拠りどころを探る知恵のかたちをとる学問を位置づけていく必要を感じるときに，郷土の「偉人」学習は確かで有効な手段となるだろう。

2　高島市における中江藤樹に関する地域的教育実践の継承システム

　次に，高島市内の小中学校における中江藤樹を顕彰する教育活動が具体的にどのようになされているのかを紹介する。それぞれの教育活動が中江藤樹を顕彰する教育実践をどのように継承していくのかのノウハウを含み持ち，その仕組みからは実践継承の秘訣を読み取ることができる。ここでは，教育活動を実

表 3-3-1 「高島市小中一貫教育標準カリキュラム 道徳の内容一覧」に位置付けられた藤樹教材 ※番号は指導要領に対応，★は高島市の重点項目，「」中は藤樹紙芝居題名

	小学1・2年	小学3・4年	小学5・6年	中学校
1. 主として自分自身に関すること	1－（3）勇気「おいはぎと先生」	★1－（2）勤勉努力「そばやのかんばん」 1－（4）正直誠実・明朗「うそはつけぬ」	★1－（2）希望・勇気・努力「大野了佐を教える」	
2. 主として他の人とのかかわりに関すること	★2－（2）親切「車が田に落ちた」	★2－（2）親切「小川村でのくらし」	★2－（2）親切「馬方又左衛門の話」 2－（3）友情「熊沢蕃山の入門」	2－（6）感謝「遺徳を守る人々」
3. 主として自然や崇高なものとのかかわりに関すること				
4. 主として集団や社会とのかかわりに関すること	4－（3）家族愛「子どものころの藤樹さん」	4－（3）家族愛「赤ぎれこうやくの話」 ★4－（5）郷土愛 副読本『藤樹先生』	4－（5）家族愛「久子夫人と先生」	4－（5）家族愛「脱藩の道」 ★4－（8）郷土愛ＤＶＤ『藤樹先生』

効的に下支えする人々の働きと様々な施設，及び儀式的な行事を「継承システム」として捉え直していくことができるだろう。

(1)「継承システム」としての史跡と藤樹会

　「聖人」とは儒学の概念である。完成された徳を供えた人物を指し，具体的には孔子その人を指す。従って，儒教においては聖人と呼べる人物はごく限られる。例外的に「近江聖人」と呼びならわされるのが中江藤樹である。藤樹の聖人呼称についてはさまざまに歴史的研究もなされている。なかには道徳的完

成者としての中江藤樹像はむ
しろつくられた人間像だとい
うことに力点をおくものもあ
る。そこでは同時に「日本人
ただひとりの聖人は，やはり
われわれの血が共感する人物
であったはずである」と記さ
れている(4)。このような中
江藤樹像の形成と発展の研究

図 3-3-1　藤樹書院表門

を踏まえた上で，教材として郷土の「偉人」中江藤樹を紹介する図書が地域の
公的機関によって編集されている(5)。

　さらに「近江聖人」という呼称が広く定着し，中江藤樹が郷土の「偉人」と
して継承されていくことを可能にするのには，史跡の維持と顕彰組織が一体と
なった運営にも重要な要因がある。具体的には，旧中江家屋敷跡に再建された
「藤樹書院」の存在と，そこを拠点にして文化財を継承するＮＰＯ法人高島藤
樹会（以下「藤樹会」）の活動である。藤樹書院は小川村の人々が自主的に維持
管理してきた村の講堂であり，藤樹の神主（読みは「しんしゅ」＝仏教でいう位牌
のようなもの）が祭られている。藤樹会は有志で構成されているが，地元小中
学校の退職教員も有力なメンバーになっている。

　たとえば藤樹会のＵさんは地元中学校の元校長で，現在は藤樹書院を訪れる
人々への説明ボランティア活動をされている。筆者が初めてＵさんの案内を聞
いたときに，驚いたことがある。それは，藤樹が世を去って久しい頃，江戸中
期の幕府官僚で陽明学者であった大塩平八郎が藤樹書院を訪れて研究したり，
村人に学問を教えたりしたのだという話のくだりで，「役人だったのに幕府に
反乱を起こしたから大変で，当時大塩さんに学問を習った多くの村人が厳しい
取り調べを受けることになりました」と，まるで親世代の頃の話のように語ら
れることだった。元教員の藤樹会メンバーは，次項に紹介するような学校での
「藤樹学習」のゲストティーチャーをはじめ，地域学習の諸活動へのサポート

に積極的に関わっておられる。Uさんは、各学校で逸話を紹介するときには、身近な地域の「偉人」として近江聖人中江藤樹をいかに分かりやすく子どもたちに伝えていくことができるかに心を砕いていると話されていた。

(2) 青柳小学校にみる藤樹学習の「継承システム」

図 3-3-2　青柳小学校中庭

校区に藤樹書院がある小学校が青柳小学校（創立明治7年）である。当然に、高島市で最も古くから藤樹の教えを児童に伝え、現在も最も盛んに藤樹にちなんだ学習活動や学校行事を行っている。各教室に人が生まれながらに持っている美しい心を磨き、行いを正しくする努力を訴えた「致良知」の書が飾ってある。さらに玄関前の中庭には、古くからある与右衛門少年像に加えて、校舎改築記念として新たに設置された「良知に生きる」の石碑がある。

　青柳小学校における中江藤樹にちなんだ学習活動や学校行事はどのように行われているのだろうか。まず、道徳の授業では、藤樹の人柄や考え方を物語る逸話を紹介する紙芝居を使って話し合いが行われる。この話し合いは、さまざまな形での藤樹に触れる学習に基礎づけられていて、学年が進むにつれて「藤樹さんならこう考えただろう」と、「聖人」概念に基づくものになっていく。そして、2011 年度からは 1 日まるごと藤樹に触れる「藤樹デー」が始められた。藤樹書院や墓所を巡る「藤樹ウォーク」（ラリー形式）や「藤樹カルタ大会」が主なプログラムである。藤樹会の作ったカルタは藤樹の教えを簡単に表現した句と挿絵で構成されている。句はたとえば、「(い) 今もなお書院にかおる藤の花」「(ろ) 論よりは車を上げる与右衛門さん」「(は) 母と子がねむるお墓は玉林寺」などとなっている。

また，明治の末期から青柳小学校を中心に旧安曇川町内の小学校で続けられてきた「立志祭」は，今では市内すべての小学校で行われている。平成28年3月7日に行われた立志祭では，青柳小学校を含む4小学校の3年生が自分の夢を綴った作文を藤樹書院跡に奉納し，「ふるさとの藤樹先生を習って人のためにつくす正直な人になりましょう。そして，それぞれが描いた夢を実現する努力をしていってほしい」との話を聞いた。なお，「立志」として奉納された作文は，子どもたちの地元成人式でそれぞれに返されることになっている。

図 3-3-3　立志祭での発表

図 3-3-4　書院での立志奉納

（3）中学・高校の取組と地域連携にみる「継承システム」

高島市には旧5町1村それぞれに中学校があり計6校。県立高等学校が2校，養護学校が1校ある。地域の中学校では藤樹先生の教えを「五事を正す」や「近江聖人中江藤樹先生の教え」と題して掲示している。また，安曇川中学校では学校行事として，「馬方又左衛門」の話[6] にちなんだ全校ウォーキング大会がかつて行われていた。県立安曇川高等学校においても1年生社会科の地理において「藤樹学習」をし，地元の藤樹会からゲストティーチャーを迎えて話

を聞く取組がなされている。

　これらの中学校と高等学校の取組は，地元の小学校での取組の延長として位置づいているという見方もある。それぞれに「地元小学校出身の子どもは，やはり藤樹先生の話が出ると小学校で習い話し合ったことをよく口にする」という社会科担当教諭の感想を聞くこともできる。

　学校での教育活動の他に，高島市では毎年「よえもん道場」という児童生徒対象の教育プログラムが催されている。主催は高島市青少年育成市民会議で，高島市教育委員会も共催している。市民会議代表によると「よえもん道場は毎年，4・5・6年生3学年の中から50人だけが参加できる，いわばリーダー育成の体験活動道場」だと説明され，市内小学校から参加者を募り1年間にわたりさまざまな行事を課す学校外教育実践活動である。3年に一度は中江藤樹に所縁のある愛媛県大洲市を巡回する大がかりな宿泊行事がある。直近の平成25年度の年間プログラムには，「藤樹先生」の事跡が語られる機会が数多く盛り込まれていた。大洲市への「藤樹キャンプ」は，途中岡山県の閑谷学校跡への立寄りも企画され，中江藤樹の弟子として名を馳せた熊沢蕃山の事跡を訪ねている。閑谷学校では素読体験が課される。これは，現代の小中学生対象の儒教的な訓練として特筆できるものである。「馬方又左衛門にチャレンジ」は，正直馬子の話として藤樹においては最もよく語られる話をモチーフにした取組で，「中江藤樹先生にまつわる逸話を体験。大津市蓬莱から高島公民館まで（約20ｋｍ）を歩く」というものである。次に，「藤樹キャンプ」に関する子どもの感想を紹介する。

> 「岡山県にある閑谷学校に行きました。そこではいろいろなことを学びました。昔の閑谷学校は勉強したいと思えばだれでも無料で入れたそうです。そこには，中江とうじゅのでしにもなったくまざわばんざんも来ていたそうです。」（5年女児）
> 「大洲の小学生との交流は色んな遊びができて楽しかったです。友達も二人できました。史せきめぐりでは，とうじゅ先生もつかっていた井戸などを見学しました。」（5年男児）

「閑谷学校の講堂で講堂学習をしました。論語の3つめくらいからだんだん足がしびれてきました。でも，いつもしないことができたので良かったです。」（中2女児＊中学生リーダーとして参加）

また，「馬方又左衛門にチャレンジ」については，次のような感想がある。

「新あさひの公民館からほうらい駅までバスで行きました。そのと中，わにの石ひのあるところで話を聞きました。そして，ほうらい駅から歩きました。最初は，そんなに長い距離は歩けるわけがないと思いました。（中略）近江まい子の辺りから足がいたくなってきてもう無理やなと思ったけど，ゴールのガリバーホールまでがん張って歩き終わりました。」（5年男児）

これらの感想文からは，史的事実についての細部にはこだわらずに中江藤樹の事跡に触れさせて，身体知として藤樹の教えを伝えようとする指導者・スタッフの方針が浮かびあがってくる。実際に，スタッフの寄せる文には次のように記されている。

「今年は藤樹先生学習の1年でした。第1回目の史跡めぐりに愛媛県大洲市での藤樹キャンプ，秋には馬方又左衛門にチャレンジをし，大津から20kmの道のりを歩きました。みんなの心に藤樹先生の教えがどれだけ伝わったでしょうか？『知行合一（ちこうごういつ）』という言葉を覚えていますか。学ぶだけではなく，それを行わなければ本当に知ったことにはならない，物事をよく理解して，実行してこそはじめて知ったことになるという意味です。みなさんはいろいろなことをこのよえもん道場で学んできたと思いますが，その学んだことを実行に移してください。」（HYさん）

以上のように，よえもん道場は地域が主体となった「藤樹学習」であり，ボランティア団体と行政が連携して郷土の「偉人」学習をより確かなものにする役割を果たしている。このように，行政の支援を得た地域をあげた取組が実現するのも，郷土の「偉人」を顕彰しようとする教育的意図が広く認知され一定の仕組みの下で継承されいるからであり，学校教育活動との相乗効果として「郷土愛を持ったたくましい子ども」の育成に貢献している。

3　高島市における「藤樹学習」とその現代的意義

(1)「藤樹学習」を確かなものにする学校での地域探訪活動

　小学校5年生は総合的な学習の時間を活用して「地域探訪」の学習活動を行っている。これは，地域のさまざまな施設や史跡を訪れて，地域の人たちと交流することを通じて，郷土に関する様々な知識を得ていく活動である。「地域探訪」は計画準備に始まって，手分けをして探訪先の下調べを行い，行き先やテーマ別の班に分かれての現地調査を実施し，調査したことのまとめをして発表会を催す等，フィールドワークの手法による社会調査の実習的学習である。藤樹書院や藤樹神社，墓所のある玉林寺，藤樹記念館といった中江藤樹に関連する施設が間近にある高島市においては必然的に多くの調査対象が中江藤樹に関わることになる。この学習によって形成される社会認識はそれまでの「藤樹学習」をより確かなものにするということを子どもたちの次のような作文から読み取ってみたい。

　　「ぼくは，あらためて藤樹さんがこの地域の人たちにしたわれていて，みんなでその教えをずっとまもってきたことを知って，ぼくもまもっていかなくてはならないと思いました。」

　　「私たちの班では，道の駅で藤樹さんのことをどれだけの人が知っているかを調べました。中江藤樹という名前は知っていても何をした人かを知っている人はほとんどいませんでした。私たちが子どものころから知っている正直馬子の話を知っている人は一人もいなかったことに驚きました。私たちが学校で習って当たり前だと思っていることも，他から来た人にはめずらしい話だということにあらためて気付きました。」

　　「藤樹書院で案内の先生にいろいろと教えていただきました。先生は長年ここで書院を訪れる人に藤樹さんのことを伝えておられるそうです。それは，ここ安曇川の生んだ立派な学者である藤樹さんのこととその教えをも

っとたくさんの人に知ってもらいたいからだと言っていました。ぼくもたくさんの人たちに藤樹さんのことを伝えていけるように，もっと勉強したいと思いました。」

　着目されるのは，ここでの学習活動によって藤樹先生に関するさまざまな知識が地域限定的なものだと子どもたち自身に自覚的に再認識されていることである。習得された知識の普遍性が低くても，差異によって郷土を認識することの有効性が示されているのだとも言えるだろう。伝統的な知識観は「本当に存在するもの」を問い，より本質的で正しい知識による社会認識を求めてきたが，まず関係があって存在の範囲が決まるといった，物事の意味を構造の中でとらえる現代的なものの見方の出発点になるものである。

　このような地域探訪の学習活動は，「藤樹先生の教え」への傾斜といったものが自分たちの地域に特徴的なもので，必ずしも普遍的なものではないとの自覚をもたらすことになる。そして，他の地域社会との関係の中で相対的に「藤樹先生の教え」を捉えることができるようになるのである。

(2)「敬」の精神と「立志祭」が補うもの

　戦前には絶対化された正しい「孝」の教えとして学校教育の場に用いられた藤樹先生の教えではあったが，現在の高島市における「藤樹学習」は，前述のような総合的な学習の時間を活用した「地域探訪」の学習活動によるなどして相対化し，関係性の中で捉え直していく契機を有している。道徳教育のカリキュラムに位置づけて活用されている「藤樹教材」は，そうした社会認識形成の実践に裏打ちされることで現代的意義を保障されるのだと言えよう。そのことを踏まえて，子どもたちが「まもっていかなくてはならない」と誇りをもって思える価値はなんなのであろうか。

　幅ひろい支持を得ている国民的作家の司馬遼太郎氏は，尊敬したり感謝したりすることの教育への効用について次のように述べている。「教育の場では，子供たちに批判する心を育てねばならないが，同時に人間を尊敬するという心の姿勢もあわせてもたさねば，健康で堅牢な批判精神というものができあがら

ないであろう」。さらに学校制度のない近代以前の遠い過去において「方法は，その仕事をしている父親を尊敬することによって身につけるか，それとも名人に随伴して名人を尊敬しきるところから体に伝わってくるものだということを，人々は倫理でなく生きる習俗として知っていた」。尊敬するという心が必要であり教育の目的にもなりえることを指摘しているのである。しかし，資本主義の消費社会に育ち，礼を言われる側で顧客として対価計算をすることに慣れている子どもたちに，「人間を尊敬するという心の姿勢」を育てることは容易なことではない。郷土の「偉人」は，頻繁に周囲の人々の意識に上り，自然に仰ぎ見ることを繰り返す中で，自然にその心の姿勢を獲得していく拠り所になる。そのためにも中江藤樹にみることのできるような地域的尊敬を各地で活用し，地域の「偉人」学習として組織していくことが有効であろう。

　このことで改めて参照できるのが，高島市の地域で統一的に行われている最も特徴的な教育行事の「立志祭」である。前項で紹介したこの取組みは，子どもたちが自分と世界との関係をしっかりと構築することができるように後押しする教育行事になっている。今日，「知」を伸ばし，「心」の優しい人間になってほしいと願う教育が十分な成果をあげられているかどうかは議論の余地があるところである。藤樹学習においては，「志」を作る教育がなされているだろうか，との問いが掲げられている。使命感と気概を持つ「志」は，まだ独り立ちしていない子どもたちが自分だけではなかなか表明し得ないものだから，ちょっとした先生や地域の人のアドバイスや後押しによって「現時点」で表明する機会が設定されている。教師の先導的役割の大切さを考えさせられる意味ある教育的実践だと言えるだろう。

（3）中江藤樹の教育原理の可能性

　中江藤樹の思想を用いたふるさと学習には「『和文化』を現代の立場から研究し，これからの教育に役立てていこう」（山折哲雄和文化教育学会初代会長による呼び掛け）とするのに適した，学ぶべきことの多い実践例がある。中江藤樹の教育原理の根幹は，小川村に私塾をひらいたときに掲げた「藤樹規」の最初

に出てくる『大学』の「大學之道在明明德」との章句にある。藤樹においては学ぶということは明徳を明らかにすることであり，私塾開設とそこでの教えは，然るべき地位を得て成果を挙げるためのものでもない，ということを規則に掲げたのである。また，藤樹の思想を代表するのは『大学』の「自天子以至於庶人壱是皆以脩身為本」との章句である。藤樹は11歳の時初めて『大学』を読んで，この章句に至って感涙し，学んで聖人になることを決意したのだという。高島市の「立志祭」で，全体発表の前面に大きく掲げられる立志の契機となったこの章句には，身分や才能に先立って何よりも「志」を重視する姿勢がある。そして，「志」の有無を各人に問うている。

　学問をすることで「良知に致る」ことを説き，人間の内面性にこそ着目させようとした中江藤樹の教えは現代の教育のもつ競争的な側面を補正する可能性を持つと筆者は考える。

(4)　一般化できる郷土の「偉人」学習

　子どもたちの学習する近世に活躍した郷土の「偉人」には，農村を教導した人物が多い。内村鑑三は，著書『代表的日本人』で中江藤樹を「村落の教師」と表現して紹介している。現在の藤樹書院の床の間に，中江藤樹の体現した思想をつかむ言葉として「和光同塵」の掛軸が掛けられている。この言葉が持つ意味は，才能や得を隠して，世俗に交じり慎み深く目立たぬように暮らすことである。あからさまな競争を排している。もちろん近世の封建制度と近代資本主義という時代背景の違いがある。かつてほとんどの日本人にとっての社会は村落共同体であり，村の教師として地域の人々を教導した中江藤樹は，各人が良知を磨くことで互助の社会

図 3-3-5　藤樹書院の床の間

の実現を説いた郷土の「偉人」だった。

　本稿で紹介したような，現代社会において中江藤樹を郷土の「偉人」として顕彰する目的は，ただ徒に「和光同塵」の姿勢を推奨しようとするものではない。現在の学校教育に生かそうとする実践では，必然的に格差の生じる現代社会に生きていく子どもたちに，格差を補正するための考え方の枠組みを構築してもらおうとしているのである。筆者は，他地域においても郷土の「偉人」を顕彰する教育があれば似通った意義を持つものがあると推測している。それぞれの地域の「偉人」学習の性質を明らかにして，それぞれを着目することができるように整理することは，その現代的意義を把握することにつながるであろう。現代的意義を把握することで，地域の発展に貢献して地域社会に生きる人々の幸福を実現していく人材育成のための教育の道筋をより効果的に模索していくことができるのではないだろうか。

（西裏　慎司）

註

（1）「致良知」の三文字は中江藤樹の教えを表す時に最もよく引かれる文言で，掲示する場合は藤樹真蹟が用いられる。「五事を正す」の五事とは「貌」（顔つき），「言」（言葉づかい），「視」（まなざし），「聴」（話の聞き方）「思」（思いやり）を指し，それぞれへの心構えを簡潔に記したもの。

（2）平成27年度和文化教育第12回全国大会秋田大会2日目基調講演の内容。

（3）副読本『藤樹先生』は教育委員会が作成。藤樹紙芝居はNPO法人高島藤樹会が作成（内容については一部が「高島藤樹会」のHPにあげられている会報で確認できる）。視聴覚教材「DVD中江藤樹」は生誕400年記念映画，監督矢田清巳，原田龍二主演，企画制作が滋賀県高島市と映画「中江藤樹」製作実行委員会，発行は近江聖人中江藤樹記念館，文部科学省選定。

（4）渡部武氏による『中江藤樹』には，「人間の理想像としての聖人とか，一学派の祖とかではなく，それらにとらわれず，藤樹自身を知ることが大切である」という考えのもとで，中江藤樹像の形成と発展の客観的な研究成果がまとめられている。

（5）近江聖人中江藤樹記念館編集『中江藤樹入門』や，高島市教育委員会編集『藤樹先生』などがある。いずれも高島市の公的機関によって作成されており，前者

は「よく他府県の方から電話等で，中江藤樹にかんして基礎的なことの書かれた
本はありますか」という問い合わせをいただくことがあります。その際には，当
委員会発行の小学校用副読本『藤樹先生』を紹介しています。…（中略）…その
ような副読本と難解な専門書との，いわばその中間的な入門書のようなもの」と
説明されている。

（6）「馬方又左衛門」の話は藤樹にまつわるエピソードの中でも最もよく伝わるもの
で，大略は以下のような話である。「大金を運ぶ加賀の飛脚が河原市から榎の宿ま
で馬を使い，大金を紛失し狼狽していた時，馬方が遠路届けてくれた。礼として
15両渡そうとしたが馬方は受け取らず，5両3両と減らし，ようやく200文のみ
受け取ったがその金で酒を買って皆に振る舞った。飛脚はつくづく感心して馬方
に名前を尋ねるも名乗らず，ただ，中江藤樹の話を聞いて感化を受けていること
を告げた。」従って，中江藤樹の正直な人をつくる感化力を表す話である。藤樹没
後100年以上後の儒学者橘南谿の「東遊記」に採話されている。

参考文献

渡部武，1974，『人と思想45　中江藤樹』清水書院。

古川治，1990，『シリーズ陽明学20　中江藤樹』明徳出版社。

近江聖人中江藤樹三百五十年祭実行委員会編，1998，『近江聖人中江藤樹三百五十年
　　祭』。（近江聖人中江藤樹記念館蔵）

近江聖人中江藤樹記念館編，2002，『中江藤樹入門』ぎょうせい。

内村鑑三著・稲盛和夫監訳，2002，『Representative Men of Japan（対訳）代表的日本
　　人』講談社インターナショナル。

佐藤正英，2003，『日本倫理思想史』東京大学出版会。

中江彰，2005，『鑑草ものがたり』不尽叢書刊行会。

高島市教育委員会，2006，『藤樹先生　八訂版』大阪書籍。

司馬遼太郎，2007，「赤尾谷で思ったこと」『歴史の中の邂逅1』中央公論新社，
　　pp.130-135。

高島市青少年育成市民会議編，2013，『平成25年度よえもん道場活動記録集』。

高島市教育委員会編，2014，『高島市小中一貫教育標準カリキュラム　―やさしく，
　　強く，志をもった「高島の子」の育成―』高島市教育委員会事務局学校教育課。

第4節　文化価値形成を図る小学校社会科の授業開発
―6年「条約改正」の事例をふまえて―

1　小学校社会科における文化価値形成の意義

(1) 教育基本法と社会科学習

　教育基本法の改正（2006）によって，「伝統と文化」の学習について次のように示された[1]。

（教育の目標）

　第二条　教育は，その目的を実現しつつ，次に掲げる目標を達成するように行われるものとする。

　　五　伝統と文化を尊重し，それらを育んできた我が国と郷土を愛するとともに，他国を尊重し，国際社会の平和と発展に寄与する態度を養うこと。

　このように，「伝統と文化」について学習することが，法律として明文化されたのである。ここにあげられた内容を，価値形成として整理すると次のようになる。

　○我が国と郷土を愛すること

　○他国を尊重し，国際社会の平和と発展に寄与する態度を養うこと

　一方，小学校社会科学習では「学習指導要領解説社会編」（2008）において，教科の目標を次のように設定している[2]。

　社会生活についての理解を図り，我が国の国土と歴史に対する理解と愛情を育て，国際社会に生きる平和で民主的な国家・社会の形成者として必要な公民的資質の基礎を養う。

　社会科学習では公民的資質の基礎としてあげている価値形成について，次のような点を重視していることがわかる。

　○我が国の国土と歴史に対して愛情をもつこと

　○国際的視野をもち，平和的・民主的に社会事象を判断すること

　このように，教育基本法に示された教育の目標の一つである「伝統と文化」の学習と，社会科学習の目標である公民的資質の基礎は，非常に近しいものとなっている。日本の歴史的・伝統的な文化，すなわち「日本の心」を視点にして，社会的・歴史的事象の意味や価値を追究していくことが，公民的な資質の基礎を養っていくことにつながるのである。

(2)　公民的な資質の基礎と「日本の心」

①　聖徳太子の「和の精神」

　聖徳太子は，604年，朝廷の役人の守るべき心得として「十七条の憲法」を制定している。その冒頭，第一条に「和を以て貴しと為す」ということばをあげ，「議論をさかんにし，和を大切にすること」を指摘している。これは，明治維新の五箇条のご誓文にある「広く会議を興し，万機公論に決すべし」に通じるものである。

　梅原（2010）は「日本の伝統とは何か」を考える際，最初に聖徳太子をあげ，その太子の精神を「国内的にも和をもって治め，対外的にも平和的な文化的な外交をする」ことにあると述べている[3]。

②　天台本覚論「草木国土悉皆成仏」

　さらに梅原（2010）によると，天台仏教の最澄は「だれもが仏性をもっていて，生まれ変わり死に変わりしている間に，いつかは成仏できる」という説を唱えていた[4]。この教えの幅をさらに広げ，天台本覚論では人間や動物だけではなく，植物や国土（鉱物）までもが成仏できるという「草木国土悉皆成仏」をあげ，「これは，動物や植物の命を大切しよう，そればかりか国土も大切にしようとする考え方で，環境保全には一番いい考え方であり，日本の伝統

なのです」と紹介している⁽⁵⁾。

③　日本の心ー「自他の尊重」「共生（ともいき）」

　　山折（2003）は，「正倉院文化の成立，空海密教の形成，南蛮芸術の発展を，私は三大芸術運動と考えている」と述べている⁽⁶⁾。つまり，仏教を始めとする日本的大陸文化の集大成が「正倉院文化の成立」となり，「空海密教の形成」につながり，それらを日本流に昇華することによって国風文化や室町文化となり，新たに「南蛮文化の発展」の影響を受けて元禄・化政文化へと熟成し，そのプロセスの中で日本文化が形成されていったと考えられる。さらに梶田（2006）は，「和魂洋才」という言葉について，「明治維新以降の文明開化の時代に，当時の有識者によく語られた言葉で，日本人は日本固有の伝統的精神を堅持すると同時に，欧米の最新の知識や技術，学問を修めた人間になるべきだ」と説明している⁽⁷⁾。

　　このように日本の歴史を振り返ってみると，いつの時代においても「自他の尊重」を指摘している。二者択一の価値を求めるのではなく，両者の良い面を活かしながら新たな文化を創り出していこうとする文化価値をもっている。これは仏教の影響を受けた説話や言い伝えを通して，「人間や生き物全てを含む自然と共に生きる」という「自他の尊重」「共生（ともいき）」の考え方，すなわち「日本の心」であり，これからも大切にしていきたい文化価値でなのである。

2　小学校社会科における文化価値形成を図る授業開発の方法

(1)　文化価値形成を視点にした教材研究

　　社会科学習は，異質な価値をもつ立場の葛藤場面を取り上げ，その事実把握をもとに意味追究し，社会的価値（公民的資質の基礎）を形成していくという性格を有している。中学年の学習では，「販売者と消費者」「生産者と消費者」

表 3-4-1　歴史学習における単元構成（東京書籍平成 27 年版）

単元名	異なる立場
1　縄文のむらから古墳の国へ	縄文人，弥生人
2　天皇中心の国づくり	天皇，豪族（貴族），中国（隋・唐），農民
3　貴族のくらし	天皇，貴族，農民
4　武士の世の中	天皇，貴族，武士
5　今に伝わる室町文化	武士（将軍），町人（農民）
6　3 人の武将と天下統一	織田信長，豊臣秀吉，徳川家康
7　江戸幕府と政治の安定	幕府，大名，町人，農民
8　町人の文化と新しい学問	武士（将軍），町人
9　明治の国づくりを進めた人々	政府，国民
10　世界に歩み出した日本	政府，国民，欧米諸国，東アジア
11　長く続いた戦争と人々のくらし	政府，国民，欧米諸国，東アジア
12　新しい日本，平和な日本へ	政府，国民，先進国，開発途上国

「行政と生活者」「昔のくらしと今のくらし」というように，異なった立場から事実把握を行い，よりよい社会のあり方を考えていくような学習内容になっている。

　6 年の歴史学習では，東京書籍の教科書[8] によると表 3-4-1 のような大単元で構成されており，そこには異質な立場から歴史事象を考えることができるように構成されている。

　歴史学習では，歴史の事実としてこの異質な立場を理解することが多様な見方・考え方につながり，「自他の尊重」「共生」という視点から歴史事象の価値やこれからの社会のあり方ををを考えていくことで，公民的資質の基礎が養われていくのである。

(2) 文化価値形成を図る学習過程

　社会科学習では，これまでから「課題設定」「事実把握」「意味追究」「振り返り」という探究的な学習過程を重視してきた[9]。文化価値形成を図る学習においても，事実に基づいてその価値を考え，価値判断・意志決定を進めてい

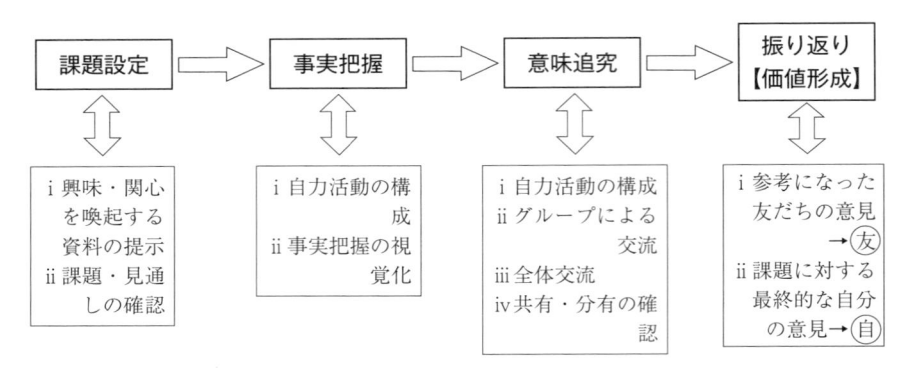

図 3-4-1　価値形成につながる学習過程

くという意味で，同様の学習過程で進めていくことになる。各段階においては，子どもたちの発達段階や単元の目標・教材に応じて，様々な工夫が必要であるが，特に振り返りにおいて子どもたちが自分なりの価値を形成するためには，少なくとも事実把握に基づいた多様な見方・考え方を明らかにしておくことが大切である。そこで，この探究型の学習過程にいくつかの指導者の役割を加味し，図 3-4-1 のような学習過程を設定した。

① 課題設定の場の構成

ⅰ　興味関心を喚起する資料の提示

　まずは子どもたちの興味を引き出す資料を提示したい。この資料によって，子どもたちの意識を課題へと導くのである。

ⅱ　課題・見通しの確認

　本時の課題を明確にするために板書し，これからどのように学習を進めていくのか，具体的に確認していきたい。

② 事実把握の場の構成

ⅰ　自力活動の構成

　課題についての事実を把握するために，教科書や資料集を活用して調べ学習

を構成する。まずは子ども自身が取り組み，資料活用力を高めていきたい。その際，指導者としては机間指導において，必要に応じて支援する。

ii　事実把握の視覚化

　子どもたちが調べた事実は，できるだけワークシートやノートに記述した形式で子どもたちに板書させ，みんなの前で発表できるようにする。

③　意味追究の場の構成

i　自力活動の構成

　社会的事象の事実を捉えた上で，「なぜそのようなことになったのか」「当時の人々はどのような気持ちでくらしていたのか」というように，理由や影響を考えていくことが「意味追究の場」である。まずは自分の意見を書くことによって明確にしていきたい。

ii　グループによる交流

　子どもたちの意見をいきなり全体に発表させるのではなく，グループで交流した後，「一番大切だと思う意見，多くの人が感じていると思うこと選んで，前に書きに来てください」と指示し，グループで話し合う必然性が生まれるようにする。

iii　全体交流

　子どもたちの考えを深めていくためには，指導者は発表の内容を羅列するのではなく，子どもたちの意見を整理しながら，構造化された板書を構成する。また，学習者である子どもたちには，自分はどの立場から意見を言っているのか，立場を意識した発表ができるように，立場を指定して話し合い，その結果を発表する。

iv　共有・分有

　子どもたちの発表内容は，共通するものが多いかもしれないが，異なった意見や表現が必ず見られるものである。そのような意見を否定するのではなく，多様な見方・考え方があることを認めた上で，最終的には自分の考えで判断することを求めていきたい。

④　価値形成の場の構成

ⅰ　参考になった友だちの意見

　構造化された板書をもとに，子どもたちに価値判断・意思決定を促していきたい。その一つが，自分で気づかなかったが友だちの意見を聞いて，「なるほど，そんな考え方もあるのか」というように，学びの実感として参考になった友だちの意見を意識させたい。そのために，ノートやワークシートには㊵の記号で，記述するようにしている。

ⅱ　課題に対する自分の意見

　本時の学習を振り返り，改めて学習課題について自分はどう考えたのか，自分の意見を㊙の記号で記述するようにしている。これは，自分の学びの意識化と同時に，課題を通した社会事象に対する価値形成につながるのである。さらにこの振り返りは，学習評価や授業評価の資料になるだろう。この結果を，次時の学習に活かしていきたいものである。

　以上のような学習過程によって，社会事象に対する価値が形成されていくと考えている。

3　小学校社会科歴史学習における文化価値形成を図る授業開発
―6 年「条約改正」の授業開発―

　前節で述べたように，小学校6年生の歴史学習では，いろいろな場面で文化価値形成を図る授業を構成することができる。本稿では条約改正における「ノルマントン号事件」と「エルトゥールル号事件」を取り上げ，2015 年 11 月 6 日に東大阪市立鴻池東小学校6年1組・2組（計76名）で行った授業を紹介する。

(1) 教材について

　この授業は，「近代国家に向けて」の単元における条約改正の動きを学習するものである。「ノルマントン号事件」では，イギリスの貨物船の沈没によっ

て，日本人の乗客全員がおぼれて亡くなったにもかかわらず，西洋人の乗り組員は全員ボートで逃れて助かっているという事実から，領事裁判権の問題を考えていく。一方，トルコの軍艦エルトゥールル号が和歌山県大島沖で沈没した際には，大島の住民が総力をあげて乗組員を救出し，69名の命を救っている。

　このことから，日本としてのあり方「日本の心」を考え，「共生」という文化価値を形成していきたいと考えた。

(2) 単元の構成

小単元名	主 な 目 標
①「不平等条約－ノルマントン号事件」	不平等条約（関税自主権や領事裁判権）について調べ，当時の日本の生産者や政府，欧米の生産者や政府の思いについて考える。
②「不平等条約－エルトゥールル号遭難事件」	エルトゥールル号遭難事件について調べ，当時の串本町の人々の気持ちや日本として大切したい価値について考える。

(3) 授業の展開

① 「不平等条約－ノルマントン号事件」

ⅰ　授業計画（表3-4-2参照）

ⅱ　授業の実際

　授業の前半では，教科書[10]等の記述内容を参考にしてワークシートを作成し，ノルマントン号事件における領事裁判権や関税自主権がないことの不利について学習し，その後「日本の人々」「日本の政府」「欧米の人々」「欧米の政府」の観点から，当時の人々の気持ちを考えるようにした。子どもたちの主な意見は表3-4-3の通りである。

　表3-4-3に示したような意見をもとにグループごとに担当を決め，代表的な意見を板書させ，発表するようにした。子どもたちの発表内容について確認したり補説したりして，最後に振り返り（㊛・㊙）を書かせた。記述内容については，表3-4-4に示したルーブリックに基づいて評価した。その結果は，表3-4-5の通りである。

表 3-4-2　「不平等条約－ノルマントン号事件」の授業計画

☆　展開　　　　　　　　　　　　　　　　　　　　　　○…場の構成，☆…評価と支援

		子どもの活動と意識	指　導　者　の　役　割
課題設定		1　ノルマントン号事件について話し合う。	○　ノルマントン号事件の写真を提示し，イギリス人船長が日本人の乗客を救わなかったことを確認する。
		イギリス人船長は，なぜ日本人を助けなかったのだろう。 / イギリス人船長は，なぜ軽い罰ですんだんだろう。	
		不平等条約について調べよう。	○　不平等条約について調べることを確認する。
課題追究	自力活動	2　資料により，領事裁判権や関税自主権の内容をまとめる。	○　不平等条約について教科書や配付資料より調べ，日本と欧米諸国の損得関係が明確になるようなワークシートを配付する。
		欧米諸国の人が悪いことをしても，許されるんだ。 / 日本の産業が，成長できないのではないかな。	
	交流活動	3　当時の日本や欧米諸国の人びとの気持ちを考える。	○　日本と欧米諸国の人びとの気持ちを考えるように指示し，個→グループ→全体へと意見を広げていく。
		被害を受けた日本人は，悔しいだろうな。 / いつまでも日本は損をして，欧米諸国は得をする。	☆　机間指導の中で活動が停滞している子（グループ）があれば，例を示すなど適切に支援する。
		ひどい条約を結んでしまったんだな。 / 早く条約改正を進めたい。	○　グループで話し合ったことのキーワードを板書し，紹介するように指示する。
振り返り		5　本時の学習を振り返り，感想を書く。	○　参考になった友だちの意見や自分の感想をまとめるようにする。
		日本は，条約改正を強く願っていたんだ。 / 国と国が平等な形で，条約を結ぶべきだ。	☆　授業終了後，感想を評価し，次時に生かすようにする。

　このように，参考になった友だちの意見を記述している子ども（3と2の評価を受けた子ども）が55名（72.4%），ノルマントン号事件や不平等条約について自分の意見が記述できている子どもが65名（85.5%）いた。特に，ノルマントン号事件や不平等条約について，次のような記述が多く見られた。

　　○当時の人々は関税自主権がないというのはすごく厳しいことなのだという

　　　ことが，当時の人々の気持ちを考えて少しはわかったと思いました。

　　○現在の日本は安定しているけど，当時の日本人は苦しんでいて，欧米の人

は喜んでいるので，これからは自分の国のこと以外の国のことも考えなければならないと思いました。

このことから，概ね授業は成立し，ノルマントン号事件や不平等条約の内容について理解し，その影響を考えることができたといえる。

表 3-4-3　ワークシートの主な記述内容

【日本の人々】	【日本の政府】
○なんでこんな条約を結んだんだろうな。（後悔） ○早く条約を改正してほしい。 ○安い物を買いたいけれど，自分たちの国の工場も心配。 ○外国のせいで，貧乏になってしまう。	○早く条約を改正したい。 ○このままでは日本はだめになる。 ○欧米政府におこっている。 ○日本をもっと強くしよう。 ○国民が不満をもっているから，このままでは政府の力が弱ってしまう。
【欧米の人々】	【欧米の政府】
○日本で何をしても罪にならないのでラッキー。 ○自分たちは有利なので，このままでいい。 ○日本は利用価値があるな。	○国のお金が増えるからうれしい。 ○条約のおかげで，品物はよく売れるな。 ○日本人は助からなくても自分たちは助かったのでうれしい。 ○日本に条約改正をさせたくない。

表 3-4-4　本単元におけるルーブリック

	記述内容に対する評価規準
3	友だちの意見や課題に対する意見を，事実と関連づけながら記述している。
2	参考になった友だちの意見や，課題に対する自分の意見を記述している。
1	授業の感想を記述している。
0	記述なし

表 3-4-5　「ノルマントン号事件」の評価結果（計 76 名）

	友 の記述内容				自 の記述内容			
規　準	3	2	1	0	3	2	1	0
人　数	36	19	20	1	40	25	11	0

② 「不平等条約－エルトゥールル号事件」

ⅰ　授業計画（表3-4-6 参照）

ⅱ　授業の実際

　本時では，エルトゥールル号事件の慰霊式典の写真[11] を提示し，事件の概要を説明し，事件から 120 年たっても交流が続いていることを確認したあと，図3-4-2 に示したワークシートを活用して，エルトゥールル号事件やその後の日本の対応について調べるようにした。

表 3-4-6　「不平等条約－エルトゥールル号事件」の授業計画

☆　展開　　　　　　　　　　　　　　　　　　　○…場の構成，☆…評価と支援

		子どもの活動と意識	指　導　者　の　役　割
課題設定		1　メルシン市におけるセレモニーについて話し合う。 ・何かお祝いをしているようだ。　・なぜこんなことをしているのかな。 ・エルトゥールル号について調べよう	○　エルトゥールル号事件の慰霊式典の写真を提示し，事件の概要を説明し，事件から 120 年たっても交流が続いていることを確認する。 ○　エルトゥールル号事件について調べることを確認する。
課題追究	自力活動	2　資料を調べ，エルトゥールル号事件についてまとめる。 ・町をあげて，救援したんだ。　・トルコの人々は，喜んだだろうな。	○　エルトゥールル号事件についての資料やワークシートを配付し，事件の概要を捉えるようにする。
	交流活動	3　当時の人々の気持ちを考える。 ・日本の人々は，力になりたいと思っている。　・トルコの人びとは，きっと感謝していると思う。 ・串本の人たちを誇りに思う。　・生意気な日本人と思った人もいる。	○　日本・トルコ・イギリスなど，当時の人々の気持ちを考えるように指示する。 ☆　考えをもちにくい子には，「君が～だったら，日本のことをどう思うかな？」といった言葉がけを行う。 ○　立場によって違う事や，日本はトルコに不平等条約を求めたことを補説する。
振り返り		5　本時の学習を振り返り，感想を書く。 ・自分たちのいやがることを，他に押しつけない。　・外国の人に喜んでもらえるような気持ちが大切だ。	○　これから大切にしていきたい日本の心について，記述するように指示する。 ☆　授業終了後，感想を評価し，次時に生かすようにする。

図 3-4-2　エルトゥールル号事件のワークシート

6 年社会「エルトゥールル号事件 – 日本人の心」組番名〔　　　　　　　　　　〕

【エルトゥールル号遭難事件】	（1）トルコ（オスマン帝国）最初の親善

【エルトゥールル号遭難事件】

　1890 年，トルコの軍艦エルトゥールル号が，和歌山県沖で台風にまきこまれた。船は沈没し，大勢の乗組員が犠牲にになった。この時，地元の大島（和歌山県串本町）の人々は，懸命に生存者の救助や手当にあたった。

　その後，大島には，この事故での犠牲者をしのぶ慰霊碑が建てられ，現在でもトルコの人々との交流が続いている。

（1）トルコ（オスマン帝国）最初の親善訪日使節団である。
（2）長期間の航行のため，軍艦はいたみ，乗組員は疲れ，病気になっている人もいた。
（3）水蒸気爆発をおこし，1 時間 30 分ほどで沈没し，600 名以上の人が海に投げ出され，そのうち 69 名が救出された。
（4）日本は不平等条約を要求したため，1925 年まで国交は結ばれなかった。

（4）当時の人々の気持ち

【日本の人々】	【日本の政府】	【トルコの人々】	【欧米の人々】

☆学習の感想

友	自

表 3-4-7　ワークシートの主な記述内容

【日本の人々】	【日本の政府】
○親善訪日使節団であるトルコ人を助けよう。 ○不平等条約を結んでトルコで商売すれば，いっぱいもうかる。	○良いチャンスだ。欧米との不平等条約で苦しんでいるが，日本が得するような不平等条約を結べば苦しくなくなるかもしれない。
【トルコの人々】	【欧米の人々】
○国交はないが日本人はやさしいな。 ○不平等条約はいやだ。日本に行くと危ないので，国交は結ばないでおこう。	○不平等条約を改正したいと言っている国が，他の国と不平等条約を結ぼうとするのはずるい。

表 3-4-8　「エルトゥールル号」の評価結果（計 76 名）

	ⓕ の記述内容				ⓙ の記述内容			
規　準	3	2	1	0	3	2	1	0
人　数	23	31	22	0	35	35	6	0

　前時の「ノルマントン号事件」の授業と同様，自力活動の時間をとり，その後，グループごとに分担を決め，出てきた意見を板書するようにした。主な意見は表 3-4-7 の通りである。また，分担した各グループの意見を発表した後，前時と同様のルーブリックによって，振り返りの記述内容を評価した。その結果は，表 3-4-8 の通りである。

　このように，参考になった友だちの意見を記述している子どもが 54 名（71.1%），大切にしたい日本人の心について自分の意見が記述できている子どもが 70 名（92.1%）いた。特に，大切にしたい日本人の心について，次のような記述が多く見られた。

　○日本は欧米に不平等条約を結ばされて苦しんでいるのに，その苦しみをトルコ人におしつけるのはおかしいと思った。日本として，相手のことも考えて行動したいと思った。

　○日本は欧米みたいに無理やりやるのではなく，他国に認められて交流を深めた方がいいと思う。

　このことから，概ね授業は成立し，エルトゥールル号遭難事件やその後の日本の対応について理解し，その影響を考えることができたといえる。また，前回よりも記述量が増加している子どもが増えていた。書き方や書く内容を意識できる子どもが増えていた。

　しかし，少数ながら，次のような意見の子どもがいた。

　○日本は不平等条約で苦しんでいるのだから，日本より弱い国に結ばせるのは仕方ないことだと思う。

　最後に日本の心に焦点化し，もう少し考察してみたい。

4　文化価値形成を図る授業開発の意義

(1)「日本の心―共生 (ともいき)」についての結果

　本実践では，子どもたちに「日本の心－共生」の価値形成を図るために，ノルマントン号事件で日本人乗客を助けなかったイギリス人と，遭難したトルコの軍艦の乗組員を懸命に助けた日本人を対比する形で，日本としてどちらの生き方を大切にすればよいか考えていくような構成で授業を進めた。

　そして，授業の最後に，日本の心のあり方について，自として自分の意見を記述するように指示した。その結果，子どもたちの記述内容は表3-4-9のように整理できた。

　このように，58 名（76.3%）の子どもが，トルコの人たちのことを考え，自分たちがされていやなことをトルコに求めるのではなく，仲良く交流を深めていくことが大切であると述べている。つまり，「日本の心－共生」という価値を形成していると判断できる。しかし，5 名（6.6%）の子どもが，日本の利

表 3-4-9　「大切にしたい日本人の心」(計 76 名)

記　　述　　内　　容	人数
トルコの人たちのことを考え，交流を深めていく。 ・日本人は不平等条約を結ばされていた時の苦しみをわかっているから，トルコの人の気持ちを考えて，不平等条約を結ばない方がいいと思います。など	58
トルコに不平等条約を求めるのはやむを得ない。 ・自分は不平等条約を結ばないと生活が苦しくなるだけだから，自分より弱い国に結ばせるのは仕方ないことだと思う。 ・自分はイギリス人のように，トルコの人を助けていないと思う。 ・日本は不平等条約を結ぼうとしたけど結べなかったのは，残念だと思いました。など	5
どちらともいえない。判断していない。 ・日本人は優しい人も悪い人もいて，大変だと思います。 ・トルコの人は，日本人が何を考えているのか疑問だったと思う。 ・授業が楽しいので，すぐに終わった感じがします。　　　　　など	13

益のためにはやむを得ないという意見であった。

(2)「日本の心－共生（ともいき）」についての考察

　日本はこの事件の後，日清・日露戦争をおこし，日本の国益のために戦争を拡大し，朝鮮・韓国や中国の人々に多大な犠牲を強いたために，未だに国同士の関係は良好とはいえない。一方，1985 年（昭和 60 年）のイラン・イラク戦争の際，イラン在住の日本人 215 名はトルコ経由で危機を脱し，トルコ政府のおかげで無事日本への帰国を果たしている。価値形成は，指導者の価値を押しつけるものではないが，この逸話を子どもたちに補説していれば，先の国益優先の 5 名の子どもたちや十分な価値判断を示さなかった 13 名の子どもたちの反応も変わっていたかもしれない。

　いずれにしても，PISA のキー・コンピテンシーにも示されている「異質な集団を認め合い，高め合う」という協働性の考え方や[12]，日本で古くから大切にされてきた「共生（ともいき）」の考え方を，より多くの子どもたちと共有していきたいと考えている。

（馬野　範雄）

引用・参考文献

（ 1 ）　文部科学省「改正前後の教育基本法の比較」http://www.mext.go.jp/b_menu/kihon/about/06121913/002.pdf

（ 2 ）　文部科学省『小学校学習指導要領解説社会編』東洋館出版社，p.10

（ 3 ）　梅原猛『日本の伝統とは何か』ミネルヴァ書房，2010 年，p.127

（ 4 ）　上掲書，p.133

（ 5 ）　上掲書，pp.134 ～ 135

（ 6 ）　山折哲雄「『和文化』への羅針」中村哲編著『和文化の風を学校に』明治図書，2000 年，p.17

（ 7 ）　梶田叡一『和魂に学ぶ』東京書籍，2006 年，p.70

（ 8 ）　北俊夫他「目次」『新しい社会 6 年上』東京書籍，2015 年

（ 9 ）　馬野範雄・井上真一「社会的読解力を育成する社会科授業の構想」社会系教科教育学会『社会系教科教育学研究』第 20 号，2008 年，p.2

(10) 前掲書，「条約改正をめざして」『新しい社会 6 年上』pp.116 ～ 117

(11) 北俊夫他「近くて遠い国トルコ」『新しい社会 6 年下』pp.106 ～ 107

(12) ドミニク・S・ライチェン，ローラ・H・サルガニク編著，立田慶裕監訳「キー・コンピテンシー　国際標準の学力をめざして」明石書店，2006 年，p.196

第5節　高等学校公民科「あるがままの命の価値を肯定する生命倫理」の単元計画と授業実践
—生命倫理問題の「自己決定」概念を視点に—

1　あるがままの命の価値を尊重する授業

(1)　あるがままの命の価値を尊重する文化価値形成

　文化とは，社会の成員が共有している行動様式や物質的側面を含めた生活様式を指す。病や死をどう受け止めるか，そのあり方も文化である。かつて，地域や家族の紐帯が強固な社会では，病や死への関わりも深いものがあった。人の死を単なる生物学的な死ととらえるのではなく，人々の間には，死の確認から埋葬までさまざまな儀式と手続きの連鎖があった。現在はどうであろうか。単身世帯の高齢者の4割以上が孤立死を身近な問題だと感じている[1] ことに代表されるように，病や死の問題は，より個人的な問題となっている。現代社会に流通する「健康」についての膨大な医療情報の中で，病や死の問題は，いわば，自己決定による自己責任であるとされる。今後，自らが自律を失い，一方的に介護される存在になったとき，生きている意味がないので延命治療の自発的な停止が当然とされるであろう。「こんな状態になってまで，生命の質が回復しないほど低い状態であるのに」という無言の圧力が当事者に加えられる。その際，社会は患者に自己決定（孤立した自己決定）を求める。自発的な死への選択をさせるためである。本論では，外見的には最も生命の質が低いとみられるＡＬＳ（Amyotrophic Lateral Sclerosis「筋萎縮性側索硬化症」）患者のあるがままの命の価値を肯定する授業内容を展開する。家族や医療関係者，患者相互がお互いをサポートしながら関わり合いを深め，その中で行われる治療や介護の選択が患者を損なわず周囲を損なわない自己決定（サポートされた自己決定）である

ことを学ぶ。このようにして，あるがままの命の価値を尊重する文化価値形成を意図した授業実践を展開することを目指す。

(2)　是非を議論する生命倫理の授業の陥穽

公民科倫理の生命倫理問題の授業では，「脳死は人の死か」「出生前診断を推進するべきか，慎重であるべきか」「尊厳死法を制定すべきか，すべきでないか」という問題を生徒に議論させる。教科書にも学習問題がある[2]。議論させる授業は，生徒が参加する双方向の授業になり，しかも，教員は，授業によって自分が問題に対して，公平で中立的な立場であることを示すことができる[3]。しかし，是非を生徒に議論させる授業の行き着く先は，現実の追認である。脳死移植問題の賛成・反対を論じても，今，移植を待っている人がいるのだから，議論は議論として括弧でくくって，とりあえず脳死臓器移植（新型出生前診断・遺伝子診断・消極的安楽死も）を実施しようという結論になる。反対の人は，利用しなければいいだけである。こうして，是非を議論させる授業は，現代の社会的・経済的な状況の中では，「障害児を産まない選択」「美しい，自然な，人間らしい死」にお墨付きを与える。授業者が，あるがままの生命の価値を追求する授業をしても「是か非か」を判断させれば，こうした「普遍的な生命の価値 vs 生徒の意思や選択」の不毛な対立に陥ってしまう[4]。

(3)　生命倫理問題の「自己決定」概念

「自己決定」は，生命倫理問題の中心概念である。立岩真也によれば，自己決定（self-determination, autonomy）は，「近代社会での人間のあり方の基本にある原理とされ，例えば英米のバイオエシックスの議論でも（patient autonomy）は中心的な概念であり，多くは『自律』と訳される」[5] 加藤尚武は，生命倫理学の原理を「生命と身体とを含めて自分の所有に帰するものは，他者への危害を引き起こさない限りで，たとえその決定の内容が理性的に見て愚行とみなされようとも，対応能力をもつ成人の自己決定に委ねられるべきである」[6] と要約している。また，「自己決定」は，議論を打ち切る言葉として機能している。

香川智晶は,「これまで,脳死臓器移植だけではなく,生命倫理の問題では,自己決定という概念がほとんど常に登場してくるのを見た。特に判断に迷うような場合には,自己決定ということばで,『当事者たち』に最終的な決定が委ねられてきた。そうした自己決定は,議論を打ち切る魔法の杖でもあった。しかし,多くの場合,そうして持ち出された自己決定は,自分のことを自分で決めるというよりも,他人の命を決める理屈にほかならなかった」[(7)] とのべる。「自己決定」は,自分が社会から独立した決定をしているように見えて,家族・周囲・社会・国家からの目に見えない力が加わっている。本論では,「自己決定」の分析により,生徒が,あるがままのいのちの価値に気づくことを目指した。

2　単元「あるがままの命の価値を肯定する生命倫理」の単元計画

(1)　開発した単元の基本的な構造と構造図

　自己決定の背後にある力を吟味するために,ＡＬＳ患者への「人工呼吸器をつけますか?」という問いに焦点をあてた単元を開発した。この残酷な問いに,ＡＬＳ患者は答えなければならない。ここでは,本心では生きたいが,家族に迷惑をかけるので,つけない選択をしたＡさんと,生と死の間を揺れ動きながら,ついには妻と周囲のサポートによってつける選択をして,最後には,あるがままの命を肯定できるようになった和川さん,この2人のＡＬＳ患者を対比する授業を組み立てた。

　図6-1は,単元の構造と授業が置かれた位置を示したものである。真ん中の顔の当事者(島本さん,和川さん,Ａさん,華子さん)は,選択に揺れ動く。人工呼吸器の装着は周囲に重い負担をかける。支えがないままの自己決定では,周囲から「選ばされて」呼吸器をつけない選択に陥る。周囲から支えられた自己決定では,「生きたい」という本心を生かす選択ができる。全介護のＡＬＳ患

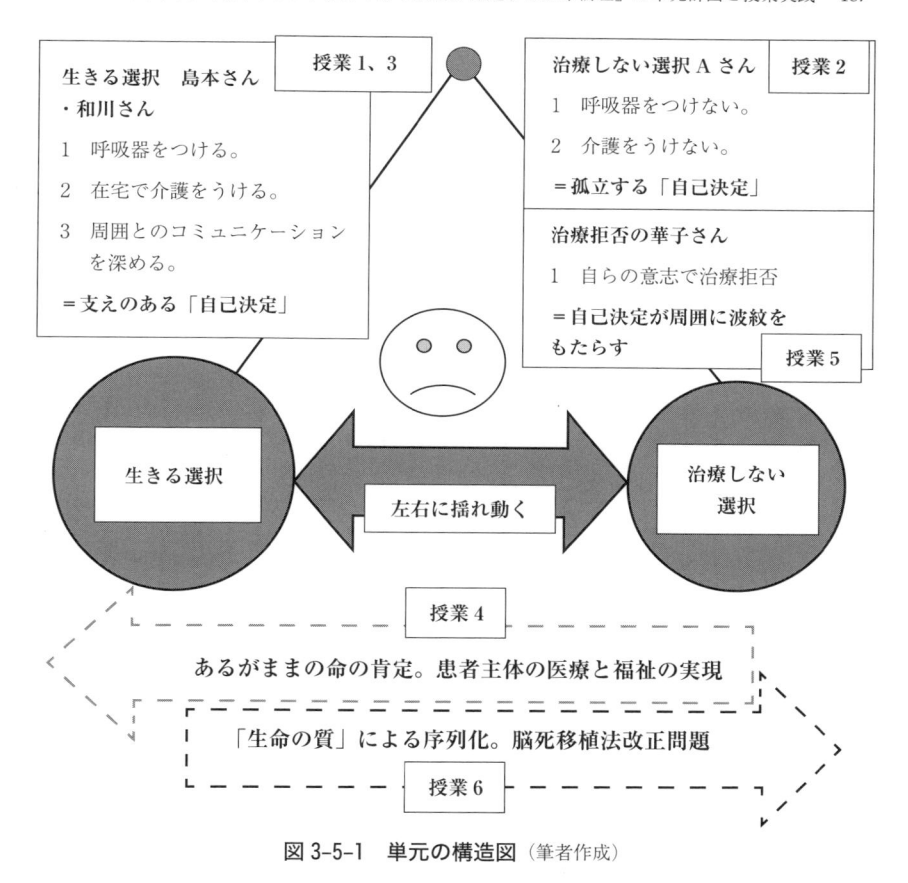

図 3-5-1　単元の構造図（筆者作成）

者のあるがままの命の価値を認め合う社会の構築が必要となる。それをサポートするための社会の諸制度，医療と福祉の充実がもとめられる。

（2）単元設定の理由

　この単元では，第一に，生徒があるがままの命の価値に気づくことを目指した。ＡＬＳ患者のように，24時間介護される存在は，国民医療費や介護のための費用，家族の介護のコストを一方的に消費する存在である。多くの人々から，生命の質が低い命であると受け止められがちである。しかし，多くの患者

は，呼吸器を装着しながら，周囲と関係をもちつつ，力強く生きる命として存在している。生命の質が低いと他者が患者の生命の質を判定することがいかに危険なことかを学ぶために，24時間介護される存在の命の価値に着目した。

　第二に，自己決定の性質に気づくことを目指した。ＡＬＳ患者に対する，「人工呼吸器をつけますか？」という問いは，究極の問いである。装着しなければ，やがて，命を失う。いったん装着すると24時間介護がはじまり，だれにも呼吸器をはずすことはできない。呼吸器をつけると声を失い，周囲とのコミュニケーションがとれなくなる。そこで，患者は，自分の意思で「つけない自己決定」をしてしまう。患者への聞き取り調査によれば，ほとんどの患者は，長期間この問いの答えに揺れ動いている。そして，呼吸の苦しみをモルヒネなどによってコントロールされ，患者は「美しい，自然な，人間らしい死」を迎える。—このように，患者の自己決定は，「家族や周囲にとって都合の良い選択をしてもらう」ための強力な道具となっている。ＡＬＳの患者に投げかけられた「呼吸器をつけますか」という問いを追求すれば，こうした構造があきらかになる。

　第三に，個人の生命に向けられた，社会の目に見えない圧力に気づくことを目指した。現在，末期患者，重い障害をもつ者，などにたいして，延命措置の中止が可能となる尊厳死法案の議論が進行している。2009年の脳死移植法の改定では，提供者数を増加させるため，ドナーカードを持っていなくとも移植の対象者となるように大きな変更がなされた。生前の意思表示がなくても，提供が行われる場合がある。これは，脳死状態になった個人の命に向けられた社会の目に見えない圧力である。これらの三点を実現するためにこの単元を設定した。

（3）　単元の目標

　単元の目的は，私たちのいのちを「生命の質」による廃棄へと導かないために，全介護，ＡＬＳ，治療停止という生命倫理の問題をどのようにとらえればよいのかを生徒とともに考えることである。

ア　（知識・技能）資料を手がかりにして，孤立した自己決定・支えられた自己

決定の違いについて説明できる。そして，支えられた自己決定が活用されれ
ば，序列化されないありのままの命の価値を活かすことができることを知る。

イ　（思考・判断・表現）当事者や家族，周囲の視点に立って，自己決定の問題
　と見えない社会の力を考察することができる。脳死移植問題など他の生命倫
　理問題も孤立した自己決定と生命の質の低下の観点から説明できる。

ウ　（主体的に学習に取り組む態度）ＡＬＳ患者をはじめとして一見生命の質が低
　下したと見られる人にもかけがえのないありのままの生命の価値を見出そう
　とする。社会の中にある孤立した自己決定を強いる仕組みについて，さらに
　関心を持ち調べようとする。

（4）　単元の指導計画（全 6 時間）

表 3-5-1　「あるがままの命の価値を肯定する生命倫理」の構成（その 1）

No	ねらい	授業内容と主な問い	教材の内容
1	全介護状態で生き続ける自己決定に気づく。	◎自分が全介護されるようになったらどうするか？ ○島本さんは，なぜ闘病しようと自己決定したのか？	「くちパクで I Love You」（2013 年 10 月 6 日，日本テレビ系）視聴プリント
2	ＡＬＳを知る。Ａさんの孤立する自己決定について考える。	◎呼吸器装着をきっぱりと断ったＡさんは，なぜ断ったのか？？ ○ＡＬＳとはどんな病か？	カニューレの写真 ＡＬＳ患者と家族，医療関係者の聞き取りからの引用
3	和川さんの支えられた自己決定について考える。あるがままの命の価値ついて考える。	◎ＡＬＳ患者の和川さんについてどう思うか？ ○和川さんと妻はなぜ在宅での孤立から脱出できたのか？ ○完全な閉じこめ状態だった和川さんはどのようにして言葉を取りもどしたのか？	「いのちの言葉 "空白の 2 年" からの記録」（2001 年 8 月 18 日，ＮＨＫ）視聴プリント
4	Ａさんと和川さんとの比較を考える。自己決定の危険性について考える。	◎呼吸器装着を拒否したＡさんと拒否しなかった和川さんの自己決定はどう違うのか？ ○自己決定の危険性とは何か？	前時の和川さんの番組に対する感想とＡＬＳ患者の橋本操さんの国会証言

（著者作成　◎は，主たる問い。○は，下位に位置づく問い。二重枠は，後の授業計画で取り上げた授業）

表 3-5-2　「あるがままの命の価値を肯定する生命倫理」の構成（その 2）

No	ねらい	授業内容と主な問い	教材の内容
5	華子さんの治療停止の決定について考える。	◎華子さんの自己決定は周囲にどのように影響したか？ ○なぜ透析による延命よりも家族旅行が行われたのか？	「ある少女の選択〜“延命”生と死のはざまで〜」(2010 年 12 月 8 日，ＮＨＫ) 視聴プリント
6	改正臓器移植法はどのような見えない力を発揮しているのか考える。	◎社会はどのような決定をせまるのか？ ○改正臓器移植法はどう改正されたのか。 ○改正に積極的な意見と消極的な意見は何が違うか？	自己決定とＱＯＬの分析の資料プリント，改正臓器移植法の成立の資料プリント

　この単元の授業の指導計画は，「序列化されないあるがままの命の価値を知る」「自己決定の性質を理解する」「社会が個人のいのちに向ける見えない力について考える」ために作った。高校生が最も恐れる全介護状態でも力強く生き抜く人の例を 1 時間目の島本さんの例で示し，単元の導入とした。2 時間目では，孤立した自己決定をさせられたＡＬＳのＡさんの例を示した。3 時間目では，ＡＬＳの和川さんの生き様によって，「あるがままの命の価値」を示し，4 限では，和川さんとＡさんとの自己決定の違いを比較し，「自己決定の性質」を理解させようとした。5 限では，きっぱり延命を拒否した華子さんの自己決定に着目し，彼女の決定が両親，関係者に広がっていることから，命は孤立してあるものではないことを示した。最後に，改正臓器移植法を例として，知らず知らずの内に，われわれを脳死移植ドナー候補としてしまう社会の見えない力について考えさせて，全体のまとめとした。

3　単元「あるがままの命の価値を肯定する生命倫理」の授業計画

(1) 授業 3「ＡＬＳ患者の和川さん」の指導計画

　授業 3 の目標：ＡＬＳ患者和川さんのあるがままの命の価値に気付き，周囲

授業 3　「ＡＬＳ患者の和川さん」の指導計画

段階	教師の指示・発問	教授学習活動	子どもから引き出したい知識
Ⅰ ＡＬＳ患者の和川さん	ＮＨＫスペシャル　「いのちの言葉〜 “空白の２年” からの記録〜」（2001 年 8 月 18 日放送）の編集版を視聴。		
	・和川さんはなぜ，人工呼吸器をつける選択をしたのか？	Ｔ：発問する Ｐ：答える	・子どもの成長を見守るのが自分の責任であると納得したから。妻のはつみさんが説得。【資料①】
Ⅱ 苦しみの日々	・人工呼吸器をつけた和川さんはどんな状態になったのか？	Ｔ：発問する Ｐ：答える	・身体・コミュニケーションが自由にならず，妻や入院先の病院に不満をぶつける。【資料②】
	・自宅でのケアをはじめた和川さんはどうなったのか？	Ｔ：発問する Ｐ：答える	・２４時間介護に妻は疲れ切る。近所の人々やボランティアとの関係が深まる。【資料③】
	・和川さんが完全な閉じこめ状態に。妻はどうしたのか？	Ｔ：発問する Ｐ：答える	・完全に言葉を失った夫に対して，はつみさんは楽しかった日々のことを語り続ける。【資料③】
Ⅲ 復活	・脳波スイッチによって何がおこったのか？	Ｔ：発問する Ｐ：答える	・和川さんは，脳波スイッチを用いて，コミュニケーションを復活させた。妻との関係が深まる。俳句をつくる。【資料④】
Ⅳ 和川さんの生き様	・和川さんの生き様をみて印象に残ることを書く。	Ｔ：指示する Ｐ：感想を書く	和川さんの選択は，「死にたい」と「生きたい」との間で揺れ動いていた。

（著者作成　【資料①】，【資料②】等は，後の指導資料の該当部分を示す）

から支えられた自己決定が生きる意志をサポートすることを理解する。

　単元の主題となる「あるがままの命の価値の肯定」に直接関係し，しかも，周囲に支えられた自己決定を行ったＡＬＳ患者の和川さんを取り上げた授業 3 の指導計画を示す。授業 3 は，和川さんの生き方を通して，妻や周囲の人々との関係の深まりがついに奇跡をよぶという内容である。授業では，ＶＴＲ教材を視聴したあと，和川さんの状況を資料によって確認していく。第一に，ＡＬＳ発症後，和川さんの生と死の間を揺れ動く自己決定のあとをたどる。簡単に自己決定することはできず，周囲のサポートにより徐々に生きる選択が生まれたことを示す。第二に，症状が進行し，「完全な閉じ込め状態」となりすべて

のコミュニケーションの手段を失っても，和川さんはなお「生き続ける意志」を持ち続け，後に脳波でスイッチを押す機械によって，2年ぶりに言葉をとりもどしたことを学ぶ。外から観ると全く生命の質が低い命であっても，そこには，本人の生きる意志と，妻との深い関係性があり，あるがままの命の価値が存在することを考えさせることができる。

(2) 授業3「ＡＬＳ患者の和川さん」の指導資料

【資料①】　ＡＬＳ患者の和川次男さん

　和川さんの病気は，ＡＬＳ（筋萎縮性側索硬化症）。和川さんは難病のため，まったく体をうごかすことができません。和川さんは病気が進行し，2年間，まったく意志を伝えることができませんでした。和川さんは自力で呼吸ができません。24時間呼吸器をつけて生活します。のどを切って呼吸器をつけたので，自分の声ができなくなりました。回復の見込みのない闘病生活。長く続く介護が，患者や家族の重い負担になっています。

　和川さんは39歳にＡＬＳを発病しました。中学生と小学生の3人の子どもたち。和川さんの病状は急速に悪化。人工呼吸器をつける選択をせまられました。

　「家族に迷惑をかけたくない」和川さんは呼吸器をつけることを拒みました。

　妻のはつみさんが，説得しました。

　「最終的には，子どもたちの成長を見守るのが自分の責任だというふうに思ったと思います」「父親は子どもたちに一人しかいないわけで，子どもたちから父親を奪いたくないというのもあったし。やっぱり子どものことが一番大きかったと思います」

【資料②】　病院での療養─和川さんの不満

　平成3年8月。和川さんは病院で人工呼吸器をつけた生活をはじめました。声を失った和川さん。わずかに動く指をつかって，パソコンを打ちました。1年後，指が動かなくなりました。眼の周りの筋肉でパソコンを操作しました。やがて，この筋肉の動きも鈍くなります。努力しても報われないという無力感。

和川さんの荒れた言葉が，はつみさんにむけられるようになりました。病院と自宅を行き来しながら，はつみさんが書いていた介護ノートです。

「くそばばあ」

和川さんのいらだちは，病院にも向けられ，病院と対立。病院は退院をもとめました。

和川さんは自宅に戻りました。人工呼吸器をつけ，24時間介護が必要な自宅での闘病生活。つかれきったはつみさんと和川さんには，言葉をかわす余裕もありませんでした。

【資料③】　孤立から脱出，しかし完全な閉じこめ状態へ

二人は近所の人やボランティアに助けを求めました。患者や家族，多くの人が和川さんの家に出入りするようになりました。人との出会いの中で，二人はお互いの言葉にすこしずつ耳を傾けるようになっていきました。

平成9年5月。和川さんの目の動きがほとんどなくなりました。はつみさんと和川さんとの会話がとだえました。和川さんの言葉が，介護ノートから消えました。

【資料④】　脳波スイッチでコミュニケーション復活

和川さんは言葉を失って，2年，脳波をはかる装置が開発され，ボランティアの坂爪新一さんがもちこみました。

坂爪さん「使い方を自分で理解するまで1ヶ月。難しい，自分がやっても五分五分」

言葉をとりもどしたい。和川さんの挑戦が始まりました。「ピッ」という音が帰ってきました。本当に和川さんの返事なのか。2時間がたちました。

はつみさん「その反応をイエスだったらならしてみてと問う。なかなか音が反応とあっているのかどうか疑問だった」はつみさんは，50音を読み上げることを気づきました。

4時間後に，「ホ・ン・タ・イ」を得る。2年ぶりに話した和川さんの言葉。

坂爪さん「ホンタイという言葉は，奇跡です。かれの執念でしょうね。」

はつみさん「その日は，暗くなるまで夢中でやっていた。次の日も夢中でし

た。」

　和川さんは言葉を取り戻し始めました。「あつい」「いたい」「さむい」

　そして，50日後の7月19日，介護のヘルパーが聞き取りました。

　「妻，あいしている」

　はつみさん「のろけてる」とヘルパーさんと笑いました。「そんなことを言うとは思わなかった。脳波のスイッチで，コミュニケーションがとれたこと。私が一番救われた。生きていてよかった。あきらめないでよかった。」

　言葉をとりもどした和川さん。脳波のことばで妻のはつみさんに送った俳句です。

　「生かされて　輝きをまし　詩（うた）書けた」

　「いつまでも飛べない自分　生かし君」

　難病患者が生きることを選択できる社会を作りたい。奥さんのはつみさんは，和川さんを正装させ，宮城大学に講演に行きました。車椅子に寝たままの和川さんも，講義室へ。看護学部の学生たちの前で，はつみさんが，自分たちの生活について話す。和川さんとはつみさんは，講演のテーマ「今幸せ」に決めました。

　学生「コミュニケーションはどのようにしてとっているのか」

　はつみさん「おとうさんおはよう」「ピッ」「不思議でしょう」

　「呼吸器を一度つけたら，これはだれの手によっても外すことはできません。どんなにつらくても，いのちを全うするまで，生きていかなければならない現実がある。もう今は幸せなんです。こんな状態になっておかしいのですが，幸せなんです」

（3）授業3「ＡＬＳ患者の和川さん」の授業実施後の生徒の感想

　この授業3の指導計画に基づき，2013年11月19日（火）15:10 ～ 16:00，神戸市立須磨翔風高校において，2年選択倫理（選択者　26名）で授業を実施した。授業2で，ＡＬＳの病態や人工呼吸器についての知識を持っている生徒たちは，VTRの視聴によって，和川さんの生き様に強い印象を受けたようで

ある。指導資料を用いながら，ア　和川さんが人工呼吸器をつけた理由はなにか，イ　人工呼吸器装着後，コミュニケーションがしだいに不自由になった和川さんはどうしたか，ウ　自宅での困難なケアをどのように乗り越えたか，エ　完全な閉じ込め状態になったとき妻はつみさんがどうしたか，オ　奇跡的なコミュニケーションの復活はなぜ実現したのか，カ　現在の和川さんはどのように社会と関わっているのかを生徒に問うた。授業の最後には，「印象に残る言葉，場面を書いてください」として，何が一番印象に残ったのかを記述させた。26名の記述の主題は，①生命の価値に関するもの（7名，27％），②和川さんの心境に関するもの（11名，42％），③妻のはつみさんに関するもの（8名，31％）の3つに分けられた。

①の例

最初は生きることすら拒んでいたのに「妻あいしてる」と言えたのは生きていたからこそ。死んでいたら奥さんの声も顔も言葉も話すことも不可能。生きていて，辛いことばかりだと思うが，生かされて初めて気付いたものがあってよかった。声は本当に奇跡であると改めて思った。

②の例

和川さんはプライドが高く，自分が介護されるなんて許されなかった。「くそばばあ」と言ったときは，辛くて死にたいと思ったこともたくさんあると思うけど，時間が経ち，「生きる喜び」を知り，妻のありがたみを知って，考えが介護される中で変わっていったところが印象的でした。

③の例

講演会で（妻のはつみさんが）「今，幸せです」というのが印象的でした。言葉を交わすのに何時間もかかると普通はじれったく思ってしまうけれど，和川さん達にとってはそれが奇跡で話せるだけで幸せというのは，実際にこのような体験をしないかぎり理解しにくいと思います。

①は，【資料③】にあるように「完全な閉じ込め状態」にある人にも，豊か

な内面と強い意志とがあることへの驚きが記述されている。②は，【資料①と資料②】にあるように，和川さんの生と死の間を激しく揺れ動く状況が記述されている。③は，妻のはつみさんの絶望と希望，そして現在の幸福について記述されている。これらの記述から，生徒たちは，外見的に全く意思疎通ができない人の中に，かけがえのない命の価値があることに気づいている。また，和川さんの意志は，生と死の間を激しく揺れ動いているが，そのなかで生き続ける決断を支えたのは，妻はつみさんをはじめとする周囲との関係であったことを理解していることがわかる。

本論では，生命に関わる選択の自己決定を吟味し，あるがままの命の価値を肯定する授業を開発・実践した。一般に生命倫理の学習は，社会とは無関係な個人の死生観や生き方の問題になりがちであるが，本論のように社会や周囲の人とのつながりの中で自己決定が行われることに焦点をおけば，社会の中での生命倫理問題がどのような働きをしているのかが明確になる。人工呼吸器装着の自己決定を周囲から求められたとき，弱い立場の人は，社会や周囲にとって都合のよい選択を自主的にしてしまう。この問題は，ほとんどの人が高齢化し，介護を受ける状態になる現代では，末期における治療停止，安楽死問題につながるので，避けることができない問題である。ＡＬＳの患者に向けられた「呼吸器をつけますか，つけませんか」という問いは，「延命治療しますか，しませんか」という形で，いずれ，この私に向かって問われる。また，この私が意思表示できないときには，他者が私に代わってこの問いに答えることになる。この単元では，社会や周囲の問題を棚上げにせず，自己決定をサポートする人間関係や社会制度があれば，あるがままの命の価値を肯定することができることを生徒に考えさせた。授業３の感想を見る限り，ある程度の目標は達したのではないかと考える。家族や地域といった中間的な人間関係が薄くなり，病や死の問題が個人的な問題になる傾向にある現在，和川さんをサポートした妻やボランティア・医療関係者のつながりに新しい文化的価値を見出すことができるのではないか。今後は，難病患者の例ではなく，普通の高齢者にとっての自

己決定の問題をとりあげ，社会的な背景を学びながら，生徒にありのままの命の価値について考えさせる単元計画と授業実践を目指したい。

（石原　純）

註・引用文献

（1）内閣府『平成 28 年版高齢社会白書（概要版）』p.33

（2）古田光他編『高校倫理』実教出版，2015 年，p.187

（3）今野日出晴「ディベート学習を批判する意味」斉藤規・今野日出晴編『迷走する〈ディベート授業〉』同時代社，1999 年，p.40

（4）草原和博が，「社会科教育のパラドックス」と名付けたもの。草原和博「社会的認識と市民的資質」社会認識教育学会『新社会科教育ハンドブック』明治図書，2012 年，p.68

（5）石塚正英・柴田隆行編『哲学・思想翻訳語辞典』，論創社，2003 年，p.120

（6）加藤尚武『環境倫理学のすすめ』丸善ライブラリー，1991 年，p.83

（7）香川智晶『命は誰のものか』，ディスカヴァー・トゥエンティワン，2009 年，pp.250-251

参考文献

林真理，『操作される生命』，ＮＴＴ出版，2002 年

広井良典，『創造的福祉社会』，ちくま新書，2011 年

香川知晶他，『メタバイオエシックスの構築へ』，NTT 出版，2010 年

川口有美子，『逝かない身体―ＡＬＳ的日常を生きる―』，医学書院，2009 年

小松美彦，『自己決定権は幻想である』，洋泉社，2004 年

日本ＡＬＳ教会編，『新ＡＬＳケアブック』，川島書店，2005 年

大谷いづみ，「生と死の語り方―「生と死の教育」を組み替えるために」，川本隆史編『ケアの社会倫理学――医療・看護・介護・教育をつなぐ』，有斐閣，2005 年

田嶋華子，「毎日を楽しく丁寧に生きる―患者の立場から―」，『小児看護』，へるす出版，2010 年 10 月通巻 33 号，pp.1559-1561

玉井真理子・大谷いづみ編，『はじめて出会う生命倫理』，有斐閣，2011 年

植竹日奈，『人工呼吸器をつけますか？ＡＬＳ・告知・選択』，メディカ出版，2004 年

第IV章
文化価値創造を意図する社会系教育実践

第1節　グローバルな東西文化の融合の視点に基づく「有田焼」の教材化
―小学校社会科第6学年単元「有田焼400年の秘密を探ろう」の場合―

1　地域の伝統産業の視点に基づく「有田焼」の教材化の現状と課題

　「有田焼」（伊万里港より搬出したので伊万里焼とも言う）は，佐賀県有田町と伊万里市を主要産地とする和様磁器の総称である。文禄・慶長の役後に鍋島氏により佐賀に連行された朝鮮人陶工の李三平（李参平，金ヶ江三兵衛）が，有田泉山で陶石を発見し1616年に日本初の磁器生産に成功。鎖国中の1647年よりオランダ商館を通じ海外輸出され好評を博し，欧州磁器誕生の端緒となった[1]。

　背景には，オランダ東インド会社の世界戦略があった。当時の世界的磁器生産地の中国景徳鎮が明末清初の動乱で生産を激減させたため，同社は代替地を，ペルシャ（現イラン），ベトナムではなく，陶石の品質に勝る有田に選定し，中国からの技術移転により，初代柿右衛門（酒井田喜三衛門）らの彩画着色法開発を支援した[2]。さらに有田焼は，本来，朝鮮・中国・日本の文化を反映したハイブリッド（相互混成）な具体物だが[3]，同社の指導もあり，輸出先の各国文化に応じてさらなる変容を遂げた。特筆すべきは，ドイツ・マイセン磁器誕生等への多大な影響である。

　明治維新後は，逆に，ドイツ人科学者から新技術を導入する等，有田焼は，グローバルな東西文化の融合を示す具体物として進化を続けている。用途も，当初の食器から欧米の万国博覧会で好評を博した大型で派手な色彩の美術工芸品，さらに電線に必要な絶縁体に使われる碍子（がいし）という工業製品としての磁器生産へ広がり，現代の「ファインセラミックス[4]」の生産に至る。最近では，2013年にJR九州が開発した豪華寝台列車「ななつ星」の調度品

（洗面鉢等）に採用され，2015 年には 3D プリンターでの製造技術の開発等，「有田焼」は，「伝統と革新」を体現した文化価値創造の具体物である。

　従って，「有田焼」を教材化する場合，「地域の伝統産業」という国内的視点に留まらず，「有田焼」を通してグローバルな東西文化が，空間的（地理的）かつ時間的（歴史的）な広がりの中で融合し続けていることと，児童もまた未来の文化価値創造の担い手となりうることに気づかせたい。

（1）地域の伝統産業の視点に基づく「有田焼」の教材化の現状（小学校）

①地域の伝統産業の視点に基づく「有田焼」学習の先行実践の課題

　まず，典型的な地域の伝統産業の視点に基づく「有田焼」学習の先行実践例として，一般財団法人コンピュータ教育推進センター[5] の HP「産業界との協力授業」に掲載の単元「焼き物の伝統工芸と未来技術」（第 4 学年）を取り上げる。2003（平成 15）年度の「総合的な学習の時間」での実践だが，社会科の伝統産業学習と他地域との交流学習を融合した内容として，地域の伝統産業の視点に基づく「有田焼」学習の典型例に位置付けられる[6]。授業概要は，有田焼を佐賀県西松浦郡有田町立有田中部小学校の第 4 学年 3 クラス（82 名）が学習し，唐津焼を学習した東松浦郡北波多村立（現，唐津市立）北波多小学校とインターネット交流する内容である（表 4-1-1 参照）。

　同単元は，「やきものの未来技術」として「ファインセラミックス」を詳しく学習する点に特質が見られる。具体的には，3 時限目に，未来技術研究班の児童たちが，佐賀県窯業技術センターで，「ファインセラミックス」の携帯電

表 4-1-1　単元「焼き物（有田焼）の伝統工芸と未来技術」（第 4 学年）の概要

実施単位	テーマ	実施時間
1 時限目	窯元見学（「有田焼のできるまで」を見る）	2 時間 10 分
2 時限目	有田焼の用と美（ビデオ視聴＆窯元による講演）	1 時間 30 分
3 時限目	陶土工場見学 or やきものの未来技術（講演）	2 時間 10 分
発表会	調べた内容の交流会（Internet と TV 会議システム活用）	2 時間

HP「産業界との協力授業」より筆者がまとめた。

話，自動車，ゲーム等への利用や，熱を電気に変える等の機能について学習している（他方，陶土研究班は陶土工場を見学した）。

　また，「伝統工芸」学習では，2時限目に，「有田焼」と生活文化（花やお茶等）の関わりや，食器以外のインテリア等の商品開発について学習している。

　以上，地域の伝統産業の視点に基づく学習の課題は，国内の地域学習が中心の第3学年及び第4学年で扱われるため，歴史的視点が弱く，地理的にも，せいぜい国内の他地域との比較に留まる点にある。従って，課題は，現在の地域の「有田焼」学習に終始し，グローバルな東西文化の融合の視点は皆無な点である。また，「やきものの未来技術」の学習内容も現在の「ファインセラミックス」の利活用に留まり，過去から未来の時間軸で，「有田焼」を捉えていない。

②主要産地の社会科副読本における「有田焼」学習の意義と課題

　各地域の伝統産業を記載している佐賀県と伊万里市の社会科副読本（第3学年及び第4学年を主対象）に「有田焼」に関する記載がある（有田町は，現在，副読本を発行していない）。従って，これらの副読本の分析を通して，「有田焼（伊万里市の副読本は「伊万里焼」と表現）」学習の意義と課題を明らかにする。

a．副読本『わたしたちの佐賀県』

　副読本『わたしたちの佐賀県』（表4-1-2参照）は，「有田焼」の歴史と現状をバランスよく記載している。前述①の事例と比較すると，「有田焼」の起源として豊臣秀吉の朝鮮出兵の際に佐賀に連行された李三平により日本初の磁器「有田焼」が創始された事実が示されており評価できる。また，前述①の事例と同様，現在の「ファインセラミックス」についても取り扱っている。

　但し，有田焼輸出の背景的説明を欠く点に課題がある。それゆえ，想定される「なぜ，有田で磁器生産が始まったか？」という発問への回答が，「泉山で質の良い陶石が発見されたから」という事実的知識に留まり，「なぜ，有田焼の輸出が盛んになったか？」という発問の回答も，「酒井田柿右衛門が失敗を重ねた末に…略…柿の実のような赤い色を出すことに成功しました」という事実的知識に留まる。「有田焼」の輸出開始の端緒は，オランダ東インド会社が，中国の磁器生産激減の事態を受け，代替の磁器生産地を有田に定めたことにあ

表 4-1-2　副読本『わたしたちの佐賀県』の記載内容（下線部：筆者，ルビ省略）

2技術をいかした製品づくり
⑧有田焼〔有田町〕

　有田町は，周りを山に囲まれた人口約 2 万 2000 人の町です。この町でつくられる有田焼は世界的にも有名で，毎年ゴールデンウイークにおこなわれる陶器市には，約 100 万人もの人々が，焼き物を買いに全国各地からやってきます。

　今から 400 年ほど前，豊臣秀吉によって朝鮮出兵がおこなわれたとき，朝鮮から日本に連れてこられた陶工の一人に李参平がいました。彼は有田の泉山に，白くて質の良い陶石（焼き物をつくる原料の石）を見つけ，日本で最初の磁器づくりに成功しました。これが有田焼の始まりといわれています。それから 30 年ほどのち，酒井田柿右衛門が失敗を重ねた末に，それまで青い色（染付）しか出せなかったものに，柿の実のような赤い色を出すことに成功しました。それをきっかけに有田焼は発展し，生産された焼き物が，船積みされて伊万里港などから外国に輸出されるようになりました。そのため，古伊万里ともよばれました。

　今では，原料の陶石のほとんどを熊本県の天草から取りよせています。燃料もまきからガスにかわってきました。

　大きな工場では，昔からの技術をいかしながら，機械を使って，大量生産をしています。この工場では，わたしたちが毎日使う食器のほかに，建築用タイルや工業製品なども多くつくられています。

　新しい技術を使って，今までにない焼き物やファインセラミックスもつくられています。ファインセラミックスは，車のエンジンの一部やコンピュータの中などに使われています。

　最近では，東京都や大阪府などの水処理施設で，有田町の磁器製散気材が使われ，大都市の飲み水をきれいにする手助けをしています。また，有田焼を使った商品も次々に開発され，万華鏡や万年筆なども人気です。さらに，白磁シートを好きな形に折り，絵付けをして焼くと，それがそのままかたくなり，世界に一つだけの自分の焼き物をつくることもできます。有田焼は，まだいろいろな分野で開発が進められています。

　有田町には，焼き物をつくる窯元や工場のほかにも，焼き物を売る店がずらりとならび，多くの人が，焼き物に関わる仕事をしています。また，焼き物関係の製品が，多く出荷されています。有田町が『やきものの町』といわれているわけです。

　※磁器（説明）：陶石を原料にしてつくったじょうぶな焼き物で，たたくと金属のような音がする。
・「たくさんの買い物客でにぎわう有田の陶器市」（写真，省略）。・「有田焼」（写真，省略）。
　説明文…有田焼は，すきとおるような美しい磁器の肌やはなやかな絵付けが特色となっています。
・えんとつがある町なみ（写真，省略）。・有田焼ができるまで（10 の工程，今右衛門窯提供の 4 枚の写真，省略「登り窯」と「シャトル窯」の写真，省略）
　※ファインセラミックス（説明）：焼き物の特徴（かたい，電気を通さない，高温にたえる，さびないなど）をより専門化し，新しい工業の素材として用いられるもの。
・セラミック・エンジン（自動車とエンジンのイラスト，省略）。焼き物工場での流れ作業のようす（写真，省略）。・「磁器製散気材を使って水をきれいにしているようす（写真，省略）（岩尾磁器工業株式会社提供）」（写真，省略）。・有田焼万華鏡（写真，省略）（佐賀ダンボール商会提供）。・白磁シート（写真，省略）。・白磁シートでつくった焼き物（写真，省略）。・世界最大の磁器製座りびな（説明文，写真，省略）。

佐賀県小学校教育研究会社会科部会編『小学校社会科副読本　わたしたちの佐賀県　改訂新版』光文館，2011 年，pp.54-57 より筆者が引用した。下線部は筆者による。

り，赤色発色の技術も柿右衛門のみの努力だけではなく，同社の介在による中国人技術者からの技術移転と考えられている。従って，同社の世界戦略により「有田焼」は輸出産業に育てられたのだ。このようなグローバルな社会的背景の記述を欠く点に大きな課題がある。さらに，「外国に輸出」とあるだけで輸出先も不明で，各国の文化に合わせた多様な磁器生産や，欧州の磁器生産へ影響した等のグローバルな東西文化の融合の視点に基づく記述も皆無である。

ｂ．副読本『わたしたちの伊万里市』（小学校3・4年）

　伊万里市の副読本『わたしたちの伊万里市』（表 4-1-3 参照）の最大の特徴は，一般的な定義の「伊万里焼＝有田焼」を採用せず，現在の伊万里市内の窯で焼かれた磁器のみを「伊万里焼」と表現する点である（自市中心主義？）。それゆえ，李三平，酒井田柿右衛門，今泉今右衛門ら名陶工や作品の記載は皆無で，「伊万里焼」を「伊万里（鍋島）焼」と最狭義に捉え，さらに下位類型の「鍋島染付」，「色鍋島」，「鍋島青磁」の調べ学習を小学生に課す等，煩瑣な学習内容である。これは李三平墓や陶山神社，李三平が発見した泉山陶石場，柿右衛門や今右衛門の窯が，伊万里市ではなく有田町にあるためであろう。逆に鍋島藩窯があった大川内山は伊万里市にあるため，鍋島藩窯中心の偏った学習内容となっている。さらに問題は，有田焼輸出の記述が一切なく，「各地の大名などにおくる贈物」としてのみ「有田焼」が作られていたかのような国内的視点

表 4-1-3　佐賀県伊万里市の副読本『わたしたちの伊万里市』の章立て（ルビ省略）

6　伊万里の伝統工業
焼き物作りがさかんな大川内山
・焼き物の作り方やなぜ大川内山で焼き物の生産がさかんになったのか調べてみよう。
伊万里焼ができるまで
・焼き物を作る市川さんの話
伊万里焼の広まり（歴史）を調べる
・伊万里焼のとくちょうを調べてみましょう（鍋島染付，色鍋島，鍋島青磁）。
伝統をうけつぐ伊万里焼
・伝統をうけつぎ守るためにどんなことをしているのでしょう。
・伝統産業会館の人の話
・「伊万里焼」だけでなく，伊万里市には，どんな伝統工業があるのだろう。

郷土教材開発研究委員会編集『わたしたちの伊万里市』伊万里市教育委員会，2011 年，pp.128-131より筆者が作成した。

に留まり，グローバルな視点からの記述が皆無な点である。

c．伊万里市教育委員会「伊万里焼キッズサイト」，『こども伊万里学』

　伊万里市は，副読本の他，調べ学習用 HP と冊子版を作成している[7]。

　「伊万里焼キッズサイト」，『こども伊万里学』（表4-1-4参照）は，有田の情報も多く，前述の副読本よりバランスよくまとめられている。例えば，「入門編（小学生）」には，有田泉山で陶石が発見され，日本最初の磁器が焼かれたことが書かれ，「発展編（中学生以上）」には，李三平や初代柿右衛門の説明，中国の内乱と伊万里焼発展との関わり（景徳鎮と伊万里焼）の説明もある。

　さらに独自の内容として，「名陶工副島勇七の伝説」，「伊万里の陶器商人の活躍」，「荷師について」がある。このうち「入門編（小学生）」の「名陶工副島勇七の伝説」は，鍋島藩窯のろくろ細工名人の副島勇七が，伊予砥部（尾張瀬戸とも）に逃亡。磁器製作の秘法を漏らした罪で後に鍋島藩が捕え，1790 年12 月，佐賀の嘉瀬刑場で斬首した事件である。この話を収録したのは，鍋島藩が秘密保持のため厳しく藩窯を監視していたことを理解させるためであろう。

　また，グローバルな東西文化の融合の視点に関しては，前述したように「発展編（中学生以上）」には，「中国の内乱と伊万里焼発展との関わり（景徳鎮と伊万里焼）」の中で，V.O.C をトレードマークとするオランダ東インド会社が，景徳鎮磁器の代替として伊万里焼に目をつけ，やがて欧州に輸出したこと，ドイ

表 4-1-4　「伊万里焼キッズサイト 」，『こども伊万里学』の章立て

入門編 （小学生）	やきものの種類（陶器，磁器），伊万里焼の歴史，伊万里焼のできるまで，鍋島焼とは，<u>陶工副島勇七の伝説</u>
発展編 （中学生 以上）	唐津焼と伊万里焼，磁器の始まり，<u>中国の内乱と伊万里焼発展との関わり（景徳鎮と伊万里焼）</u>，色絵磁器の生産へ，伊万里の陶器商人の活躍，荷師について，伊万里焼の移り変わり，大川内山の鍋島藩窯，鍋島焼の種類・形状・デザイン・決まりごと・鍋島焼の現在
映像編	工程，関係者へのインタビュー，もっと知りたい伊万里焼！
用語解説（項目例：「オランダ東インド会社」「加藤民吉」「還元焔焼成／還元炎焼成」），「さらに詳しく調べたい時は」，「やってみよう‼　伊万里焼・古伊万里焼・鍋島焼クイズ」，「『こども伊万里学』指導資料作成委員会について」	

冊子版『こども伊万里学」指導資料～世界に誇るわたしたちの伊万里焼～伊万里焼キッズサイト』（伊万里市教育委員会，2008 年，非売品）より筆者が作成した。下線部は筆者による。

ツのマイセン窯等で模造品が作られたことの記載もある。

　但し，「鍋島焼の現在」に関し，「ファインセラミックス」等の記述は無く，コーヒーカップ等を現代の生活様式に合わせた現代風の伊万里焼の具体例として挙げるに留まる。歴史に関しても，1871年の廃藩置県による鍋島藩窯の閉鎖で終わり，明治以降の歴史が割愛される等の課題が見受けられる。

　以上，「伊万里焼キッズサイト」，『こども伊万里学』の内容は，細部に課題が見られるが，「発展編（中学生以上）」の，グローバルな東西文化の融合の視点に基づく記述は高く評価できる。この資料は小学生にも活用させたい。

(2) 日韓の共通史の視点に基づく「有田焼」の教材化の現状（小学校〜高校）

　日韓の共通史の視点に基づく「有田焼」の教材化の具体例として，『日韓共通歴史教材　朝鮮通信使―豊臣秀吉の朝鮮侵略から友好へ―[8]』を取り上げる。

　広島県と韓国大邱市の教職員組合所属の小中高校教員が作成した同教材（学習対象の記載は無いが，作成者の所属と学習内容より「小学校〜高校」と判断した）では，豊臣秀吉の朝鮮侵略に関連し，「第2章　戦争がもたらしたこと　1.『人さらい戦争』，2.『焼き物戦争』」の記述があり，李三平が「有田焼」の基礎を築く話が詳細に書かれている。具体的には，「焼き物戦争」，「李参平と有田焼」の記述である（表4-1-5参照）。特に後者は，「オランダ商人」による景徳鎮磁器の代替品として東南アジアや欧州への輸出等のグローバルな歴史的展開の記述として評価できる。但し，オランダ東インド会社を「オランダ商人」と表現する点や，「有田焼」が西洋磁器の誕生に寄与し，明治以降は逆に西洋より最新技術を導入した等の東西文化融合の視点を欠く点が課題である。

(3) グローバルな東西文化の融合の視点に基づく「有田焼」学習の　　先行実践例

　高校「日本史」の事例であるが，グローバルな東西文化の融合の視点に基づく「有田焼」学習の先行実践例として，越川芳雄実践「伊万里の皿を推理する―東アジアと長崎貿易―[9]」を取り上げる。

表 4-1-5　「朝鮮の磁器」,「李参平と有田焼」の記述（下線部：筆者）（ルビ省略）

第2章　戦争がもたらしたこと
2「焼き物戦争」
「朝鮮の磁器」（途中から）
　豊臣秀吉が始めた朝鮮侵略戦争（文禄・慶長の役, 1592 ～ 1598 年）は, 別名「**焼き物戦争**」といわれました。それは, この戦争に出陣した豊臣軍の各大名が, 自分の領地の陶磁器産業を発展させようと, 朝鮮各地で陶工たちを数十名単位で捕虜とし, 日本に連れ帰り, 彼ら陶工たちの力で領内の経済を豊かにしていったからです。そのため, 朝鮮では陶磁器の生産が激減し, もとに戻るまでには 30 年近くかかりました。（以下, 省略）
「李三平と有田焼」
　日本へ連れてこられた一人の陶工によって, 日本で初めて磁器がつくられるようになりました。彼の名前は李参平（1759 ～ 1655）といいました,
　文禄の役に参戦した肥前（佐賀県）の大名鍋島直茂は 1596 年（筆者注：正しくは 1598 年）, 忠清道金江（筆者注：現, 忠清南道公州市）の陶工李参平とその一族を捕虜として連れて帰りました。そして金ケ江三兵衛という名を与え, 領内で焼き物生産に従事させました。
　李参平は鉱山匠の才能もあったので, 領内で磁器の原料になる鉱石（珪素を含んだ石）を探し歩き, 1616 年にやっと, 有田川上流の泉山で陶石を発見しました。それまで陶器生産が行われていた有田の天狗谷に大きなのぼり窯を作り, 磁器の生産を開始しました。日本国内で初めての磁器生産ですから, 藩主は技術が他藩に漏れないよう, また, 陶工が他藩に連れ去られないよう厳重に取り締まり, まったく外部と遮断した中で, 独占的に生産を行わせました。
　鍋島藩が独占的に売り出す磁器の皿や茶碗, 小皿は, 国内だけではなく, オランダ商人の手で, 東南アジアを中心に海外でも大量に販売され, 鍋島藩は大きな利益を得ました。特に, 明滅亡の混乱で中国の磁器生産の中心地である景徳鎮での生産が減少したので, オランダ商人たちは有田で作られた陶器を, 中国産に変わるものとして, ヨーロッパで大々的に売り出しました。この時, 製品が伊万里の港から積み出されたので,「**伊万里焼**」という名がつきました。
　その後, 有田では, 有田陶業の氏神をまつる**陶山神社**に, 李三平の功績を称えて「陶祖李三平碑」を建立しました。また, 毎年, 5 月に行われる「有田陶器市」期間中の 5 月 4 日を「陶祖祭」に定め, 李三平の功績をしのんでいます。

　表 4-1-6 に示すように, 同実践はオランダ東インド会社が発注した「VOC の文字入りの有田焼」に特化した内容であり, よもや鎖国中の江戸時代の日本製とは気づかないだろうとの想定の下, 生徒の認識を覆すことから, 17 ～ 18 世紀の日本と欧州の関わりを考えさせる日本史の授業である。特にこの授業内容は, 小学生対象でも実施可能で参考となる[10]。

　但し, 誤りが 2 点ある。第 1 に, 指導案中の「竜騎兵の一個連隊と交換されたとされる伊万里の大壺」が誤り（交換したのは中国の大壺）, 第 2 は, 実践者が,

表4-1-6　「伊万里の皿を推理する」の学習指導案（下線部：筆者による）

学習活動	指導上の留意点
第1時 1 図A（筆者注：「伊万里色絵酒樽蘭人像注器」）・図B（筆者注：「伊万里染付 VOC 欧字文皿」）[11]の伊万里を示し，次の3点について，各班で討論させる。 発問1 この2つの製品は17世紀後半のものだが，<u>どこで製作され，どこに輸出されたものかを推論せよ。</u> 発問2 図Bの「VOC」は何を意味するか，発問1との関連で答えよ。　発問3 発問1，2を推論した根拠を図A・図Bから具体的にあげよ。 2 各班の討論結果を発表させる。 **第2時** 3 他の班の推論のおかしな箇所を指摘し討論させる。 4 他の班の見解のうち，最も推論的に正いと思われる結論を1つ選択させる。 5 その結論の適否を述べ，推論過程の優劣についてコメントする。 6 <u>竜騎兵の一個連隊と交換されたとされる伊万里の大壺</u>[12]やヨーロッパの宮殿の陶器の間などの写真を示し，いかに伊万里が珍重されていたかを実感させる。	・日本の伊万里であることは伏せて，中国製・ヨーロッパ製など，さまざまな可能性を考えさせる。　・「VOC」についても，製造した会社・国名・単なる装飾文字など，自由に想像させる。　・図柄・絵の巧拙など印象面の推論でもよしとし，副教材中の柿右衛門の作品にも注目させる。 ・各班の結論の概略を板書する。　・世界史的な知識（明清の王朝交代）などにも気づかせる。　・正解にこだわらず推論の論理性などで選択させるようにする。　・選ばれた推論が誤っていた場合に，どの点に気づけば正解にたどり着けたかを検証する。

越川芳雄「伊万里の皿を推理する—東アジアと長崎貿易—」千葉県歴史教育者協議会日本史部会『絵画史料を読む日本史の授業』国土社，1993年，p107より筆者が抜粋した。

「VOC」の輸出経路を「日本→オランダ経由ヨーロッパ」と解すのが誤りで，正しくは「日本→オランダ東インド会社の各地の出先機関」である。

　さらに，有田焼が一方的に欧州に輸出されたかのような説明だが，オランダ東インド会社の介在で磁器輸出が可能になったこと，後の欧州マイセン磁器等の開発に有田磁器が寄与したこと等の説明を欠く点が課題である。

2　グローバルな東西文化の融合の視点に基づく「有田焼」の教材化

（1）先行授業実践の限界と単元開発の構想

　前述のように，オランダ東インド会社を接点とする「有田焼」の海外輸出の

歴史が，先行授業実践では，ほとんど教えられていない。しかし，東南アジア，西アジア，欧州等の異文化に適合した磁器製品を生産した工夫や努力は特筆に値する。特に，ヨーロッパに1652年の英国ロンドンへのコーヒー店登場を皮切りに，嗜好品文化が普及し，軽くて断熱性の高い磁器容器が「有田焼」に求められ，これに応え，今日のカップ＆ソーサーの原型を創造し供給した事実は重要である[13]。非西洋社会（日本）が開発した磁器容器を西洋社会が受け入れ，西洋の生活文化を変化させたからである。また，欧州磁器の始祖であるドイツ・マイセン磁器は，「有田焼」の模倣から始まった。なお，「有田焼」に見る東西文化の融合の原動力は経済にある。需要動向に対応した新商品が人気を博すと，競争相手は類似商品を開発し市場に参入する。その過程で「有田焼」が変容するのである。

　やがて，清王朝の安定に伴い，中国景徳鎮の磁器生産が復活（1684年，展海令により中国磁器輸出が本格化）。今度は，中国が「有田焼」を真似たコピー磁器を製造し，欧州へ安く輸出し，欧州市場から「有田焼」を駆逐した。しかし，景徳鎮の隆盛も長くは続かない。ドイツのマイセン磁器等の独自のヨーロッパ磁器文化が生まれ，やがてイギリスで始まった産業革命が始まり，磁器の大量生産と近代化が進む。このような流れの中で明治維新後，逆に日本がドイツから最新技術を学ぶ。このような有田焼の学習を通じ，双方向の文化変容の中で「混沌（ハイブリッド）化」が生じ，新たな文化創造が起こる過程を学ばせたい。

　社会科「学習指導要領」との関係では，地域の「伝統学習」（第3・4学年），産業学習[14]，流通，外国学習（第5学年），歴史や国際理解学習（第6学年）で実施できる。そこで，本稿では，特に，グローバルかつ過去から未来まで扱える「有田焼」教材の可能性を最大限に活用すべく，小学校社会科伝統学習・歴史学習・国際理解学習の融合単元（第6学年）を提示したい（小学校社会科のまとめ学習としての単元を構想する）。

　第6学年の歴史学習では，「学習指導要領」の，「内容（1）」の「オ　…略…鎖国について調べ，…略…身分制度が確立した武士による政治が安定したことが分かること」，「カ　歌舞伎や浮世絵，国学や蘭学について調べ，町人の文化

が栄え新しい学問が起こったことが分かること」,「キ　…略…欧米の文化を取り入れつつ近代化を進めたことが分かること」(下線部：筆者)の3つの学習内容を相互関連的に結び付け,多面的に考察できる。すなわち,鎖国中でも,オランダや中国の商人を介し,長崎出島から輸出が可能だったこと,幕藩体制に基づく武士による統治としての佐賀鍋島藩による「有田焼」の保護・監督,また「有田焼」の茶碗・独自のデザインの発達等が「町人の文化」の繁栄の具体例であり,購買層も武士に留まらず町人に拡がったことや,黒船来航以前より「有田焼」は,オランダ東インド会社より欧州文化の情報を入手し,逆に,磁器輸出により欧州文化へ影響を及ぼしたことを学習できる。また,第6学年の国際理解学習では,「学習指導要領」の「内容(3)」の「ア　我が国と経済や文化などの面でつながりが深い国の人々の生活の様子」の学習内容として,磁器発祥の中国,日本に伝えた韓国,江戸時代の磁器輸出先の東南・西アジア諸国,欧州諸国を取り上げたい。

3　グローバルな東西文化の融合の視点に基づく「有田焼」の単元構想案
—小学校社会科第6学年単元「有田焼400年の秘密を探ろう」—

　開発単元「有田焼400年の秘密を探ろう」の学習目標は,「文化や伝統が決して静的で不変的なものではなく,他文化との接触・交流や技術革新等の影響により,常に動的で可変的であることを,東西文化の融合の具体物としての『有田焼』を通して児童が理解すること」である。学習過程は,朝鮮や中国の文化受容により誕生した有田焼が,東南・西アジアや欧州(特にドイツ)への輸出を通し,双方向に文化変容し,明治以降現在に至る進化の過程を,「なぜ疑問」への「歴史的アプローチ」,「地理的アプローチ」,「経済的アプローチ」,「文化価値創造アプローチ」という4つのアプローチから学習させたい。
　特に,グローバルな東西文化の融合の背景にある交易・貿易等の「経済的アプローチ」と,文化間の交流を通じた双方向の文化変容の中で「混沌(ハイブ

リッド）化」が生じる，新たな文化創造過程として「文化価値創造アプローチ」を重視したい。

　第1次では，有田焼の誕生と人気の秘密について学習する。いきなりグローバルな東西文化の融合を扱うと理解し難いと思われるので，まず朝鮮からの磁器製法の伝播と，原料が有田に偏在したことによる独占製造・販売，さらに，当時の茶道文化の興隆を背景に有田焼が全国に広まったこと等を「経済的アプローチ」を中心に学習する。

　第2次では，グローバルな東西文化の融合について学習する。「有田焼」を例に，各国の磁器が「模倣から独自作品の創造へ」発展したことを学習する（「文化価値創造アプローチ」）。

　第3次では，近現代と未来の有田焼の秘密を学習する。終結部では，「文化価値創造アプローチ」により，児童に未来の「有田焼」をデザインさせ，児童自身が文化創造の担い手になりうることと，「有田焼」等の文化や伝統が常に動的で可変的なことに気づかせたい。

表 4-1-7　　第 6 学年単元「有田焼 400 年の秘密を探ろう」の構成原理（筆者作成）

次	テーマ，主要発問，アプローチ
1	有田焼の誕生と人気の秘密にせまる（国内編） 「なぜ，佐賀県有田町で日本初の磁器生産が始まったのか？」 「なぜ，有田焼が，日本全国に広まったのか？」 【歴史的アプローチ】，【地理的アプローチ】，【経済的アプローチ】
2	有田焼の人気の秘密にせまる（海外編） 「なぜ，江戸時代，鎖国中なのに有田焼が輸出できたのか？」 「なぜ，日本の有田焼は，外国で人気が出たのか？」 「なぜ，ドイツ・マイセンで，有田焼のコピーが製造されたのか？」 【歴史的アプローチ】，【地理的アプローチ】，【経済的アプローチ】，【文化価値創造アプローチ】
3	「明治維新後，有田焼はどのように変化したか？」 「JR 九州の豪華寝台特急『ななつ星』に，なぜ有田焼が採用？」 「3D プリンターで，どんな有田焼を創ればよいか？　未来の有田焼をデザインしよう」【歴史的アプローチ】，【経済的アプローチ】，【文化価値創造アプローチ】

表 4-1-8　単元「有田焼 400 年の秘密を調べよう」の単元指導計画（全 8 時限）

段階	主要発問（◎），補助発問（○），引き出したい知識， ☆は到達目標としての説明的知識），【アプローチ】	関係国
第 1 次 （2 時限） （国内編） 有田焼の誕生と人気の秘密	◎「なぜ，佐賀県有田町で日本初の磁器生産が始まったのか？」 ・1616 年，豊臣秀吉による朝鮮出兵後に，朝鮮から佐賀に連行された陶工李三平（李参平，金ヶ江三兵衛）が有田泉山で白磁鉱を発見した。 　　　　　　　　　　　　　　　　　　　　　　　　　　【歴史的アプローチ】 ・磁器の原料として良質の白磁鉱が必要（原料生産地）。【地理的アプローチ】 ・陶器（唐津焼）を生産していた熟練の陶工が多く，新たに磁器生産に加わることができた。【経済的アプローチ】 ○「なぜ，李三平ら朝鮮人陶工が来日したのか？」 ・豊臣秀吉の朝鮮出兵の際，大名たちが多くの陶工を連れ帰った。 ・千利休が茶道文化を確立し，茶器として陶磁器が尊ばれていた。 ・磁器は中国・朝鮮からの輸入品しかなく高級品であった。磁器は陶器に比べ，薄く，硬く断熱性に優れる。【歴史的アプローチ】 ◎「なぜ，有田焼が，日本全国に広まったのか？」 ・日本製の磁器を買いたい人が多かった。武士だけではなく町人文化も発展。寛永年間（1624 〜 43 年）に関西へ広まり，寛文年間（1661 〜 71）に関東へ広がった（その間に輸出も開始）。【経済的アプローチ】 ・染め付けという，白地に青で文様を描く際に必要な呉須（コバルトとマンガンを主成分とした天然の金属化合物）を中国から長崎を通じて入手できた[15]。→良質の磁器を製造できた。【地理的アプローチ】 ○「どのようして重い磁器を関西（上方）や関東（江戸）に運んだか？」 ・有田の北約 12km にある伊万里港から船で搬出した（海運）。 ☆磁器を独占生産し，良港にも恵まれたため，全国に販路が拡大した。 ・鍋島藩は，独占的な有田焼の販売で利益を挙げた。 　1628 年，鍋島藩直営の藩窯を設置。 ・鍋島藩は技術漏洩せぬよう厳しく管理した。→ 1806 年，瀬戸の陶工の加藤民吉が磁器製法を瀬戸に技術移転。独占生産終焉。やがて瀬戸の安価な磁器が流通。【地理的アプローチ】【経済的アプローチ】	朝鮮
第 2 次 （3 時限） （海外編） 有田焼の人気の秘密	◎「なぜ，江戸時代，鎖国中なのに有田焼が輸出できたのか？」 ・1641 年，長崎の出島にオランダ商館が移設（平戸より）。 　→鎖国中，出島のオランダ商館を通じ，輸出ができた。 ・鍋島藩は，福岡藩と共に 1 年交代で「長崎御番」をしており，最新の海外情報を入手できた。【歴史的アプローチ】 ・有田や伊万里は，長崎出島に近かった。【地理的アプローチ】 ○「なぜ，本場中国の磁器に替わって，有田焼が輸出できたのか？」 ・1644 年，中国の明王朝が滅亡。磁器生産の中心地の景徳鎮の生産が激減した。【歴史的アプローチ】	オランダ 中国

	・景徳鎮磁器を輸出していたオランダ東インド会社は代替磁器生産地を探さねばならなくなった。【経済的アプローチ】 ○なぜ，ペルシャ（現イラン），ベトナムでなく有田が代替地に選ばれたか？ ・有田の白磁鉱が，極めて良質だったから。【地理的アプローチ】 ◎「なぜ，日本の有田焼は，外国で人気が出たのか？」 ・1647年，初の海外輸出（カンボジアへ）。 ・各国の文化に合わせ，多様な磁器を生産できた。例：ベトナムは箸と匙を使うので椀と小皿を輸出。タイは匙と手食ゆえ椀を輸出。使う人のニーズに応じて製造した（工夫と努力）。【経済的アプローチ】 ・オランダ東インド会社の注文通りに生産した。【経済的アプローチ】 ・中国景徳鎮の磁器製造の技術（秘伝）が，伝えられた。 例：明滅亡の1644年，伊万里の陶商の東島徳左衛門が，長崎へ来航した清国の技術者から陶磁器への彩画着色法（赤絵付）を学び，それを有田の初代柿右衛門（酒井田喜三右衛門）へ伝授した。 ・1656年〜84年，清朝，「海禁令」で輸出禁止。 ・1659年，初めて有田焼をオランダ本国へ輸出。中国磁器に替わり，ヨーロッパで人気を得る。最初は中国製のコピーを製造。 ○「なぜ，最初は中国製のコピー（模造品）を作ったのか？」 ・最初は，日本製（有田焼）への信用がなかったから。 ・買い手は，中国製の磁器を求めていたから。 ○「なぜ，次第にオリジナル作品（例：柿右衛門の日本風のデザイン）が売れるようになったのか？」 ・徐々に日本製への信用が高まったから？　日本製という認識欠如？ ・1670〜80年代，ヨーロッパにコーヒー文化が広まる中で，有田焼のコーヒーカップ＆ソーサーを求められ製造・輸出。軽く薄く断熱性の高い磁器製は好評を博した。【経済的アプローチ】 ◎「なぜ，ドイツ・マイセンで，有田焼のコピーが製造されたのか？」 ・1710年，ドイツのマイセンで磁器生産開始[16]。当初は，日本風のコピーだったが，徐々に，独自の作品が創られていった。 ○「1684年，中国磁器の輸出が再開すると，有田焼の人気は？」 ・安価な中国磁器に徐々に市場を奪われた。中国磁器は日本磁器を模倣し販路を伸ばしたが，18世紀以降，ヨーロッパ各国が磁器製造開始。イギリスの台頭でオランダの国力低下。【経済的アプローチ】 ・1757年，有田焼の公式貿易の終焉。 ・1759年，フランス・セーブル窯の国営化。磁器生産本格化。 ・1799年，オランダ東インド会社の解散。【歴史的アプローチ】 ☆有田焼は，オランダ東インド会社の後押しで，中国景徳鎮の磁器輸出禁止の間に輸出拡大したが，中国の輸出再開後は衰退した。 ☆有田焼がそうであったように，各国の磁器は「模倣から独自作品の創造へ」発展した。【文化価値創造アプローチ】	ペルシャ　ベトナム　カンボジア　ベトナム　タイ　中国　ドイツ　中国　フランス

※紙幅の関係で，第3次の単元指導計画を省略した。

　以上，本稿では，他文化との接触・交流や技術革新等の影響により，常に文化や伝統が動的で可変的なことを，グローバルな東西文化の融合の具体物である「有田焼」を通して学習させる小学校社会科伝統・歴史・国際理解学習の融合単元（第6学年）を開発した。授業の試行が今後の課題である。

（松井　克行）

註及び参考文献

（1）大橋康二『世界をリードした器窯—肥前窯』新泉社，2004年，p.75。

（2）矢野正人「オランダ東インド会社の秘策—景徳鎮は伊万里でつくれ」日本放送協会『NHK歴史ドキュメント⑥』日本放送出版協会，1987年，pp.134-136。

（3）文化の混沌（ハイブリッド）化に関し，韓敬九・桑山敬己編著『日韓共同編集グローバル化時代をいかに生きるか 国際理解のためのレッスン』平凡社，2008年，pp.20-24参照。

（4）「ファインセラミックス」とは，従来の陶磁器（「伝統的セラミックス」）に対し，機能・特性が極めて優れたセラミックス（無機物を焼き固めた焼結体の総称）を意味する。金野正幸「『多孔質ファインセラミクックス』の産業技術の系統化」独立行政法人国立科学博物館・産業技術史資料情報センター『国立科学博物館技術の系統化調査報告第12集』独立行政法人国立科学博物館，2008年，p.166参照。

（5）2014年度より「一般社団法人日本教育情報化振興会」に改称。

（6）「産業界との協力授業」HP　http://www.cec.or.jp/e2a/sangyou/h15/yaki/info-yaki.html（2015.9.1閲覧）。

（7）「伊万里焼キッズサイト」HP　http://www.school-imari.ed.jp/jouhou/kidssite/index.html（2015.9.15閲覧）。

（8）日韓共通歴史教材制作チーム『日韓共通歴史教材　朝鮮通信使—豊臣秀吉の朝鮮侵略から友好へ—』明石書店。2005年，

（9）越川芳雄「伊万里の皿を推理する—東アジアと長崎貿易—」千葉県歴史教育者協議会日本史部会『絵画史料を読む日本史の授業』国土社，1993年，pp.102-107。

（10）同様に「VOCの文字入りの有田焼」に特化した授業，及びオランダ東インド会社の技術指導による初代柿右衛門の赤絵完成，戦前の国定教科書の「柿右衛門の赤絵美談」の誤り，NHKのTV番組「歴史ドキュメント」『景徳鎮は伊万里でつくれ—オランダ東インド会社の秘策』（1987年1月17日放送）の重要性を指摘した論考として以下がある。高嶋伸欣「NHK『紅白』出場サザンの曲に大きな反響（下）—高嶋伸欣氏も深い共感—」（反戦情報編集部『反戦情報』№235，2015年

　　2 月 15 日号，p.22）。

(11)　VOC（Vereenigde Oost-Indische Compagnie）の文字入り磁器はオランダ東インド
　　会社の出先や船等で使う食器として注文されたためオランダ本国では出土せず，
　　ケープタウンや長崎出島で出土する。大橋，前掲書，2004 年，p.86。

(12)　マイセンに王立磁器工場を設立したザクセン選帝侯アウグスト 2 世（アウグス
　　ト強王）の逸話。竜騎兵 600 人を，プロイセン王フリードリヒ・ヴィルヘルム 1
　　世所有の大壺 18 個，磁器の計 127 点と交換したが，明時代の中国製磁器だった。
　　南川三治郎・大平雅巳『マイセン』玉川大学出版部，2009 年，p.110。

(13)　大橋，前掲書，2004 年，pp.90-91。

(14)　第 5 学年の産業学習では，平成元年版学習指導要領までの「イ　我が国の伝統
　　的な技術を生かした工業について，それが盛んな地域や生産物を地図や資料など
　　で調べ，原料や土地の条件，技術などを生かして生産していることを理解する
　　とともに，伝統的な技術を生かした工業製品のもつ意味について考えること」の
　　項目が，平成 11 年版より「自分たちの住んでいる県（都，道，府）についての理
　　解を一層深めるようにする観点から」第 3 及び第 4 学年に移行。（文部省『小学校
　　学習指導要領解説社会編』日本文教出版，1999 年，pp.8-9）。従って，第 5 学年で
　　は，伝統産業ではなく陶磁器製造業の代表例として取り扱う必要がある。

(15)　藤原友子「呉須はどこから―茶碗薬の名で長崎へ」http://www47.tok2.com/home/
　　yakimono/onna-sarayama/22.htm （2015.9.15 閲覧）。

(16)　「ドイツの名窯マイセン 日本公式サイト」　http://www.meissen-jp.com/history.html
　　（2015.9.15 閲覧）。

主要参考文献（註記以外）

大橋康二『海を渡った陶磁器』吉川弘文館，2004 年。
大橋康二『海を渡った古伊万里セラミックロード』青幻舎，2011 年。
佐賀県立九州陶磁博物館（編集・発行）『土と炎―九州陶磁の歴史的展開』，1996 年。

第2節　秋田県のふるさと教育の性格と実践
―由利本荘市立岩城小学校のふるさと教育の実践を事例に―

1　秋田県のふるさと教育の経緯と性格

(1) ふるさと教育の経緯

　秋田県のふるさと教育は，県教育委員会が先になり，人間としてのよりよい生き方を求めて昭和61年度から取り組んできた「心の教育」の充実発展を目指したものであり，平成5年度からは学校教育共通実践課題として推進してきた。県教育委員会は，ふるさと教育指導資料として『ふるさとの歌』を平成6年度に，『ふるさと秋田の学び』及び『指導の手引』を平成7年度に発刊し，秋田県のふるさと教育の大きな柱としている。

　その後，平成11年度の「ふるさと子どもドリーム支援事業」平成12・13年度の「ふるさと子どもドリームアップ事業」を契機に，地域の良さを再発見し，地域に自信と誇りをもつこと，地域の人材や地域素材を学校教育に生かしながら学習意欲や更には知的活動を高め，学力向上にも結びつけてきた。また平成12年度からの「総合的な学習の時間」や平成14年度から完全実施された学校週五日制においても，「ふるさと教育」の実践的な活動は，地域と結びついた開かれた学校づくりに大きく貢献してきた。

　また，この教育活動の中で，地域のお祭りや伝統文化を学び，参加する体制が各校で徐々に確立されてきた。地域の方々を学校に招いて様々な学習の指導者として活躍いただく学習活動も盛んになり，その中で，地域の伝統文化に関わる太鼓や琴，舞踊や番楽，獅子舞等のクラブ活動等も増え多大な地域貢献をしている。

(2) ふるさと教育の性格

　秋田県のふるさと教育が，全県的に取り組まれてきた経緯をご理解いただいた。昭和61年度の「心の教育」を発端としていることから，その実践は30年以上も続けられていることになる。

　当時は，「ふるさと教育」という言葉自体が全国的に認知されていたか明確では無いが，秋田県においては「学校教育共通実践課題」として取り組まれたり，「ふるさと子どもドリーム支援事業」の実践推進されたりしたことにより，広く定着されてきたと言える。

　また，秋田県の教育においては，「ふるさと教育をどう捉えるか？」「どのように推進していくか？」「どのような効果が期待できるのか？」を，県教育委員会が主導で積極的に全県展開してきたことが，ふるさと教育の充実発展に大きな力となっている。

〈ふるさと教育のねらい〉

　秋田県のふるさと教育は，幼児児童生徒が郷土の自然や人間，社会，文化，産業等と触れ合う機会を充実させ，そこで得た感動体験を重視することによって，①ふるさとのよ さの発見②ふるさとへの愛着心の醸成③ふるさとに生きる意欲の喚起を目指すもの である。

〈重点事項〉

1　心豊かで，郷土愛に満ちた人間の育成

　　幼児児童生徒に，ふるさとの自然や文化等に触れさせ，ふるさとの人々との触れ合いを深め，ふるさとへの新たな認識を実感的に獲得させることによって，郷土の自然や生命に対する畏敬の念や感動する心，他人を思いやる心や奉仕の心など，他と共に生きる豊かな心や態度を育てる。

2　自ら学び考え，課題を追究する力などの学ぶ力の育成

　　幼児児童生徒に，一人一人の生活の舞台であるふるさとが，自然や文化，人材等に恵まれていることに気付かせ，それらと直接触れ合い，実感的で，体験的，総合的に学ぶ場を充実させることによって，学習意欲を醸成する。

さらに，ふるさとを多面的に捉えさせ，「問い」を発しながら課題を明確にして学習に取り組ませることによって，よりよく問題を解決する資質や能力，習得した知識や技能などを実際に学習や生活の様々な場面で生かしていく力を育てる。

3　高い志と公共の精神をもち，秋田の将来を支えていく人材の育成

　幼児児童生徒に，ふるさとの歴史や伝統，先覚者の偉業についての理解を深めさせ，生まれ育ったふるさとに対する自信と誇りをもたせるとともに，郷土の課題や展望について進んで考えさせ発信させることなどによって，地域社会の願いを実現した秋田の先覚者のような高い志と公共の精神を育み，秋田の将来を支えながら郷土や国際社会を自立的，協働的，創造的に生き抜くたくましい力を育てる。

　これらのふるさと教育の推進は，今日的な教育課題への対応を図ることも可能である。

　ふるさと教育の趣旨を活かして展開される学習活動は，幼児児童生徒の学習意欲を高め，国際化，情報化，環境の変化，少子高齢化などに対応し，主体的に問題解決に取り組もうとする態度を育てる。

　また，ふるさとを舞台として行われる自然体験やボランティア活動などの社会体験，ふるさと教育の趣旨を生かして行われる各教科等の学習を通して，幼児児童生徒がふるさとの実相に思いを致し，国威理解，人権，防災，環境，福祉・健康など横断的・総合的な課題を自らの問題として受け止めることができるようにする。

　さらに，変化の激しい社会の中で，心豊かに生きるためのコミュニケーション能力や表現力，情報活用能力等を高めるとともに，自らが生まれ育ったふるさとに愛着をもち，周囲と調和を保ちながら誇り高く生きる態度を養っていく。

　これらの取組を通して，高い志を育み，秋田の将来を支える人材の育成を目指すとしている。

　このように，ふるさと教育がグランドデザイン化され，学校教育活動の中でどのように体系的に取り組まれていくべきか示されている。

各学校におけるキャリア教育の視点を重視したふるさと教育の推進

- 自ら学ぶ力
- 豊かな心と郷土愛
- 高い志と公共の精神

○学校の課題
○保護者の願い
○地域の願い

ふるさと教育全体計画等の作成

【例】・ふるさと教育の全体計画
　　　・ふるさと教育の取組が盛り込まれた各教科等の年間指導計画
　　　・ふるさと教育の方針等を示した保護者・地域向けパンフレット

＊キャリア教育の視点を盛り込む

○第2期あきたの教育振興に関する基本計画
○学校教育の指針

【地域の経済活動との関連】地場産業・新エネルギー・内陸線　等

キャリア教育の視点を重視したふるさと教育の実際（例）

各教科等との関連を意識した学習活動例

先人の生き方を学ぶ活動
学習内容を地域での生活に生かす活動
地域や家庭での自分の役割を果たす活動
秋田県民謡を通してふるさとを知る活動

地域の活性化に貢献する活動
地域の伝統を受け継ぐ活動
地域の人との交流活動
　　　　　　　　　　　　　等

各教科で
国語…民話や伝記の読み聞かせ
社会…地域の工場，商店等の見学
音楽…県民歌，民謡の歌唱
英語…ふるさとの紹介　　　等

道徳の時間で
自然の愛護，郷土の偉大な先人　等

特別活動で
郷土の未来を語るフォーラム　等

総合的な学習の時間で
福祉施設訪問，特産品の提案　等

学校行事で
自然体験，遠隔地の学校との交流　等

【ふるさと教育で取り上げる自然や文化，地域等に貢献した先人の例】
十和田湖　白神山地　男鹿半島　鳥海山　田沢湖　大湯環状列石　玉川温泉北投石
地域の祭りや伝統的な行事・工芸品
石川理紀之助　佐藤信淵　白瀬矗　成田為三　平田篤胤　山下太郎　等

＊「ふるさと秋田の学び」（平成8年　秋田県教育委員会発行）から

【教育施設の活用】美術館・博物館・少年自然の家【地域人材の活用】企業人・伝統芸能関係者　等

校種間を貫く活動

ふるさと教育が目指す人間像

郷土の自然や風土を愛する人間

郷土の歴史や伝統，文化を受け継ぐ人間

うるおいと活力に満ちた郷土づくりに積極的に関わる人間

郷土や国際社会を自立的，協働的，創造的に生き抜くたくましい人間

秋田県がキャリア教育で目指すもの

社会的。職業的自立のために必要な基盤となる能力や態度

・ふるさとを愛する心
・社会を支える自覚と高い志
・公の場で自分の考えを発言する積極性（"「問い」を発する子ども"）等

ふるさとが学びのフィールド（地域・家庭・企業　等）

〈H 27 秋田県教育委員会「学校教育の指針」より〉

2　岩城小学校のふるさと教育の計画

　秋田県内の小・中学校では，全ての学校において「ふるさと教育」が学校経営の中に位置づけられている。岩城小学校においてもそれに漏れない。

　岩城小学校は，学校教育の根底にふるさと教育を位置づけている。それは，子どもたちに「ふるさとのよさに気づかせる」という活動のねらいだけで無く，学校と地域との関係等にも関わる大きな意義をもっているとも言える。

(1) ふるさと教育経営計画の実際

〈目標〉

　ふるさと岩城のよさに気づき，愛情や誇りをもって，ふるさとの未来をより良くしようとする子どもを育てる。

〈経営の重点〉

　①地域との関わりを活かした単元・題材の見通しと開発

　②勤労・ボランティア体験活動の推進

　③地域素材（人材，施設等）の資料収集と活用

〈実践の具体化〉

　・教育課程を踏まえ，各教科で地域との関わりを活かすことのできる単元や題材を洗い出し，地域とのつながりを意識した単元構成の工夫を図る。

　・総合学習や道徳，特別活動，外国語活動等において，地域での体験，人との触れあい，情報収集・発信などの積極的な推進を図る。

　・地域素材や人材の掘り起こしを図り，リストを充実させる。

〈具体的な活動〉

　・ふるさとのもの作り文化を学ぶ活動

　・ふるさとの地域文化を学ぶ・体験・継承する活動

　・ふるさとの文化を発信する活動

(2) ふるさと教育全体計画

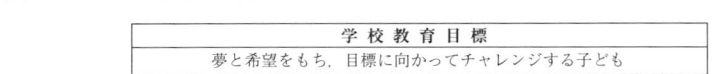

学 校 教 育 目 標

夢と希望をもち，目標に向かってチャレンジする子ども

秋田県ふるさと教育のねらい

①ふるさとのよさの発見
②ふるさとへの愛着心の醸成
③ふるさとに生きる意欲の喚起

目指す子ども像

いきいき笑顔の子
わくわく学ぶ子
きらきら働く子

ふるさと教育の目指す人間像

①郷土の自然や国土を愛する人間
②郷土の歴史や伝統，文化を正しく受け継ぐ人間
③うるおいと活力に満ちた郷土づくりに積極的に関わる人間
④これからの郷土や国際社会を主体的創造的に生きぬくたくましい人間

ふ る さ と 教 育 の 目 標

地域（道川・松ヶ崎・亀田3地区）の自然や文化，先人の苦労や偉業等に触れ，また親しむ中で，郷土への愛情や誇りをもつ。	地域の人々や事物との触れ合いを通して，地域社会の一員として連帯感をもち，郷土の未来を考えるとともに，これからの生き方についての考えをもつ。	郷土が自然，資源，人材等に恵まれていることに気付くとともに，それらを工夫して活用することや郷土の未来に働きかける意欲をもつ。

学 年 の 重 点 目 標

低学年の目標	中学年の目標	高学年の目標
— 地域に親しむ —	— 地域のよさを見付ける —	— 地域の歴史や文化に触れ，地域の一員としての自覚をもつ —
・自分の家や学校のまわりの自然の変化を観察したりして，地域に親しみをもつ。 ・地域の人から昔の話や昔の遊びを教えてもらい，地域に関心をもつ。	・地域の施設や行事，まちの様子を調べ，地域の特徴やよさを知る。 ・地域の昔の様子や暮らしの移り変わりを調べ，地域の特徴を知る。	・地域の人や産業などを調べ，地域の特徴を理解するとともに郷土に愛着をもつ。 ・学習や様々な活動を通して，地域社会の一員としての自覚をもつ。

キ ャ リ ア 教 育 目 標

自他のよさを見つめ，夢や希望を実現するために果敢に取り組む子どもを育てる

各学年におけるキャリア教育の目標　（「小学校キャリア教育の手引き」文部科学省より）

〈低学年〉自分の好きなこと，得意なこと，できることを増やし，様々な活動への興味・関心を高めながら意欲と自信をもって活動できるようにする。	〈中学年〉友達のよさを認め，協力して活動する中で，自分のもち味や役割を自覚することができるようにする。	〈高学年〉苦手なことや初めて経験することに失敗を恐れず取り組み，そのことが集団の中で役立つ喜びや自分への自信につながるようにする。

教科・領域との関連　　　　**家庭・地域との連携**

教　科	道　徳	特別活動	総合的な学習の時間	外国語活動
体験活動を重視した学習を通して地域の歴史や文化・産業，自然などについての理解を深める。	家族愛・郷土愛・公徳心等の内面化を図り，ふるさとを愛する心情と道徳的実践力を高める。	縦割りグループによる実践活動等を通して，学校や地域社会の一員としての自覚を高める。	地域の人・社会・自然との関わりの中で，自分の生き方について考えようとする。	外国の生活，習慣，行事などと比べて，ふるさとの文化の理解を深め，そのよさに気付く。

3　岩城小学校のふるさと教育の実践

(1)　ふるさとのもの作り文化を学ぶ

①米作り体験（全校）

　日本人の主食である米作りを体験した。5月に田植え体験，8月にかかしづくり，10月に稲刈り体験をしている。11月には，収穫されたお米を，おにぎり給食として味わうことが出来た。

　〈田植え……Ｈ27学校だよりＮＯ18より抜粋〉

　5月22日（金）全校で田植えを行いました。今年も折林ファームの社長佐藤民雄様のお計らいと，ＪＡ企画部，北部ＪＡ営農指導部の皆様のご協力により実現することができました。今回は，保護者・地域の方が15名ほど一緒に田植えをしてくださいました。

　天気は良好でしたが，風が強く大変でした。しかし田植えも2年目となると，子どもたちの植え方も手際よく進み，予定より早く終えることができました。約1時間で，20aの田んぼに「ひとめぼれ」の苗を植え終わることができました。

　これを機会に，お米や田んぼ，農家の仕事，日本の農業，ふるさと岩城に関心をもってもらえたらうれしいです。

　〈かかしづくり……Ｈ27学校だよりＮＯ41より抜粋〉

　7月22日（水）各学年でかかしを作りました。とても暑い中でした。ＰＴＡボランティア，コミュニティボランティア総勢15人がお手伝いに駆けつけてくれました。ありがとうございました。

　なまはげのかかし。ベイマックスのかかし。秋田こまちちゃんのかかし。ふなっしーのかかし。とてもとても上出来です。いずれ，かかしを田んぼに立てますが，夏休み明けに立てようと思っています。夏休み明けに，元気なかかしを楽しみにしていてください。

〈かかし設置……Ｈ 27 学校だよりＮＯ 46 より抜粋〉

　7 月 22 日（水）に全校で作ったかかしが，自分たちの田植えをした田んぼに立ちました。16 体のかかし隊が登場しました。Ｐボラの方と教職員，総勢 10 名で田んぼに立てました。
　これから，9 月下旬予定の稲刈りまでの実りの期間，かかし隊が田んぼの稲を守ってくれます。ぜひ見てください。なお，台風等が予想されるときには，速やかに撤去します。かかしが元気なうちに見てください。

〈稲刈り……Ｈ 26 学校だよりＮＯ 47 より抜粋〉

　10 月 15 日（水）5・6 年生が稲刈り体験をしました。天気にも恵まれ，稲刈り日和となりました。田植えは全校児童で行いましたが，稲刈りは鎌を使用することから高学年が行いました。今回も，ＪＡ秋田しんせい様，折林ファーム様のご指導とご協力で行うことが出来ました。収穫されたお米「ひとめぼれ」は，精米された後，

全校給食でおにぎりにして食べたいと思います。

　今回の米作り体験は，「学校の周りの田んぼを教育に活用したい」という考えと，「日本の食文化であるお米に関心をもってもらいたい」「農業の大切さを感じて欲しい」という思いから実施しています。

〈おにぎり作り……H 26 学校だよりNO 57 より抜粋〉

　11 月 13 日（木）の給食は，おにぎり給食でした。田んぼを提供し，田植え・稲刈りの指導をしてくださった折林ファームの社長さんをお招きしました。JA さんとPTA 会長さんも来ていただいて，全校みんなで食べました。おにぎりは一人 2 個でしたが，お腹いっぱいになりました。日本人の主食であるごはん（お米）の素晴らしさを感じてくれたことでしょう。

②豆腐作り体験（3 年 5 年）

　学級畑で大豆を育て，大豆を収穫し，豆腐作りを体験した。3 年は国語科で，5 年は家庭科として学習した。日常で食べている豆腐や味噌，醤油が大豆からできていること を知る子どもは少ない。大豆こそ，和食の基本であると思う。

　今回は豆腐作りを体験させたが，今後も「姿を変える大豆」を教材化していきたい。

〈豆腐作り……Ｈ26学校だよりＮＯ58より抜粋〉

　11月14日（金）3年生と5年生がそれぞれ，豆腐作り体験をしました。ＪＡ秋田しんせい婦人部の皆さん7名に指導してもらいました。「大豆から豆腐が出来る」ということを初めて知った子もいることでしょう。食育として，とてもよい学習をしたと思います。

　子どもたちは寄せ豆腐を作り，温かいうちに食べました。豆乳もおいしかったようです。

 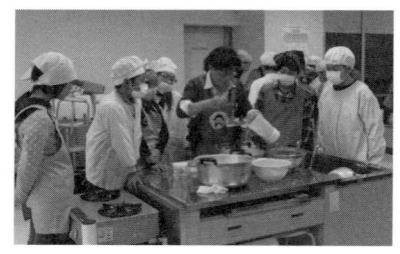

（2）ふるさとの地域文化を学ぶ

①ふるさと集会（全校）

　岩城小学校は，3地域の小学校が統合してできた新しい学校である。今年は3地域（松ヶ崎・道川・亀田）で行われているお祭りについて学ぶ「ふるさと集会」を持った。

　神主さん，お祭り実行委員長，地域の青年部長が「ふるさとの祭り」について熱く語ってくれた。

〈ふるさと集会……Ｈ26学校だよりＮＯ20より抜粋〉

　6月10日（火）朝活動の時間に，ふるさと集会を行いました。全校児童が集まって，「ふるさとのお祭りを知ろう！」というテーマでした。道川，松ヶ崎，亀田のお祭りが，それぞれ予定されております。

　岩城小学校の子どもたちには，ふるさと岩城を学び，ふるさと岩城を愛し，誇りに思う子どもたちに育ってほしいと願います。

　地域にはお祭りがあり，地域を挙げて五穀豊穣や無病息災等をお祈りすると共に，地域の安全，地域の団結力，地域の活性化を願って行われていることを感じてほしいと思います。

〈ふるさと集会……Ｈ 27 学校だよりＮＯ 32 より抜粋〉

　6 月 25 日（木）3 校時に，ふるさと集会を行いました。校歌にも歌われる「ふるさと岩城」とは，松ヶ崎・亀田・道川を総じた名称です。今回は，松ヶ崎出張所長の齋藤徹様，岩城総合支所長の早川修一様に来ていただき，松ヶ崎・亀田・道川の良いところを紹介してもらいました。その後，各学年から 1 名ずつ，「ふるさと岩城の好きなところ」「こんな岩城にしたい」という作文発表をしました。
　岩城小学校の子どもたちには，「ふるさと岩城が大好き！」という子どもになって欲しいと思います。

②フットパス（6 年）

　6 年生が城下町である亀田の町を，観光案内人から案内していただいた。町並みを歩いて廻ることから，「フットパス」と言われている。

　ここで学んだことを基に，3 月に開かれる「ひな巡り」において，亀田の町の紹介やお雛様の説明をして，観光客をもてなしている。

〈フットパスを学ぶ……Ｈ 26 学校だよりＮＯ 55 より抜粋〉

　11 月 4 日（火）6 年生が，フットパスを体験しました。心配された天気もなんとか持ちこたえ，尻上がりに良くなってきました。亀田の城下町を歩いて廻りました。龍門寺，天鷺村，妙慶寺を中心に案内してもらいましたが，歩く途中にもいろいろと説明をしてもらいました。天鷺村では，地獄うどんを食べました。

　6 年生には今日学んだことをまとめて，いつの日か発信する側になって欲しいと思います。

(3)　ふるさとの地域文化を体験する

　クラブ活動の中に，ふるさと岩城の地域文化を位置づけた。あまさ ぎ太鼓クラブ，民話・わらべ唄クラブ，ロケットクラブ，ロボットカー クラブ，なぎなたクラブ，茶道クラブ等々。もちろん，指導者は いずれも，地域の人にお願いしている。

　〈クラブ活動……Ｈ 26 学校だよりＮＯ 65 より抜粋〉

　岩城小学校では，4 年生以上の児童がクラブ活動に取り組んできました。①民話②茶道③ロボットカー④クラフト⑤卓球⑥ふるさと⑦鼓笛⑧スポーツ以上 8 つのクラブの中から自分の活動したいクラブに所属しました。

　そのクラブの中の茶道，民話，クラフト，ロボットカー，ふるさと，鼓笛のクラブは，地域の特色や前の学校の特色を引き継いだりして取り組まれました。

（4）ふるさとの地域文化を継承する

　祭りが，地域を盛り上げる。地域文化に価値付けをして学んだら，それを継承したり，発信させたりすることが大切である。

〈旧藩祭の練習・準備……Ｈ 27 学校だよりＮＯ 31 より抜粋〉

　6 月 24 日（水）より，旧藩祭の太鼓の練習も始まりました。笛の練習は一週間前から行われていますが，少しずつ音が出るようになってきています。今度は太鼓も始まります。

〈旧藩祭本番……Ｈ 27 学校だよりＮＯ 38 より抜粋〉

　7 月 12 日（日），亀田の旧藩祭が行われました。今年も天気に恵まれましたが，暑すぎました。熱中症にならないように，水分補給と休憩を取りながら，無事に旧藩祭子ども手踊りを行うことができました。岩城小学校から 78 名の子どもたちが出演してくれました。
　6 月中旬から笛の練習が始まり，7 月からは太鼓や手踊りの練習も始まりました。どの子も練習に励み，短期間でしっかりと覚えてくれました。出演してくれた子どもたち，協力していただいた保護者の皆様ありがとうございました。心よりお礼申し上げます。

(5) ふるさとの文化を発信する

①学習発表会

〈学習発表会……Ｈ27学校だよりＮＯ59より抜粋〉

　10月24日（土），平成27年度学習発表会が行われました。ご来場者数が300人を越え，立ち見の人もたくさんいました。来年は，イスの数をもっと増やそうと思います。

　全校児童がステージ前に整列して，校歌「希望のかなた」と群読「岩城の四季」の発表からスタートしました。4年生は，「受け継ごう！ふるさと岩城のたからもの」と題して，わらべ唄と民話を披露してくれました。

　岩城っ子の輝く姿を見ていただくことが出来て，うれしかったです。ありがとうございました。

②ふるさと大好きミニライブ

〈ふるさと大好きミニライブ……Ｈ27学校だよりＮＯ102より抜粋〉

　岩城小学校3・4年生は，由利本荘市亀田地域で行われる「町中ひなめぐり」を盛り上げるために，キッズ案内人となり，ミニライブを行いました。

　保護者の皆様はもちろん，おじいちゃんおばあちゃん，親戚，ご近所，地域の方々，遠方からのお客様……等々，150人を超えるお客様に見ていただき，心より感謝申し上げます。

　そして，「素晴らしい」「来年もやってください」という声や拍手をたくさん頂戴しました。

③子どもフットパス

〈子どもフットパス……H 28 学校だよりNO 36 より抜粋〉

　7月1日（金），6年生は子どもフットパスに挑戦しました。これまで，総合的な学習の時間で，妙慶寺や龍門寺など，亀田の歴史を学習してきました。その成果を，実際に亀田の町並みを歩きながら案内することで活かしてくれました。

　教室の中で，資料を調べて，ゲストティーチャーを呼んでインタビューして学ぶ「ふるさと学習」は，どこの学校でも行われています。しかし，岩城小学校の総合学習では，実際にその場所に出向いて，見ず知らずの大人に教えるのです。単に調べて学んだだけでなく，表現活動として行っているのです。参加してくれた大人は30人を超え，みんな口々に「よく調べている」と感心していました。

4　岩城小学校のふるさと教育の意義と課題

(1) ふるさと教育の意義

・子どもたちは，自分の住んでいる地域に関心を持つようになる。

・子どもたちは，地域，郷土の素晴らしさを体験を通して体感できる。

・子どもたちは，「自分も地域の一員」という意識を持てる。

・子どもたちは，地域，郷土を誇りに感じる子どもが増えてくる。

(2) ふるさと教育の課題

・ふるさと教育を計画的に行い，継続させていきたい。

・全校的に取り組むことと，学年別に取り組むことの棲み分けをしていく必要がある。

　「自分の住んでいるふるさとを愛し，誇りに思う」このことは，自己の自信にも大きくつながるものではないか。そして，その思いは，学力の大きな支えになっているものと確信している。

　本市においては，「ふるさと教育」を発展させ，市内全ての小中学校で平成27年度よりコミュニティ・スクールを導入した。コミュニティ・スクールは「地域とともにある学校」を目指すものであるが，地域コミュニティとともに「ふるさと教育」の充実を図り，地域に根ざした教育を進めていきたい。

（金　利紀）

第3節　愛媛県南予地域の学校における伝統文化「文楽」の教育活動と教育的意義
―伝統文化継承から文化価値創造への発展を目指す総合的な学習―

1　愛媛県南予地域における伝統文化「文楽」の歴史と現状

(1) 地域に伝承される文楽

　全国には数々の伝統芸能が継承されており，無病息災を願い始まった行事や祭礼など土着のものや，他の地域から伝えられ形を変えながらも継承されてきたものなど様々である。これらの伝統芸能の多くは地域の子供たちの参加を欠かすことができず，地域らしさという価値を持つ伝統芸能の継承として，地域社会と学校が深く相互に連携し学校教育に取り込まれてきた。

　本稿では，地域の伝統芸能と学校教育の関わりについて，愛媛県南予地域に伝わる文楽を取り上げ，その発祥と継承と文楽が学校教育にどのように取り込まれてきたかについて考察する。本稿で取り上げる愛媛県の南予地域は少子高齢化と過疎の進展という，日本のどこの地方も抱える重大な問題に直面し，併せて学校の統廃合も進んだ地域である。このことを踏まえ，地域のアイデンティティーである伝統芸能について，地域と連携し学校教育が果たしてきた役割と課題，今後の実践の在り方について，文化の継承と創造の視点から検討する。

　人形浄瑠璃は，文禄・慶長年間（1592〜1615年）に京都で人形操りと浄瑠璃，三味線が結びついて誕生したとされている。淡路地方には鎌倉時代から神事を生業とする人により人形操りが行われるようになった歴史を背景に，18世紀始めには徳島藩蜂須賀家の庇護もあり，淡路の人形浄瑠璃は隆盛を誇る。当時40の座元と1000人以上の人形役者がいたとされ，日本全国を巡業し，各地に伝承される文楽の発祥に繋がっていく。現在，淡路流の流れをくむ文楽は全国

で 40 の座が活動中であり，とりわけ 5 座以上が活動し，さかんだと考えられるのが徳島，岐阜，愛媛の 3 県である[1]。

　愛媛県では現在，伊予源之丞，朝日文楽，俵津文楽，大谷文楽，鬼北文楽の 5 つの座が活動中だが，この 5 座の内，伊予源之丞（松山）を除く 4 つの座が，愛媛県の南予地域に集まっている。南予地域は，愛媛県の西南に位置しリアス式海岸に囲まれ山地が多く，温暖な気候のもと温厚で篤実な人間性を育んでいる。柑橘類の生産や漁業が産業の中心だが，近年は過疎化と少子高齢化の問題を抱えている。そのため，児童数も激減し山間や漁村にある小規模の小中学校を中心に学校の統廃合が進んだ。このような地域に伝承される文楽はどんな歴史があり，どのような継承活動が行われているのだろうか。

(2) 俵津文楽の歴史と現状

　愛媛県西予市は 2004 年（平成 16 年）に近隣の 5 つの町が合併してできた，人口約 40000 人の市である。愛媛県南予地域の市町がどこもそうであるように，合併から 10 年で 6000 人が減少し過疎と高齢化が大きな課題となっている。西予市は，旧町の伝統芸能や祭礼などそれぞれに特長を残しているが，文楽について特筆すべきは，朝日文楽と俵津文楽の 2 つの座が，継承も含めて活発に活動しているという点において全国でも珍しい。

　西予市明浜町俵津地区はリアス式海岸に面した人口約 1200 名の集落で，ここに伝わる俵津文楽は県内でその発祥が最も古い。

俵津地区

　俵津文楽は 1852 年（嘉永 5 年），当時の村の船持が若者の情操教育のため大阪より人形数個を買い入れ，浄瑠璃による人形芝居を習得させたのが始まりである。その後，近隣の八幡浜の座や淡路の人形座を購入し，1959 年（昭和 34 年）には県の有形文化財指定，1964 年（昭和 39 年）には無形文化財の指定を受ける。

しかし，1971 年（昭和 46 年）頃には後継者不足で存続の危機を迎えるが，当時の公民館主事が公民館活動の一環として地域の伝統芸能の再興を呼びかけ，1978 年（昭和 52 年）に地区の婦人会 20 名が俵津文楽に参加，続いて地元の青年団 OB も参加し練習を重ね 5 月に公演を行う。女性の参加は当時

俵津文楽の公演（2013 年 4 月）

としては珍しく，新聞にも大きく取り上げられている。

　1987 年（昭和 62 年）には念願の俵津文楽会館が完成し，全国国民文化祭や全国人形芝居サミットへの参加など活発に活動し，長年の懸案であった三味線の養成も叶い，2011 年（平成 23 年）から自主興業ができるまでに成長した。

　現在，保有している人形頭は 101 点，動物頭 17 点，衣装や道具なども数多い。座員は 30 名でそのうち太夫が 5 名，三味線が 3 名。若手も多く練習も活気がある。主な活動は，地域の春祭り，県文楽合同公演への参加，大阪の義太夫クラブとの合同公演を中心に，研修会や記念行事，催事など要請があれば公演を行っている。

（3）大谷文楽の歴史と現状

　愛媛県大洲市肱川町大谷地区は，170 世帯 400 名，高齢化率が 50％にもなる山間の小さな集落である。そこに伝わる大谷文楽は，南予地方に残る 4 つの座の中では淡路流の文楽を正統的に継承している。

　浦賀にペリーが来航していた 1853 年（嘉永 6 年）6 月に 12 代将軍徳川家慶が病のため急逝する。その喪により幕府は各藩に 3 カ年の歌舞音曲の停止を命じたため，当時

大谷地区

大谷文楽の公演（2012 年）

大洲藩領の大谷で巡業をしていた淡路の吉田伝次郎一座は淡路に帰郷する。しかし，庄屋の世話で 5 名の座員が大谷に残り地区の若者に人形を操ることを伝授することになる。これが大谷文楽の発祥である。

　その後，1907 年（明治 40 年）から 1945 年（昭和 20 年）にかけて，幾つかの座を買収し，1955 年（昭和 30 年）頃までは，野掛け小屋で人形芝居を楽しんだと文楽保存会の方が述べていることからも，人形浄瑠璃は大谷地区の娯楽として定着していた。1964 年（昭和 39 年）には愛媛県の無形文化財に指定され，1983 年（昭和 58 年）には，大谷地区に郷土文化保存伝習館が完成し，肱川地区小中学校での巡回公演や愛媛県内の合同公演にも参加している。現在は座員が 14 名だが，高齢化による後継者不足が課題であり継承が危ぶまれている。

（4）朝日文楽の歴史と現状

　朝日文楽が伝承されている愛媛県西予市三瓶町は，入り江に囲まれた人口約 7000 人の小さな町である。

　1879 年（明治 12 年）頃，地元の手先の器用な若者が手づくりの人形で一口浄瑠璃を語りはじめ，1883 年（明治 16 年）に掛小屋を作り人形芝居が公開された

三瓶町

のが朝日文楽の始まりである。その後，近隣の座を購入し，人形頭が 200，衣装が 60，八段返しまで揃うなど豪華になり朝日座と命名される。戦時中の衰退を経て，大阪文楽の指導を受け朝日文楽として出発し，1959 年（昭和 34 年）には愛媛県指定文化財（現在は愛媛県有形無形民俗文化財），1961 年（昭和 36 年）には朝日文楽保存会が結成さ

れ，1977 年（昭和 52 年）には地域の寄付も加えて朝日文楽会館が完成する。1996 年（平成 8 年）にはハワイ公演を行うなど充実した活動を展開している。そして，淡路人形座の指導で太夫と三味線の養成に取り組み，2003 年（平成 15 年）には，太夫，三味線を加え朝日文楽は，県内で初めて自主興業ができるまでに成長した。

朝日文楽会館

その後も毎年の公演活動を充実させ，2015 年（平成 27 年）には新しい朝日文楽会館が完成している。現在，座員は 25 名でその内，太夫が 4 名，三味線が 3 名となっている。20 歳代から 80 歳代まで幅広い年齢で構成され，練習も活気に溢れ，町内の

若手による朝日文楽の公演（2014 年）

文化祭や愛媛県の文楽合同公演を中心に活動している。

　朝日文楽の特長は，地域の伝統芸能を継承する担い手の育成に成功している点にある。これは，朝日文楽を支える人たちの地域のつながりが密であること，社会教育としての行政のバックアップがあることに加え，後述する三瓶高校文楽部や朝日子ども文楽クラブの経験者が後継者として育っている点にある。

(5) 鬼北文楽の歴史と現状

　鬼北町は，高知県と県境を接する人口約 10000 人の山間の小さな町で，鬼北文楽発祥の地である泉地区は，四万十川の支流にそった小さな集落である。

　鬼北文楽は一度途絶えた後に，地域の人々の尽力により復興を果たしている。鬼北文楽の発祥は 1935 年（昭和 10 年）と 4 つの座の中では最も新しく，訳あって近隣の農家の蔵に眠る人形一式のことを知った泉地区の農家が大金を投じて買い取り，泉文楽として発足する。これが鬼北文楽の発祥である。

　1945 年（昭和 20 年）頃の当時の新聞記事によれば，会員が 100 名を超え，農

鬼北町泉地区

鬼北文楽の公演（2013年）

閑期や近隣の村の祭礼時に巡回公演を行うが，1953年（昭和28年）を最後に公演は途絶し，1959年（昭和34年）に愛媛県の有形文化財の指定を受けるものの，人形道具一式は農家の蔵に眠ることになる。1969年（昭和44年）に農家の蔵が火災となり保管していた39体の人形が損傷を受け，指導者も無く鬼北文楽は消滅する。

　ところが，県文化財である人形の価値を訴える地元の小学校長の尽力で，1982年（昭和57年）には人形を修復し，同年，鬼北文楽保存会が結成され，復活公演を行うことができた。

　現在，会員14名だが人形遣いが5名になっており演じる外題も限られてきている。年間の活動は，鬼北町文化祭と地元の中学校文化祭での公演，泉地区の芸能祭での公演と泉小学校での指導が主となっている。しかし，会員が高齢化し，後継者も不足していることから存続の危機にある。

2　愛媛県南予地域における伝統文化「文楽」の教育活動

　これまで，南予地域における文楽の歴史と継承の現状について述べた。では，これらの文楽が伝承される地域の学校はどのようにして地域と連携し教育活動を行っているのだろうか。

(1)　大谷文楽と大谷小学校「大谷子供文楽クラブ」の教育活動

　大谷地区の大谷小学校が「大谷子供文楽クラブ」を発足させ，地域と連携して大切な宝を是非体験させたいと，学校教育に文楽を取り入れたのは1989年

（平成元年）であった。当時，体験的活動や地域の伝統芸能を学校教育に取り込むという発想自体が珍しく，大谷小学校がへき地校であることとも相まって大きな注目を集める。1992 年（平成 4 年）には，義太夫も子どもたちが始めるなど活動が活発になり，全国へき地研究会や県の人権集会でのアトラクションに参加し，テレビでも数多く紹介された。さらに 2002 年（平成 14 年）には 1 年生の殺陣を追加し，翌年にはギターを三味線に見立て伴奏も開始するなど，小規模校の良さを生かした工夫を加えながら発展させている。

大谷子供文楽の老人ホームでの公演

　練習は毎週 1 回，大谷文楽保存会の指導で，昼休みも活用しながら行っていた。定

閉校となった大谷小学校

期的な活動は，地域の老人ホームの訪問と地域行事と一体になった学芸会での発表であり，地域住民は大谷小学校の子どもたちが演じる文楽を楽しみにしていた。

　地域と学校が一体になった先進的な取組である大谷子供文楽も，平成 25 年 3 月の大谷小学校の閉校で終わりを迎える。児童数は 18 名であった。

　閉校を控えた平成 25 年 12 月の学芸会で最後の子供大谷文楽の発表が行われ，大谷文楽保存会へ人形の返納式を行っている。25 年にわたって地域の伝統芸能の継承に取り組んできた学校の果たした役割は大きく，子どもたちの学芸会での発表を地域住民は楽しみにしていたし，文楽保存会も地域の子どもたちへの指導が保存会の活性化に繋がっていた。今後，高齢化と後継者不足もあり，160 年継承されてきた大谷文楽の存続が懸念されている。

(2) 鬼北文楽と泉小学校「泉小学校文楽クラブ」の教育活動

　鬼北文楽が地域の泉小学校に取り込まれたのは，1999 年（平成 11 年）1 月の泉小学校の学芸会で初めて鬼北文楽保存会により文楽が上演されたことが契機である。同年 6 月に 3 年生が文楽の学習を始め，翌年 6 月に 5 年生が，当時始まった総合的な学習の時間において文楽の体験学習を行い，11 月には文楽保存会から手づくりの人形の寄贈を受け練習を開始し，翌 2 月に発表する。そして，2001 年（平成 13 年）度から泉小文楽クラブとして，自分たちの故郷の伝統文化を知り豊かな心を育てたいという目的から，クラブ活動の一環として学校教育の中に取り込まれることになった。当時，学校教育に地域の伝統行事を取り込む意識は，始まったばかりの総合的な学習の時間においては十分に醸成されておらず，学年の範囲を越えて体験活動ができるクラブ活動としての位置付けは，学校の教育課程編成には容易であったと考えられる。

　同時に，泉地区の鬼北文楽保存会としても，手づくりの人形を寄贈したほどであるから，新たに地元の学校の子どもたちに地域の誇りである鬼北文楽を教えるという意欲が非常に高く，学校教育への導入も一気に進展したと考えられる。その後，地域による手づくりの舞台も整えられ文楽会の人形を使うなど，連携と協力を深めながら，現在は地域と一体になった学芸会での発表，老人ホームへの訪問公演などが活動の中心となっている。

　平成 27 年度は 8 名の児童が人形遣いと浄瑠璃を担当し，鬼北文楽保存会から 3 名の指導者が来校し月 2 回の練習を行っている。

　2013 年に南予地区で開催された社会教育行政担当者研修会での発表資料によれば，「活動するにつれて人形を操る面白さ，伝統芸能に触れる楽しさを知り，一生懸命に練習した。文楽クラブに所属してよかった。」（卒業生），「江戸時代から受け継がれ

練習風景

ているのはすごい。このことを忘れずに練習に頑張りたい。」（6 年生）という児童の感想と，「古典であるので内容の理解が児童に難しい」ことが指導者側の課題として報告されている。

(3) 朝日文楽と三瓶高校文楽部，こども朝日文楽クラブの教育活動

　西予市三瓶町では，朝日文楽の継承に地元の小中学校と高等学校が連携して取り組んでいる。

　地元の三瓶高校に文楽部ができたのは 1964 年（昭和 39 年）に遡る。当時の校長が地域の誇れる伝統芸能である朝日文楽を高校生に学ばせたいと朝日文楽会に指導を要請し三瓶高校文楽部が創部された[2]。当時，地域の伝統芸能を文化部の活動に取り入れる試みは非常に先進的で，創部当初から新聞社やテレビ取材を受けている。地区の敬老会や町の文化祭，県校高校文化祭での公演，県の文楽合同公演や全国人形芝居サミットへの参加など，活動を充実させ，毎年，高校文化連盟文化功労賞を受賞している。現在は部員の減少という課題を抱えつつ，町の文化祭や鑑賞会，県文楽の合同公演への参加を継続し，創部以来 50 年の歴史を刻んでいる。

三瓶高校文楽部の公演（2014 年）

　朝日文楽や三瓶高校文楽部の活動を背景に，こども朝日文楽クラブができたのは 1992 年（平成 4 年）である。学校週 5 日制の実施に伴い，児童生徒の健全育成と生涯学習の観点から，地域の伝統芸能である朝日文楽の体験的学習を社会教育の一環として行うこととなった。発足当時から，老人ホームでの公演や大谷小学校との交流，文楽鑑賞などの活動を行い，現在は町の文化祭，老人ホーム，町の文楽鑑賞会での公演が主な活動となっている。2015 年（平成 27

子ども朝日文楽クラブの公演（2014 年）

年）度は小学生3名中学生4名の7名で活動している。

　実は，地域で活動する朝日文楽の座員25名の内，20代の若手3名はこども朝日文楽クラブ，三瓶高校文楽部での経験者である。小学校から高校まで文楽に取り組み親しんできた若者が古里に戻ったとき，文楽を継承しようとするのは自然の流れであった。普通は敷居が高いと思われる文楽だが，小学校から経験してきたことで自然と親しむことができたと座員は話している。20年以上にわたって地域を挙げて継続してきた取組が結実している。

（4）俵津文楽と明浜中学校の取組

　西予市明浜町俵津地区にある明浜中学校は2003年（平成15年）に町内の2つの中学校が統合してスタートした，生徒数63名（2015年度）の小規模校である。明浜中学校で俵津文楽の学習が行われるようになったのは，学校統合と総合的な学習が契機となっている。当時は，学校教育の中で地域の伝承芸能を体験的に学ぶという発想そのものが学校や地域になかった。しかし，2つの中学校の統合の年に俵津地区の生徒が文楽の練習に参加し，その成果を文化祭で発表したことがきっかけになり，不定期ながらも総合的な学習の時間を中心に練習を行い，諸行事のアトラクションや文化祭で発表を行う。

音楽での義太夫と三味線の授業(2010年)

　2010年（平成22年）には音楽の授業でも義太夫や三味線を取り入れるなど充実が図られ，翌年には県の伝統文化の教育に関する研究指定を契機に，俵津文楽の学習が正式に教育課程に位置付けられた。

明浜中学校での練習（2014年）

　明浜中学校では，各教科において伝統文化の内容を再検討し年間指導計画に位置付けると共に，総合的な学習の時間において

地域学習を大きな柱として定め，3年生が俵津文楽に取り組んでいる。約20時間をかけ，俵津文楽の指導者の指導を受けながら，「傾城阿波の鳴門　順礼歌の段」の練習に取り組み発表している。明浜中学校の研究会の発表資料によれば，生徒は「今までは文楽について余り興味がありませんでしたが，実際に体験してみて，人形を操る大変さと面白さを感じることができました。私たちのような若い世代がもっともっと伝統文化に触れていくことが大切だと思います。」「伝統文化について，言葉や文字で伝えることは大切だと思う。しかし，私は実際に見たり体験したりすることで後世に伝えていくことが最も大切だと思う。文楽を練習するうちに『楽しい』という気持ちが芽生えたが，この気持ちこそが文化を継承していく鍵だと思う。」という感想を述べている。

3　愛媛県南予地域における伝統文化「文楽」の教育的意義と文化価値創造への取組

(1) 南予地域における伝統文化「文楽」の教育的意義

　以上の南予地域における文楽の歴史と教育の取組を踏まえ，地域の伝統文化と地域と連携した学校教育における伝統文化という両者の観点から文楽の教育意義について検討しておこう。

　愛媛に残る4つの文楽は，発祥の時期は1852年から1935年まで幅広いが，四国の辺境の地の貴重な娯楽として文楽が親しまれていたことで各座が大きく発展した。そして，昭和30年代から40年代にかけて，テレビなどの娯楽の普及により4つのどの座も継承が危ぶまれた時期もあったが，その継承には，地域の連携と共に地元の校長や公民館主事などの個人の働きがあり，消滅の危機を迎えながらも再び活性化している。

　そして，地域で継承されてきた伝統文化を，学校は学校週5日制の実施や総合的な学習の時間の導入など，時代の要請にあわせて取り込んできた。

　このような地域文化のアイデンティティーともいえる文楽と地域に根ざした

学校教育との関わりは，その伝承や地域の活性化にも大きな影響を及ぼしており，その意義は次の3点にまとめられる。

　第1は，地域と連携した伝統文化継承の取組は，学校と地域双方を活性化させるという点である。大谷文楽と大谷小学校，鬼北文楽と泉小学校の事例は，地域と学校が一体となっていることを示している。

　第2は，社会教育，学校教育，地域の三者が一体となり継承と育成に継続的に取り組むことで継承のサイクルができるという点である。西予市三瓶町の朝日文楽のケースでは，子ども朝日文楽クラブの活動開始から20年経ち初めて後継者が育ち継承の可能性が示された。文楽体験を目的とした活動は経験へと深化し，その経験は社会人となったときの取組を容易にする。

　第3は，地域の伝統文化継承に果たす学校の働きの大きさである。大谷文楽と大谷小学校の関係は，学校の閉校になることにより，その継承に大きな危機を迎えることを示している。地域の文楽保存会にとって，学校への指導は会の活動をも活性化させるという側面がある。このことは，泉小学校と連携して取り組む鬼北文楽にも同様であろう。

　地域の伝統芸能の継承には，学校との連携は欠かすことはできない。

（2）　地域と学校が連携した伝統文化継承と文化価値創造への取組

　今後，南予地域では少子高齢化の一層の進展により地域の活力が低下し，貴重な伝統芸能である南予地域の文楽継承は人材の減少により深刻な危機を迎えることが予想される。そこで，地域の人材育成を担い，地域の文化的アイデンティティー形成に重要な役割を果たす伝統文化の継承について課題を整理し，学校教育の視点から，今後の総合的な学習の時間において取り組むべきモデル事例を提案し，本稿のまとめとしたい。

　地域の伝統文化はこれまではクラブ活動や社会教育など時代に応じ学校教育に取り込まれてきたが，今後は，総合的な学習の時間が鍵となる。前述の明浜中学校の場合，学校統合が文楽の学習の契機となり，総合的な学習の時間を核として教育課程に位置付けられていた。しかしながら，南予地域の4つの学校

で取り組まれてきた実践に共通する課題は，文楽の学習が体験自体を目的とし地域の継承者が教え子どもが演じるという一方向に限られ，地域の伝統文化の価値が常に外からやってくるという点にある。学習者自身が地域の伝統文化の価値を内在化するためには，体験に加え，文楽の歴史的背景や継承の歴史，物語の面白さや当時の人々の心情などを学ぶことを通して，文楽のもつ様々な価値を学習者自身が咀嚼し，伝統芸能継承の意味を考えるのではないだろうか。

　そこで，総合的な学習の時間での指導を想定し，文楽体験学習と探求的学習活動を組み合わせ，学習者自身がその価値を内在化し，新たに地域の伝統芸能継承にかかる文化価値創造へと高めるため，理解，解釈と創造，新たな探求の3つの段階を組み込んだ学習を展開したい。

　第1次では，文楽の歴史的背景も含め，その面白さを理解する。第2次では，解釈と創造の段階として理解した文楽の面白さを学習者自身が加工し下学年に伝える。そして，第3次の新たな探求の段階では地域に伝承されてきた文化がどのようにして守られてきたのかを追究し，これまで学んできた文楽に関する体験や知識を手がかりに，他地域で継承される文楽やその他の伝統文化，文楽の他の外題について調べ，自分の暮らす地域の伝統文化である文楽の新たな価値を見いだすことをねらいとしている。

第6学年　総合的な学習の時間　指導案

①単元名「体験と探求　〜俵津文楽のよさを楽しもう〜」

②単元目標

　　・探求的学習活動と体験活動を通して，地域に伝承する文楽の価値を理解
　　　し，伝統文化と地域への愛情を深めることができる。

　　・地域に伝承される文楽の探求的学習と体験活動を通して，地域の文化価
　　　値継承に創造的に取り組もうとする意欲と関心を培う。

③単元設定の理由

　総合的な学習の時間の導入以後，学校教育と地域の連携が進展し，地域に伝承される祭礼や伝統芸能などの伝統文化は，学校教育に取り込まれることにな

った。これらの活動の多くは体験的活動に重点を置くあまり，総合的な学習の時間本来の趣旨である思考力や表現力の育成に係る目標との齟齬を生みだしていた。このことは，地域の教育的素材の教育課程への位置付けと学校教育と地域との連携の在り方が問われていることを意味している。

　そこで本単元では，愛媛県西予市俵津地区に伝承される文楽を題材に，体験的活動と探求的活動を段階的に組み合わせ，地域の伝統文化の価値を理解し継承への関心と意欲を培う。具体的には，第1次は「理解」の段階で，演じる外題のストーリーや文楽の歴史，人形のしくみ等を調べる。第2次は，「解釈と創造」の段階として，学習している文楽の外題を現代に置き換えた物語を創作し異学年に知らせることを通して，他者意識を含めた表現活動を行う。第3次は，「新たな探求」として他地域に伝承される文楽，他の文楽の外題，俵津地区の文楽の歴史という異なる視点から，文楽について調べ相互に交流することで，子どもたちの体験活動に新しい価値を見出す。

　以上の段階を踏んだ探求活動と体験的活動を組み合わせた学習により相互が関連し，より相乗的に地域に伝承される文楽の文化的価値を理解し，地域の文化創造に取り組む態度と意欲を培うことができる。

④単元の指導計画（全50時間）

			探求活動　内容の概要と主な問い		体験活動
理解	第一次	4時間 ・江戸当時の文語で語られる文楽を子どもに理解できる現代語に訳し，外題の山場を考えるなどの学習を通して，体験する文楽の理解を図る。	◎文楽の歴史を調べ，楽しさを感じよう。 ・なぜ，江戸時代の人々は文楽を楽しんだのか。 ・「傾城阿波の鳴門」を現在の言葉に直してみよう。 ・この物語の山場はどこか。 ・この物語はなぜ，面白いのか。		10時間 ・人形基本操作 ・現代語訳に合わせせた操作の練習。
解釈と創造	第二次	3時間 ・文楽のストーリーをより分かりやすく劇にして下学年に紹介する学習活動を通して，子どもたちなりに文楽を解釈する。	◎「傾城阿波の鳴門」を紹介しよう。 ・「傾城阿波の鳴門」の物語を現代劇にして演じよう。 ・現代劇「傾城阿波の鳴門」を4年生に伝えよう。		15時間 ・太夫練習 ・太夫に合わせた人形操作の練習。

新たな探求	第三次	8時間（本時その１） ・文楽が南予地域で継承されてきた理由，日本の他地域での文楽の伝承，他の外題について調べる学習活動を通して，自分たちの地域の伝統文化の価値を考え，継承への意欲を持つ。	◎より詳しく地域の文楽の歴史，文楽の外題，他地域での文楽について調べよう。 ・どのようにして南予地域の文楽が伝わり守られてきたのか。 ・他の文楽のストーリーを探して調べてみよう。 ・日本の他地域で伝承される伝統芸能について調べてみよう。	10時間 ・発表会に向けた練習 ・発表会

⑤本時の目標

・俵津地区に伝わる文楽を一層深く知るため，地域の文楽の歴史，他の文楽の外題，他地域に伝わる文楽について関心と意欲を持ち，学習計画を立てることができる。

⑥本時の指導

主な学習活動	指導上の留意点
1　異なる視点から文楽を調べることに興味関心を持つ。 ・俵津文楽が紹介された新聞記事について知り，なぜ，紹介されたのか関心を持つ。 ・他地域に伝承される文楽の地図を見て，関心を持つ。 ・文楽の動画を見て，他の外題について関心を持つ。	・ふるさとに伝わる文楽について，より深く知るための学習活動であることを知らせる。 ・関心のあるテーマについて，グループを編成し調べることを指示する。
2　グループで学習計画を立てる。 ・調べたいテーマを決め，グループを作る。 ・グループ毎に，「問い」を作り，学習計画を立てる。	・最終的に各グループのポスターによる発表方法により交流することを最初に知らせ，到達する目標を明確にする。 ・インタビューやインターネットの活用など，調べる対象に応じた方法をグループごとに明確にする。 ・「俵津文楽は，どのようにして受け継がれてきたのか。」，「他地域の文楽はどのようにして伝わり受け継がれてきたのか。」等，問いを明確にさせる。
3　学習計画を発表し，グループ間で共有する。	・相互の学習計画を知らせ，次時への意欲付けを行う。

　以上，文化価値創造への発展を意図した6年生における総合的な学習の時間を想定したモデル授業を示した。地域に伝承される伝統芸能について，体験的活動の技能の高まりと共に探求活動の内容を拡大させ，発祥と継承の歴史，他地域の伝承を調べることで自らの地域の文楽の価値を理解が深まる。

　少子高齢化が進展する地域での伝統文化の継承には，新たな継承者が継承自体に価値を見出すことが重要となる。そのために，学校教育が果たす役割は大きく，学習者が文楽の面白さを体験し歴史的背景や伝承ルーツを理解することで，文化的にも地域的にもその価値が内在化され，新たな文化価値創造の担い手が成長していく。今後は，和文化教育の理念[3]を一層共有し，地域と学校が連携した伝統文化の実践の蓄積が重要となる。

（岡崎　均）

註
（1）「史料で見る淡路人形浄瑠璃」公益財団法人淡路人形協会，2014年，p.4。
（2）朝日文楽沿革史編集委員会「朝日文楽沿革史」朝日文楽保存会，2004年，p.83。
（3）和文化教育学会 http://30.pro.tok2.com/~wabunka/kyoukai_01.html
　　梶田叡一・中村哲編著『学校を活性化する伝統・文化の教育』学事出版，2009年，pp.8-30。

参考文献
久保高一『俵津文楽沿革史』明浜町教育委員会，1987年。
篠川一雄『伝統芸能　俵津文楽すがはら座』俵津文楽すがはら座，2003年。
『朝日文楽沿革史』朝日文楽保存会，2004年。
『閉校閉園記念誌おおたに』大谷小学校統廃合準備委員会・大谷小学校，2014年。
『新編肱川町誌』肱川町誌編纂会，2003年。
『愛媛県の民俗芸能』愛媛県教育委員会文化振興局，1983年。
『鬼北文楽復活への序章　人形頭修理にいたる経過』広見町教育委員会，1986年。
『歌舞伎と文楽の世界―愛媛の伝統芸能―』愛媛県歴史文化博物館，2009年。

第4節　新たな生活文化の創造に結びつく
博物館の文化体験学習
—文化財の価値と現代の生活との連関において—

1　博物館における文化体験学習の性格と企画

(1)　博物館における文化体験学習の性格

　現在，日本の多くの博物館では，普及活動の一環として，来館者に体験学習の場を提供している。各博物館は，利用者の期待に添うことができるように，常に工夫と改善を重ねている。その背景には，学校週5日制の導入に代表されるこの20年間の教育改革や，社会の変化に伴う博物館利用者の意識の変化がある。

　学校週5日制は，子どものたちの生活全体の見直しであるといえる。ゆとりのある生活の中で，子どもたちが個性を生かしながら豊かな自己実現を図れるようにするということが，その理念である。平成4年度から，学校・家庭・地域社会が相互に連携して進められ，子どもたちに生活体験や社会体験，自然体験など様々な活動を経験させることで，自ら学び自ら考える力や豊かな人間性などの「生きる力」を育んできた。

　社会全体においても，人生に物心両面の豊かさが求められるようになり，博物館では，それに応じて改革を進めてきた。その改革の1つとして，博物館は，調査・研究，展示といった従来の活動に加え，博物館利用の普及に力を注いでいる。その中心の1つが，体験学習の提供である。価値ある体験学習の開発・提供は，博物館等社会教育機関の責務であると考えられるようになり，平成18年に改正された教育基本法に，「社会教育の振興」が明記されることで，一層重要視されるようになった。

写真 4-4-1　夏休み子供体験で作成した土鈴と土笛

博物館における体験学習では，それぞれの館の専門分野に応じて，自然体験活動や文化体験活動が行われている。ここでは，博物館における文化体験活動に焦点をしぼり，その性格の一端について述べる。

教育における博物館の役割については，昭和 52 年版の学習指導要領に記述が見られる。大友秀明氏は，「見学・調査を通じて，『日本人の生活や生活に根ざした文化』，つまり「生活文化」を具体的に学ぶことが期待されていた」と分析している[1]。博学連携における地域社会学習の意義は「生活文化」の総合的理解であり，博物館に求められる「文化」の学習とは，ただ資料を眺めるだけではなく，博物館利用者が文化財の価値を引き出し，その価値を再評価する積極的な学習であるといえる。

例えば，「土笛づくり」に参加した学習者は，古代の土笛の研究成果について説明を受ける。ここまでは，土笛についてのブッキッシュな知識を得たにすぎない。その後，粘土をこねて，土笛の形をつくり，縄文などの古代の文様で飾り，さらに自分なりの文様を付け足す。様々な過程を経るうちに，物をつくり出す喜びや物に込めた想いに触れる（写真 4-4-1 参照）。そして，焼成してできあがった笛を吹いて，その音を聞いたとき，土笛についてのブッキッシュな知識は，学習者にとって実感できる具体的な価値へと変化していく。

博物館における文化体験活動は，文化遺産から具体的な価値を読み解き，自らの生活の原動力へと昇華する積極的な学習を促すという性格を有する。博物館における文化体験学習の意義は，「文化」の学習で得たブッキッシュな知識を，体験活動によって具体的に理解し，現代の生活に結びつけ，より豊かな生活を生み出すための糧とする点にあると言える。

(2) 博物館における文化体験学習の企画

　博物館における文化体験学習の性格を，その企画の過程から考える。博物館における文化体験学習の開発は，学習内容の構成，学習方法の決定，参加対象者の決定，事業としての諸条件の整備から成り立つ。

　まず，学習内容の構成を行う。それぞれの博物館は，調査研究の対象としている文化財の価値を，館の利用者によりよい形で理解してもらうことを普及活動の使命としている。例えば，地域の民俗について調査研究を行っている博物館にとって，その土地で行われてきた伝統的な物作りの中から藍染めの価値について利用者に伝えることは，その使命を果たすこととなる。しかし，アイの栽培，すくも作り，藍だて，布織り，染め，縫製などの全てを体験してもらうことは不可能である。そこで，博物館では，一連の工程の中から，最も藍染めの価値をわかりやすく利用者に伝えられる工程を選び，提供することとなる。

　つぎに，学習方法について検討する。文化財の価値をよりよく理解してもらうために，適切な種類の体験活動を選択する。博物館等における文化体験活動には，製作体験，鑑賞体験，実技体験などがある。製作体験は，組紐づくり体験や藍染め体験など，伝統的な技術を体験しながら物づくりに取り組む活動である。鑑賞体験は，鑑賞のポイント等について説明を受けながら，絵画や彫刻など作品に対して積極的な鑑賞を行う活動である。実技体験は，指導を受けながら能や狂言などの身体動作を体験する活動である。様々な体験活動の中から，学習内容に適した方法を選ぶ。複数の体験を組み合わせる場合もある。例えば，まが玉づくりを行い，そのまが玉を身につけて古代劇を行うことなどが考えられる。

　参加対象者の決定は，博物館に訪れて欲しい年齢，性別などの諸条件を考慮して決定される。子供を参加対象としていることが多いのは，将来の博物館利用者の育成を念頭に置いているためである。学習内容によっては，大人の参加者に的を絞った文化体験学習を企画する場合もある。

　博物館等が提供する文化体験活動は，時間，場所，費用，人材確保などの

様々な制約を受けることから，パッケージ型で提供されることが多い。一定の時間内に，対象とする年齢層の利用者が，適切な費用で文化体験を行えるように組まれた完結型のプログラムである。

　博物館における文化体験学習の開発過程から，その企画上の特性については，次のようなことが言える。

---

①　博物館の体験学習は，博物館の取り扱う分野の中で，それぞれの使命を果たす上で中心となる価値を利用者に伝えるために，製作や演技の一部を取り出して体験するプログラムとしている。

②　時間・場所・費用を適切な範囲で定め，比較的短時間・短期間で体験できるプログラムを設定している。また，指導に当たる職員やボランティアスタッフに対して研修を行い，博物館内部で技術の伝承を継続して行っている。

③　学習内容・学習方法の構成に当たっては，文化財と現代の生活文化との接点を明らかにし，より豊かな生活文化の創造につながることに重点を置いている。

　次項では，これらの性格を視点として，埼玉県立さきたま史跡の博物館[2]における2つの文化体験学習の事例を検討していく。

2　埼玉県立さきたま史跡の博物館の文化体験学習の実践と特性

(1)　さきたま史跡の博物館における文化体験学習の実践意義

　さきたま史跡の博物館は，埼玉県北部の行田市にある国指定史跡埼玉古墳群（写真4-4-3参照）の保存と整備・活用を図ることを使命としている。9基の古墳を中心とした埼玉古墳群は，武蔵の国最大の古墳群である。国宝「金錯銘鉄剣」が出土した「稲荷山古墳」，日本最大の円墳「丸墓山古墳」（写真4-4-4参

照）をはじめ，大宮台地の北端に当たる埼玉（さきたま）には，個性豊かな古墳がひしめいている。埼玉は古墳時代の一時期，武蔵の国の政治・文化の中心地であったと考えられている。さきたま史跡の博物館における文化体験の意義は，利用者が埼玉の地の歴史を理解し，新たな文化的価値の創造によって，より発展的な形で郷土の繁栄を願う気持ちを高めることにある。これまで，さきたま史跡の博物館では，文化体験活動「さきたま古代体験」の開発を行ってきた(3)。現在は，まが玉，ガラス玉，土器，貝輪，土偶，古代の布，土鈴・土笛の製作体験，火おこし体験，古代米の栽培体験，古代の服の着装体験などが行われている。このさきたま古代体験は，開発の初期から博物館学芸員と学校の教員が連携して，多くの実践を積み重ねてきた。私も，小学生のときには何回も参加し，埴輪づくり等を経験している。

　平成27年度は，つぎに掲載した催物案内（図4-4-1参照）にあるように，年間をとおして様々な文化体験学習が行われた。

【平成27年度の文化体験学習】
　　古代人に変身
　　火おこしに挑戦
　　古代米くらぶ
　　縄文土器をつくろう
　　土偶をつくろう
　　土鈴・土笛をつくろう
　　貝輪をつくろう
　　古代の布をつくろう
　　ガラス玉づくり
　　まが玉づくり

図4-4-1　平成27年度埼玉県立さきたま史跡の博物館催物案内

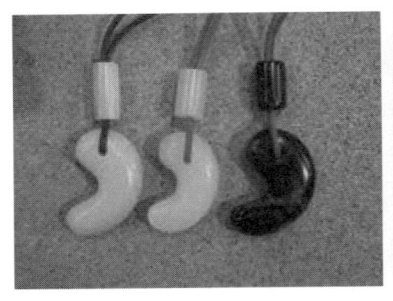

写真 4-4-2　まが玉づくりの作品例

写真 4-4-3　国指定史跡「埼玉古墳群」

さきたま古代体験の中でも，その開発当初よりこれまで継続して行われてきたプログラムは，「まが玉づくり」である（写真 4-4-2 参照）。埼玉古墳群の中心的な前方後円墳である稲荷山古墳からは，国宝のヒスイの勾玉が出土している。この勾玉と同じ大きさ・形の勾玉を，滑石で製作する。古墳の代表的な副葬品である勾玉に興味をもって

写真 4-4-4　「丸墓山古墳」

もらい，埼玉古墳群と郷土埼玉の歴史への理解と愛情を育てることがねらいである。以下，実践について，具体的に述べる。

(2)　さきたま体験工房における「まが玉づくり」の実践と特性

さきたま古代体験「まが玉づくり」は，現在，博物館内のさきたま体験工房で毎日 4 回行われている。参加者に，古墳の代表的な副葬品である勾玉に関心をもってもらうとともに，装飾品として勾玉に親しんでもらうことを活動の中心としている。

古代の勾玉についての詳細な研究は，河村好光氏によってなされている。古代の勾玉の用法について，河村氏は，「一連をなして身に纏う」としている。

ヒスイ勾玉が碧玉管玉に挟まれた一連の装身具の出土例は多く，埴輪にもその様子が見られる。これまでに成された勾玉研究の成果を踏まえ，さきたま史跡の博物館のまが玉づくり体験では，勾玉と管玉を1連に組んだ首飾りを作成している。

　つぎに，古墳時代の勾玉作りの工程について，河村氏はつぎのように述べている。

> 厚さ4〜5mmのカマボコ形の板状研磨品をまず作る。この腹部を抉り背部を円弧状に磨いて概略の形を整え，穿孔後に仕上げ研磨を施して完成品とする。

　こうした研究の成果に基づき，まが玉づくり体験では，板状研磨品の腹部を抉り背部を円弧に近くした状態から初め，穿孔，仕上げ研磨の順に作成を行っている。穿孔の方法は片側穿孔とし，研磨においてはヤスリを用いている。古代においては，研磨に砥石を用いていたが，体験では費用や材料の入手しやすさからヤスリを採用している。

　まが玉づくり体験では，研磨して物を作り出すという伝統的な技法を体験し，利用者に縄文時代から今日まで続く勾玉という装飾品に親しみを感じられるようにしている。石を磨くという一見単調な動作ではあるが，力加減や削る角度を調整しながら自分のイメージするまが玉の形を作り上げることは，かなり高度な作業である。まが玉は抽象的な形状をしており，その表現するもの（例えば胎児や三日月，牙など）を常に頭に思い浮かべながら形を整えていかなくてはならない。このような作業をとおして，古代人の感覚や実際の生活について想像するという点に，まが玉づくりの体験学習としての特性を指摘できる。この点は，土器に文様をつける活動などとも共通するが，形がシンプルなだけに，まが玉づくりは，参加者のもつ古代へのイメージが共有され易い。この体験学習のリピーターからは，できあがったまが玉そのものよりも，その制作過程に価値を見いだしていることが感じられる感想も多く聞かれる。

【まが玉づくりの方法】

まが玉づくりの進行は次のように行われる。

①はじめのあいさつと金錯銘鉄剣の紹介

②まが玉の話

③まが玉のつくり方の説明

④まが玉づくり（図4-4-2「まが玉のつくり方」参照）

　・材料に形を写す

　・紐を通す穴をあける

　・まが玉の形に荒削りをする

　・仕上げ磨きをする

　・管玉と組み合わせて首飾りにする

⑤おわりのあいさつ

①では，金錯銘鉄剣や稲荷山古墳の紹介をし，勾玉と埼玉古墳群のつながりを説明する。②においては，勾玉とは何かということを参加者と一緒に考えるとともに，古代の勾玉の作り方について，パネル（写真4-4-5参照）を使って説明する。③では，およその作り方を説明し，難しい部分については製作途中で再度説明することを伝える。④では，博物館職員とボランティアスタッフの補助のもとで，学習者が勾玉づくりを行う。製作を終えたら，おわりのあいさつをし，終了とする。

 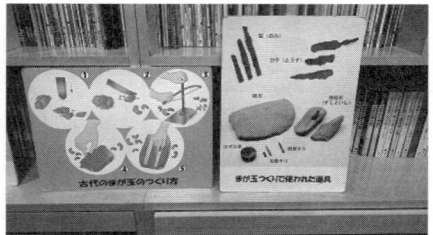

写真4-4-5　まが玉づくりの説明に使うパネル

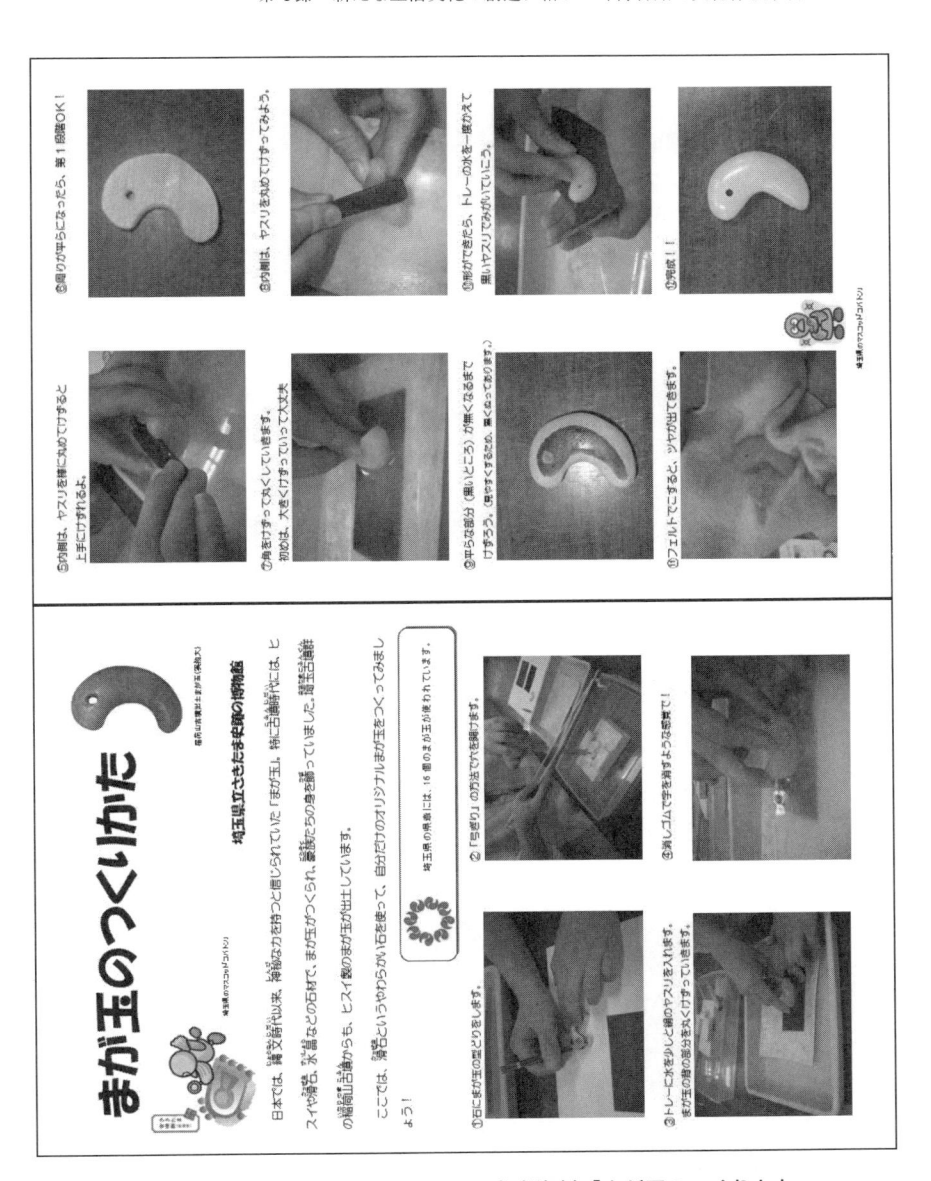

図4-4-2　さきたま古代体験における参考資料「まが玉のつくりかた」

(3) さきたま古代体験「土器づくり」の実践と特性

　さきたま古代体験「土器づくり」は，夏休み子供体験として，毎年7月末から8月初めに開催日を設定して行っている。平成26年度には，つぎの点にポイントをしぼって，体験学習のプログラムを開発した。

> 縄文土器づくりのポイント
> ・輪積みの技法における口縁部の広げ方
> 弥生土器づくりのポイント
> ・「けずり」の技法による整形

　何れも，輪積みの技法で土器をつくる上で，重要なポイントである。夏休み子供体験においては，縄文土器の中から加曽利式[4]の深鉢型土器をモデルに選んだ。加曽利式の深鉢の特徴は，口縁部が広がっていることである。体験では1kgの粘土で小さめな土器をつくるため，輪積みの段階で口縁を広げていっても整形することはできる。しかし，現在でも行われている陶芸の技法や，実際の出土物から考察すると，同じ径の輪積みで積み上げた後に口縁部を広げていることは明らかである。また，口縁部に厚みがあると，土器の重量が上半分に偏り，不安定なものとなってしまう。そのため，口縁部の広げ方に重点を置いた。

写真4-4-6　体験学習で制作した土器

　縄文や隆帯もつけて，縄文土器らしく仕上げていくが，子供たちは自由な発想で，自分なりの飾りを付けていった（写真4-4-6参照）。土からものを作り出すという行為は，広い意味で人間共有の文化の1つと考えることができる。そこに，縄文時代の人々の精神活動から生まれ，今日に伝わった文様などの装飾を施す。さらに，参加者自らが

現代の生活の中から発想した文様を加えていく。作品は，縄文土器風の焼き物となる。それは，縄文土器の再生産ではなく，文化創造の営みである。

　弥生土器づくりでは，この時代を代表する土器，壺・甕・高坏の中から壺を選んだ。輪積み整形の後，器形を整える。全体を薄く仕上げていくためには，「けずり」による整形が不可欠である（図4-4-3参照）。縄文土器と同じように，下半分を厚く，上半分を薄く仕上げた後，土器の下半分の粘土を削り取って，全体的に薄い土器をつくる。初めから下半分を薄くつくると，全体の重さでつぶれてしまい，うまくつくることができない。整形の後，子供たちは，思い思いの装飾を施した。古代の文様と現代のデザインが一体となった作品が仕上がった。

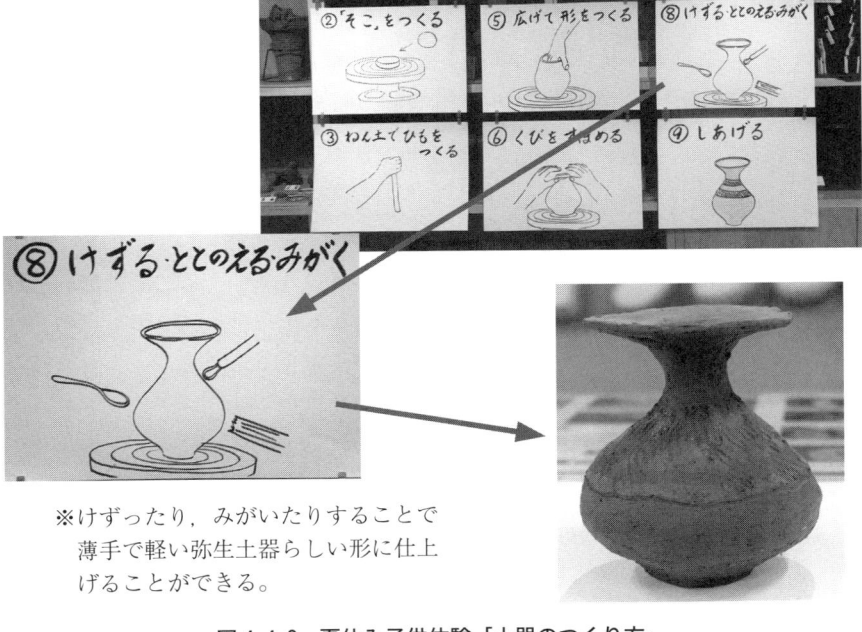

※けずったり，みがいたりすることで
　薄手で軽い弥生土器らしい形に仕上
　げることができる。

図4-4-3　夏休み子供体験「土器のつくり方」

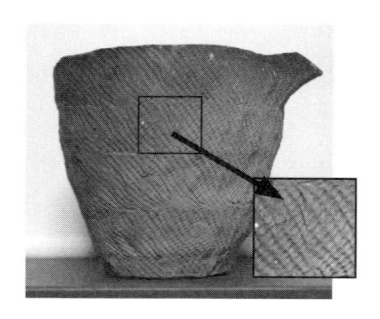

縄文土器づくりのポイント
・縄文の転がし方

縄文の原体を転がす区画を意識すると，全体に美しい縄文がつく。

弥生土器作りのポイント
・「みがき」の技法による整形

よく乾かしてから表面を磨くと光沢が出る。

図4-4-4　土器づくりのポイント

　平成26年度には，「大人のための古代体験」も企画した。内容は縄文土器づくりと弥生土器づくりである。それぞれの土器についてこれまで研究されてきたことをもとに，学芸員と協議を重ねて体験学習の内容を構成した。それぞれの土器のつくり方の特徴について話し合われた中から，つぎの点にポイントをしぼって，体験活動の充実を図った。

　縄文土器づくりは，講義，縄文原体づくり，縄文土器づくりの3部構成とし，関山式土器[5] をモデルとして注口のついた深鉢を作成した。弥生土器づくりは，講義，弥生土器づくりの2部構成とし，「けずり」や「みがき」の過程に重点をおいて，高坏を作成した（図4-4-4参照）。

　どちらの体験学習も午前中2時間，午後2時間の4時間で行った。場所は，さきたま体験工房及び講堂，費用は粘土代と焼成代である。焼成については，さきたま古墳公園内にある「はにわの館」の協力を得た。

　縄文土器づくりで関山式土器の深鉢（注口付き）をモデルとして選んだ理由は，縄文を一回分として転がした跡が，区画としてくっきりと残っていたためであ

る。また，注口の付いたシンプルな形は，現代の生活でも十分に用いることができそうだと考えたためである。実際に使うことで土器に親しみ，土や火を利用してものをつくることのよさに触れることが，具体的な価値を実感することにつながると考えた。

　弥生土器づくりで高坏をモデルとして選んだ理由は，高坏の整形において「けずり」の工程が欠かせないためである。また，坏と台は別につくって組み合わせるところも特徴的であり，大人ならではの学習内容であると考えたためである。大人のための体験学習は，子供講座と比べて設定時間を長くした。そこで，先に形をつくって一度休憩の時間を取り，よく乾燥したところで「みがき」による整形 [6] を行った。「みがき」を行うことで器面は大変美しくなった。

　土器づくり体験は，古代から続く伝統的な焼き物の制作技術を体験するところに特性を有する。まが玉づくりと比べると，その制作技術の復元と体験に重点をおいた学習プログラムである。縄文を転がしたり，文様をつけたりする抽象的な表現を生み出す精神的な活動だけではなく，土器の表面を丁寧に整えたり，より使いやすく丈夫に作ったりする技術を追体験することで，古代の人々の知恵に触れることができる体験プログラムとなっている。

3　埼玉県立さきたま史跡の博物館における文化体験学習の意義と課題

　本稿では，さきたま史跡の博物館における体験学習を事例として，博物館における文化体験学習について具体的に述べてきた。さきたま古代体験では，物作りの方法を継承し，自らそこに装飾等を付け足すことや，できあがったものを実際に生活の中で使っていくことで，現代の生活の中に新たな価値を生み出すことを大きな柱としている。文化創造というと大げさであるが，継承と発展は文化創造の基本的な流れである。さきたま古代体験を含め，全国の多くの博物館で行われている体験学習は，参加者を文化創造へ誘う道標の役割を果たしている。

　博物館における文化体験学習は，過去の人々の生活や精神活動への理解から始まる。しかし，過去を読み解くことに終始してはいない。博物館における文化体験学習には，文化創造的な活動が多く含まれている。一つ一つの文化財には，文化的価値が含まれている。土器であれば，その造形から実用の器としての機能やその先にある生活様式が読み取れる。特に装飾に注目すれば，古代の人々の精神活動として自然への畏敬やよりよい生活への願いを感じとることができる。想定される制作過程からは，技術の洗練や物作りへのこだわりが見て取れる。それらは，想像力を駆使して，物から過去を読み解くことである。従来，博物館の仕事の多くは，それらの読み解いたことを利用者に分かりやすく提示することに力が注がれてきた。しかし，文化の継承と発展に現代社会の諸問題の解決の糸口を掴もうとする今日，発展の方向性を示すことも，博物館の大切な仕事となっている。例えば，土器に文様をつける体験では，縄文や隆帯など古代の装飾方法を取り入れながらも，オリジナルのシンボルやアニメのキャラクターをデザインとして加えることがある。これは，利用者が土器を自らの生活の中へ迎え入れ，その価値を新たに付与する行為である。炊飯や食事に用いられた土器は，現代社会では部屋の飾りや机上の物入れとして生活に受け入れられる。一方，土器を使った炊飯体験は，食物を容易に手に入れられるようになった現代社会において，調理や食事の根源的な意味を思い起こさせ，土器本来の価値を引き出すこととなる。文化の継承と発展は，過去との現代との対話のような形で循環的に行われ，博物館利用者のよりよい生活への思いを高めていく。博物館利用者は，心の豊かさを求めて博物館を訪れる。その願いに応えるためには，博物館で見いだした文化財の価値を現在の生活と結びつける体験が必要なのである。作成したまが玉や土器は，古代の人々の精神について考える媒体の役目を果たし，博物館利用者の想像力を豊かにしていく。そして，実際の生活の中で用いたり，自分なりに手を加えたりすることで，そこに新しい価値を見つけていく。

　本論では，さきたま史跡の博物館における体験学習を事例として述べたが，社会教育における体験学習の系統的な研究は未だ不十分である。それぞれの個

別の取り組みが，どのような意義を有するのか，社会教育の全体像の中で考えていくことが，これからの課題となる。また，博物館における普及活動は，博学連携の中で語られることが多い。現在，さきたま史跡の博物館では，学校の教員 2 名が常駐の職員として普及活動に参加している。教員と学芸員との協力体制の中で文化創造的

写真 4-4-7　土器づくりに取り組む実習生

なプログラムを開発し続けていくことが大切である。同時に，そうしたプログラムを積極的に開発できる教員や学芸員の継続的な養成（写真 4-4-7 参照）に，課題を指摘できる。

（向井　隆盛）

註

（1）大友秀明「社会科教育における『文化学習』の意義と可能性」埼玉大学紀要 2014 p.255

（2）埼玉県立さきたま史跡の博物館　埼玉県では，昭和 44 年に，古墳群の保存と一層の活用を図るために「さきたま風土記の丘」を建設し，その一環として「さきたま資料館」を設置した。平成 17 年度に県内 8 つの博物館施設を再編成し，古墳を中心とする史跡に関する資料と考古資料の収集，保管及び調査研究を行いその活用を図るための博物館として「さきたま史跡の博物館」をリニューアルオープンさせた。

（3）さきたま古代体験は，昭和 59 年に始められた「さきたま風土記の丘教室」以後，現在まで続けられている博物館における体験学習である。埼玉古墳群を中心とした古墳文化と北武蔵を中心とした民俗に関する基礎的な知識の理解を求めることを目的とした，講座と体験が一体となった教育普及事業である。初期は埴輪づくりが多く行われたが，博物館の再編以後は，「さきたま古代体験」として，まが玉づくりを初めとする様々な体験学習プログラムが行われている。

（4）賀曽利式土器とは，千葉県千葉市にある標識遺跡賀曽利貝塚から出土した土器

の形式をもつ土器である。口縁部に大きな彎曲のある，キャリパー状の深鉢が多い。

（5）関山式土器とは，埼玉県蓮田市にある標識遺跡関山貝塚から出土した土器の形式をもつ土器である。矢羽根を思わせる特徴的な羽状縄文がつけられていることが多い。

（6）作品の表面が乾いたところで，竹製のヘラや金属製のさじなどを使って，土器の表面に光沢が出るようにみがいた。みがきに使われた道具については，あまりはっきりとはしていないが，古代の土器づくりにおいて，みがきは重要な工程であったと考えられる。

参考文献

河村好光「倭の玉器—玉つくりと倭国の時代—」青木書店，2010 年。

関口孝明「さきたま資料館の教育普及活動—体験的な活動を中心として—」
　　『調査研究報告　第 19 号』埼玉県立さきたま資料館，2006 年，pp.39-45。

田村宜也「博物館と学校教育の融合を目指して—『出前授業』『博学合同研修会』の取り組みを通して—」『調査研究報告　第 12 号』埼玉県立さきたま資料館，1999 年，pp.101-112。

利根川章彦「平成 12 年度さきたまアカデミア『博学連携』実施の記録」
　　『調査研究報告　第 14 号』埼玉県立さきたま資料館，2001 年，pp.61-81。

向井隆盛「博物館における文化体験学習の性格—さきたま古代体験の実践を手掛かりにして—」『埼玉県立史跡の博物館紀要　第 8 号』埼玉県立史跡の博物館，2015 年，pp.73-76。

渡辺勤「博物館と学校教育の連携—体験学習の場としての博物館事業を中心として—」『調査研究報告　第 9 号』埼玉県立さきたま資料館，1996 年，pp.57-66。

渡辺勤「博物館と学校教育の連携（2）—『博学融合』の試み—」
　　『調査研究報告　第 10 号』埼玉県立さきたま資料館，1997 年，pp.105-114。

第5節　新たな生活文化の創造を意図する
小学校社会科の授業実践
―京都市立嵯峨小学校第3学年単元「嵯峨大念仏狂言」の場合―

1　新たな生活文化の創造を意図する小学校社会科授業の開発視点

(1)「文化価値創造」と新たな生活文化の創造

　本節では，「文化価値創造」に基づく小学校社会科授業の一例を提示する。「文化」とは一般に，「人間の知的洗練や精神的進歩とその成果，特に芸術や文学の産物を意味する場合もあるが，今日ではより広く，ある社会の成員が共有している行動様式や物質的側面を含めた生活様式をさすことが多い。」と解されている[1]。

　一方，学習指導要領では我が国や郷土の伝統や文化を受け止め，それを継承・発展させるための教育，すなわち「伝統と文化を尊重する教育」の充実を求めている。学習指導要領にある「文化」とは，その文脈から，「人間の知的洗練や精神的進歩とその成果，特に芸術や文学の産物を意味する場合」と解することができる。具体的な素材としては，「地域の人々が受け継いできた文化財や年中行事」であり，小学校学習指導要領解説社会編でも，「ここでは，民俗芸能などの文化財が地域の歴史を伝えるとともに，そこにはそれらの保存に取り組んでいる人々の努力が見られることや，地域の人々が楽しみにしている祭りなどの年中行事には地域の生産活動や町の発展，人々のまとまりなどへの願いが見られることなどを取り上げ，生活の安定と向上に対する地域の人々の願いや保存・継承するための工夫や努力を考えることができるようにすることが大切である。」[2]と述べ，文化財や年中行事を通して地域社会を認識する学

習目標を示している。また，「自分たちも地域の伝統や文化を受け継いでいく一人であるという意識を養い，（中略）地域社会の一員としての自覚を育てることにつながるものである。」[3] とも述べ，児童の態度形成を促している。

　このような記述を「文化価値創造」の視点から考察すると，郷土に残る文化財や年中行事を精神生活の充実や日常生活の安定，地域の生産活動や町の発展，人々のまとまりなどの視点から認識するとともに新たに価値づけし，「社会の成員が共有している行動様式や物質的側面を含めた生活様式」を創り出していく授業，つまり地域に根ざした新たな生活文化を創り出していく授業が求められていると言える。

(2)　新たな生活文化の創造を意図する構成主義的な授業

　近年，子どもと切り離された現実を知識として所与・転移するのではなく，現実に結びついた経験から子どもの主体的かつ自然な思考・認識活動を導き出し，知識を構築していく構成主義的な授業が再評価されている。構成主義的な授業では，知識を子どもと子ども・子どもと教師・教室と地域社会などの社会的関係性の中から構築していく。構成主義の教育理論は知識や学習を次の三つの視点からとらえている[4]。

> ・学習とは学習者自身が知識を構築していく過程である。
>
> ・知識は状況に依存している。
>
> ・学習は共同体の中での相互作用を通じて行われている。

　(1) で述べた新たな生活文化の創造を意図する授業は，このような考え方に基づいて知識や価値を構築していくことが有効である。なぜなら，「私たちが世界を理解する方法は，歴史的および文化的に相対的なものである。つまり，私たちの理解の仕方は，おかれている歴史や文化に強く依存した形をとっている。」[5] からである。言い換えれば，郷土の文化に対してはそこに住む生活者である地域の人々（子どもたちを含む）の文脈で知識構築や価値づけがなされ，

新たな生活文化が創造されるのである。

　さて，このような理論は戦後，デューイの提唱する「経験」に基づく授業理論として社会科教育の中に取り入れられていた。しかしながら「はいまわる経験主義」と批判されるなど，社会認識の深まりに欠ける点が指摘された。その原因は，多くの教師がデューイの「経験」を単なる「日常生活の経験」としか理解せず，経験の中にある「探求」という概念を排除した形の経験に終わらせてしまったところにある[6]。構成主義的な授業をより有効に実践していくためには，この「探求」の概念を授業に組み込んでいくことが重要である。そのためには，授業の導入段階で地域社会を丹念に観察した上で認識を揺さぶり，現象として現れている事実の因果や背景，仕組みや本質を探求する学習問題を導き出すことが求められる。このような学習問題に基づいて，郷土の伝統や文化にかかる知識や価値を子どもと子ども・子どもと教師・教室と地域社会などの社会的関係性の中から構築し，地域に根ざした新たな生活文化を創り出していくのである。以下では，京都市立嵯峨小学校で行われた「嵯峨大念仏狂言」の授業に視点を当て，更に論を進める。

2　新たな生活文化の創造を意図する小学校社会科授業と地域素材

(1) 京都市立嵯峨小学校とその校区

　京都市立嵯峨小学校は，明治5（1872）年7月の学制発布直後の8月に創立された。上嵯峨・天龍寺・水尾・原・越畑の5カ村連合で天龍寺旧招慶院を校舎として開校し，平成27（2015）年現在で創立143年となる歴史ある小学校である。校区には，その歴史的背景から数多くの有形・無形文化財が点在し，風光明媚な雰囲気と相まって，国内外から大勢の観光客が訪れている。また，古くから住まわれている家庭が多く，児童の父母，祖父母も同小学校の卒業生であることも稀ではない。まさに，郷土に残る文化財や年中行事を精神生活の充

実や日常生活の安定，地域の生産活動や町の発展，人々のまとまりなどの視点から認識するとともに新たに価値づけし，「社会の成員が共有している行動様式や物質的側面を含めた生活様式」を創り出していく授業」を実践するための素材にあふれた地域である。具体的には，日本三大火祭りに数えられる「嵯峨お松明」（嵯峨松明保存会）や「嵯峨大念仏狂言」（嵯峨大念仏狂言保存会）などがある。

(2) 地域素材としての「嵯峨大念仏狂言」とその特質

　嵯峨大念仏狂言は，嵯峨小学校から徒歩5分ほどの場所にある清凉寺境内の狂言堂で毎年4月に行われている。千本閻魔堂（引接寺）の閻魔堂狂言，壬生寺の壬生狂言とともに京都の三大念仏狂言とされている。以下にその概要を紹介する。

　嵯峨大念仏狂言は，平安後期に円覚上人が始めた「融通念仏」が元となっている。「一人の念仏が他人の念仏と通じ合い（融通），より大きな功徳を生み出す。」という信仰に従い，集団で念仏を称える「大念仏会」が生まれた。この円覚の事蹟と後の融通念仏の様子を描いたのが，《融通念仏縁起絵巻》である。原本は正和3（1314）年の制作と考えられており，数多くの転写が行われた。記録によれば，さらに年を遡った弘安2（1279）年が嵯峨大念仏狂言の起源とされる。

　長きに渡って伝統を受け継いできた嵯峨大

写真 4-5-1　清凉寺

表 4-5-1　嵯峨大念仏狂言の中断と復活

弘安 2 （1279）年	嵯峨大念仏会始行
昭和 11 （1936）年	演目帳（現存）記載
昭和 38 （1963）年	この年をもって中断
昭和 50 （1975）年	復活に向け嵯峨大念仏狂言保存会結成
昭和 51 （1976）年	お松明式にて復活公演初演
昭和 58 （1973）年	京都市指定民族文化財となる
昭和 61 （1976）年	国の重要無形民俗文化財に指定

写真 4-5-2　嵯峨大念仏狂言①　　　　写真 4-5-3　嵯峨大念仏狂言②

念仏狂言だが，昭和38（1963）年に後継者不足から一旦途絶える。しかしなが
ら，途絶える直前に狂言に関わっていた地域の長老たちが後の復活を願い，す
べての演目をビデオにおさめている。この長老たちの思いが詰まったビデオが
存在したからこそ，嵯峨大念仏狂言は後に復活を果たしている。

　復活のきっかけは，清凉寺の住職が変わることになり，その記念に大念仏狂
言の衣装や面をつけて街中を練り歩いたことにある。当時その様子を見ていた
地域の人々の思いが，嵯峨大念仏狂言保存会結成の動きに変わっていった。そ
して，昭和51（1976）年，ついにお松明式にて嵯峨大念仏狂言の復活公演がな
されたのである。現在では子どもが所属する「狂言クラブ」も設立され，男女
を問わず大勢の子どもたちが所属し，狂言の練習をしている。

　嵯峨大念仏狂言の特質は，狂言の成り立ちから復活までの経緯や「演者も囃
子も裏方もすべて民間人の手で行われていること」とあるように，地域の人々
が様々な困難を乗り越えて「郷土の伝統や文化を受け止め，それを継承・発展
させ」ているところにある。従って，小学校学習指導要領解説社会編にある
「ここでは，民俗芸能などの文化財が地域の歴史を伝えるとともに，そこには
それらの保存に取り組んでいる人々の努力が見られることや，地域の人々が楽
しみにしている祭りなどの年中行事には地域の生産活動や町の発展，人々のま
とまりなどへの願いが見られることなどを取り上げ，生活の安定と向上に対す
る地域の人々の願いや保存・継承するための工夫や努力を考えることができる
ようにすることが大切である。」や，「郷土に残る文化財や年中行事を精神生活

の充実や日常生活の安定，地域の生産活動や町の発展，人々のまとまりなどの視点から認識するとともに新たに価値づけし，『社会の成員が共有している行動様式や物質的側面を含めた生活様式』を創り出していく授業」を実現するために有意な素材であると判断できる。

3　新たな生活文化の創造を意図する小学校社会科「嵯峨大念仏狂言」の授業実践

　本授業の原案は，栗栖ゆみ子氏（現京都市総合教育センター教員養成支援室主任指導主事，兼京都教育大学大学院連合教職実践研究科准教授）が，嵯峨小学校在籍時に開発・実践された授業である。本節では，栗栖氏の原案に「新たな生活文化の創造」の視点から筆者が加筆・修正を加え，学習指導案を提示している。

社会科学習指導案

1. 日　　時　　　　平成○○年２月○日（○曜日）　第○校時
2. 学　　級　　　　第３学年○組
3. 単元名　　　　　地いきや生活のうつりかわり　〜「嵯峨大念仏狂言」〜
4. 単元目標
○身近な地域の歴史を伝えるものに気づくとともに，それらを通して人々が地域のくらしをよくしようと願い，工夫・努力してきたことや，今もなお大切に受け継がれていることがわかる。
○地域の良さとそこに住む人々の地域に対する深い思いに気づき，地域の一員として新たな生活文化を創造していく意識をもつことができる。

5. 単元の評価規準
【社会的事象への関心・意欲・態度】
　昔から受け継がれてきた嵯峨大念仏狂言やその受け継がれている様子に関心を持ち意欲的に追求したうえで，地域の一員として新たな生活文化を創造していく意識をもつこ

とができる。

【社会的な思考・判断・表現】

　「なぜ，700年あまりも続いた嵯峨大念仏狂言は中断したのか」「なぜ，嵯峨大念仏狂言は復活したのか」「なぜ，20年前と変わらない姿で演じられているのか」などの疑問に基づいて得られた情報をもとに，嵯峨大念仏狂言やそれに対する地域の人々の思いや願いを考え，自身の言葉で表現できる。

【観察や資料活用の技能】

　嵯峨大念仏狂言保存会などの狂言を受け継ぐ地域の人々から，自身の疑問に基づいて的確に聞き取りをし，記録することができる。また，疑問を解決する適切な資料から情報を収集し，まとめることができる。

【社会的事象についての知識・理解】

　嵯峨大念仏狂言が復活した背景には地域の人々の思いや願いがあり，それを保存・継承するために様々な工夫や努力をしていることを説明することができる。また，復活させ保存・継承する地域の人々の思いの裏には，先人の精神哲学に対する憧憬，地域の生産活動や町の発展，人々のまとまりなどに対する願いがあることを説明することができる。

6. 単元について

(1) 児童について

　本学級の児童は，『商店のはたらき』の学習で初めて問題解決的な学習に出会い，自分たちで学習問題を作り出すことにチャレンジした。担任が示したキーワードをもとにしながら，自分のこだわりを問題の中に取り入れようと苦心しながら学習問題を作っていった。教室全体の問題を整理して，「○○スーパーに，なぜ大ぜいのお客さんが集まるのだろう？」という学習問題を作り出すことができた。

　『農家の仕事』の学習では，「であう」過程で中心教材となる小松菜やその種をじっくり観察したり試食したりして様々な疑問や気づきを出し合い，「上田さんのつくった小松菜は，なぜ人気がありよく売れるのだろう？」という学習問題を作り出した。そして，学習問題に対する予想を十分に練り，確かめたいことを明らかにして見学に行くように指導した。自分の予想を確かめようと限られた時間を精一杯活用しながら取材すること

ができた子どもたち。自分の取材メモを整理しながら，カテゴリーごとに分類し，絵カードに表現することもできるようになってきた。また，調べたことから学習問題に対する考えを表現する学習も意図的に取り入れてきた。そのことにより，子どもたちは「調べたことは同じなのに，考えたことは似ている人もいれば違う人もいる。色々な考え方があるんだな」という見方ができるようになってきた。本単元でも，今までに身につけた学び方を想起させながら，それを応用した学習が進められるように働きかけたい。

(2) 指導と手立て

　本単元は，学習指導要領の内容（5）のイに対応している。ここでは，前学習指導要領にあった「地域に残る文化財や年中行事」から「地域の人々が受け継いできた文化財や年中行事」と内容が変更されている。本文の記述には，次のようにある。

> 　ここでは，地域の人々の願いを考える手掛かりとして，地域の人々が受け継いできた文化財や年中行事を調べる対象として挙げている。ここに示された事項について指導する際には，次のことを抑える必要がある。
> 　「地域の人々が受け継いできた文化財や年中行事」を調べるとは古くから伝わる文化財や年中行事を取り上げ，この内容やいわれ，地域の人々がそれらを大切に保存し継承するための取り組みを具体的に調べることである。

　上記の内容は，これまでも学習の中で取り上げてきたが，今回の改定では，その内容やいわれはもちろんのこと，より一層保存に取り組んでいる人々の工夫や努力を考えることを重視している。また，「文化価値創造」の視点より，地域の一員として新たな生活文化を創造していく意識をもつことを指導していきたい。これらを踏まえた上で，本単元を構想する。

　学習の「であう」過程では，身近な年中行事である「お松明」を取り上げる。毎年3月15日に行われている「お松明」であるが，なぜ清涼寺釈迦堂でこの日に行われるのか，どのような意味があるのかについて，子どもたちはほとんど知らない。そこで，「お松明」の写真や読み物資料を活用して，その起源や地域の人々の関わりを調べる。この学びを通して，身近な地域には今まで知らなかった歴史を伝えるものがあるのだというこ

とに関心をもたせたい。そして，「嵯峨大念仏狂言」の存在にも気づかせたい。

　学習の「つかむ」過程で，本単元の中心教材である「嵯峨大念仏狂言」へとつなげていく。この狂言は，「お松明」が行われる同じ日に清涼寺の中にある独特な建物「狂言堂」で行われている。ほとんどの児童にとって初めての出会いであると思われるので，実際の狂言のビデオや写真見て特徴をつかませたい。次に，嵯峨大念仏狂言は今から700年以上も前に始まっていること，45年前に一度途絶えたことがわかる簡単な嵯峨狂言年表を用意しておく。また，同じ演目で同じ場面の2枚の嵯峨狂言の写真を提示する。これは，20年前と現在の写真である。2枚を比較するとほとんど何も変わらずに受け継がれてきていることがわかる。児童は，今から700年以上も前に始まっている嵯峨大念仏狂言が45年前に一度途絶えたことや，変わらないまま受け継がれていることに驚きを持つのではないだろうか。さらにこの事実から児童の心は動き，「なぜだろう」「どうしてだろう」という様々な疑問が生まれてくるのではないだろうか。この「わたしの問題」から学級全体の学習問題「とだえていた嵯峨大念仏狂言は，なぜ復活したのだろう？」につなげたい。

　学習の「しらべる」過程では，まず十分に予想を練らせ（個→グループ→全体），知識構築のための基礎的概念を形成しておく。そして，観察や調査にて確かめたいことを明らかにしておく。その上で実際に清涼寺狂言堂にて観察・調査をしたり，嵯峨大念仏狂言保存会の方から聞き取りをし，事実（情報）を収集する。また教室でも，資料に基づいて事実（情報）を取集し，一つの事実（情報）ごとに1枚のカードに書き出していく。狂言堂は随分以前から釈迦堂にあるのだが，現在の場所に移築されたのは明治34年のことである。約100年も前から同じ場所に建っている狂言堂に触れることからでも，地域の人たちがいかに大切に守りながら受け継いできているということにも気づくのではないだろうか。

　学習の「ふりかえる」過程では，カードを用いて調べた事実（情報）を交流するとともに，カードを「①嵯峨大念仏狂言の劇について」「②嵯峨大念仏狂言の劇にこめられた昔の人の思いやねがいについて」「③うけついできた地域に住む昔の人々の思いやねがいについて」「④うけついでいく地域に住む今の人々の思いやねがいについて」の4視点に基づいて整理していく。そして，学習問題「嵯峨大念仏狂言は，なぜ復活したのだろ

う？だれが復活させたのだろう？」に対する考えを自身の言葉で説明するとともに，グループや全体で交流して更に知識を構築していく。最後に，「家の人に嵯峨大念仏狂言を紹介する手紙を書く」ことにより，嵯峨大念仏狂言を新たな視点で価値づけし，地域の一員として新たな生活文化を創造していく意識をもつことを指導していく。

7. 単元構想（全8時間）

【であう1時間】清涼寺釈迦堂で毎年おこなわれているお松明について調べよう。

| なぜ，毎年同じ日にするのかな？ | 3つのお松明を作るのはなぜだろう？ | 人々の幸せと願いがたくされているんだな。 |

地域には昔から伝わってきたものがあるんだね。嵯峨大念仏狂言もあるよ。

【つかむ1時間】昔から伝えられてきた嵯峨大念仏狂言について，学習問題をつくろう

| 劇にどんな意味があるのだろう？ | いつはじまったのだろう？ | 700年もどうやって続けてきたのか？ |
| とだえたのに，なぜ今あるのだろう？ | だれがやっているのだろう？ | 20年前の劇と何もかわっていないよ。 |

とだえていた嵯峨大念仏狂言は，なぜ復活したのだろう？

【調べる3時間】①予想しよう。②嵯峨大念仏狂言保存会の人に取材に行こう。

| 伝統を受け継ぎたいという強い思いがあったんだ | 劇には，昔の人の思いや願いがつまっているんだね。 | 昔から同じ動きや速さで受け継いできたんだ。 |
| 劇をする人だけでなく，太鼓や鉦をたたく人，笛を吹く人もいる。 | 毎週土曜日，仕事が終わった後に練習しているんだね。こども狂言クラブもあるよ。 |

見学してわかったこと、調べてわかったことをカードにまとめよう。

【ふりかえる3時間】学習問題を解決しよう。

カードを仲間わけしながら、復活した理由をまとめよう

① 　嵯峨大念仏狂言の劇について
② 　嵯峨大念仏狂言の劇にこめられた昔の人の思いやねがいについて
③ 　うけついできた地域に住む昔の人々の思いやねがいについて
④ 　うけついでいく地域に住む今の人々の思いやねがいについて

円覚上人が嵯峨大念仏狂言をはじめ，見てくれる人がいたから。25種類の劇ができた。

仏教の考え方がある。約700年前に始まった。生活の安定のため。

45年前に続ける人がいなくなったのに、長老さんたちが続けられるようにビデオをとっていた。

今もとだえさせないように地域の人たちが努力している。自分にも何かできることはないかな。

　嵯峨大念仏狂言には、地域に住む昔や今の人々の、生活の安定や町の発展、人々のまとまりに対する思いやねがい、伝統を大切にする気持ちがつまっている。その思いやねがい、気持ちが嵯峨大念仏狂言の復活にむすびついた。保存・継承するために、今も様々な工夫や努力をしている。　　　　　　　　　　　◇知識構築

家の人に嵯峨大念仏狂言を紹介する手紙をかこう。
　　　　　　　　　　　　　　　　　　◇価値づけと新たな生活文化の創造

8. 指導と評価の計画（全8時間）

		学　習　活　動	指導・留意点	評　　価
で あ う	①	清涼寺釈迦堂で毎年行われる「お松明」を調べ，地域には歴史を伝えるものがあることに興味をもつ。	地域の人々の存在に目が向くようにする。嵯峨大念仏狂言にも着目させる。	地域に残る歴史を伝えるものや伝える人について意欲的に調べようとしている。　【関心】
つ か む	②	嵯峨大念仏狂言の写真やビデオを見て，調べたい学習問題を考える。 とだえていた嵯峨大念仏狂言は，なぜ復活したのだろう？	700年も前からあったこと，中断したものの40年前に復活したことに着目させる。	中断したものの40年前に復活したことを中心として学習問題を作ることができる。【関心】

調べる	③	学習問題を予想し，調べたいことを整理する。（個→グループ→全体）	見学・インタビュー・資料で調べること整理できるワークシートを用意する。	学習問題を予想し，調べたいことを整理することができたか。【思考・判断】【技能】
	④⑤	清涼寺狂言堂に行き，学習問題について観察し，調べる。嵯峨大念仏狂言保存会の方から聞き取りをする。嵯峨大念仏狂言の資料から調べる。以上からわかった事実（情報）をカードにまとめる。	1枚のカードには，わかった事実（情報）を一つずつ書くように指導する。	調査計画に基づいて調べることができたか。1枚のカードにわかった事実（情報）を一つずつ書くことができたか。調べる事項が発展したか。【技能】
ふりかえる	⑥⑦	カードを用いて調べた事実（情報）を交流する。（個→グループ→全体）カードを仲間わけし，似ている事実（情報）ごとにまとめる。カードを基にして話し合い，学習問題を解決する。	4つの視点からカードをまとめるように助言する。	4つの視点ごとにカードをまとめることができたか。【知識】学習問題について、自分たちの言葉で説明することができたか。【理解】
	⑧	家の人に嵯峨大念仏狂言を紹介する手紙をかく。	自分はこれからどうしたいかも書くよう促す。	新たな生活文化を創造することができたか。【関心】【思考・判断】

4　新たな生活文化の創造を意図する小学校社会科「嵯峨大念仏狂言」の授業の意義

（1）構成主義的な視点から

　本節では「文化価値創造」に基づく授業を，「郷土に残る文化財や年中行事を精神生活の充実や日常生活の安定，地域の生産活動や町の発展，人々のまとまりなどの視点から認識するとともに新たに価値づけし，『社会の成員が共有している行動様式や物質的側面を含めた生活様式』を創り出していく授業」，つまり地域に根ざした新たな生活文化を創り出していく授業と定義している。

　本実践は，単元の「であう」過程で児童に身近な年中行事である「お松明」を取り上げ，写真や読み物資料を通して「嵯峨大念仏狂言」の存在に気づかせている。そして，今から700年以上も前に始まっている嵯峨大念仏狂言が45年前に一度途絶えたこと，今も変わらないまま受け継がれていることから，「とだえていた嵯峨大念仏狂言は，なぜ復活したのだろう？」との「探求」に基づく学習問題を導き出している。このように，授業の導入段階で地域社会を丹念に観察した上で認識を揺さぶり，現象として現れている事実の因果や背景，仕組みや本質を探求する学習問題を立てている。

　「しらべる」過程では，予想によって知識構築のための基礎的概念を確認し，その上で実際に清凉寺狂言堂にて観察・調査をしたり，嵯峨大念仏狂言保存会の方から聞き取りをして事実（情報）を収集している。また教室でも，資料に基づいて事実（情報）を取集し，一つの事実（情報）ごとに1枚のカードに書き出している。

　「ふりかえる」過程では，カードを用いて調べた事実（情報）を交流するとともに，カードを「①嵯峨大念仏狂言の劇について」「②嵯峨大念仏狂言の劇にこめられた昔の人の思いやねがいについて」「③うけついできた地域に住む昔の人々の思いやねがいについて」「④うけついでいく地域に住む今の人々の思いやねがいについて」の4視点に基づいて整理している。そして，この4つの視点から「嵯峨大念仏狂言は，なぜ復活したのだろう？だれが復活させたのだろう？」に対する考えを自身の言葉で説明するとともに，グループや学級全体で交流し，最終的に「嵯峨大念仏狂言には，地域に住む昔や今の人々の，生活の安定や町の発展，人々のまとまりに対する思いやねがい，伝統を大切にする気持ちがつまっている。その思いやねがい，気持ちが嵯峨大念仏狂言の復活にむすびついた。保存・継承するために，今も様々な工夫や努力をしている。」との知識を構築しようとしている。

　このように本実践は，構成主義の考え方に基づき，現実に結びついた経験から子どもの主体的かつ自然な思考・認識活動を導き出し，知識を子どもと子ども・子どもと教師・教室と地域社会などの社会的関係性の中から構築している

ところに意義を見いだすことができる。

（2）新たな価値づけと地域に根ざした生活文化の創造の視点から

　栗栖氏の授業では，児童が嵯峨大念仏狂言を紹介する手紙を書いている。

> ⟨ア⟩　わたしは，学校でさがきょう言について調べました。700 年前に円覚上人が考え，今では「無形民族文化ざい」になっています。45 年前に（する）人がいなくなってつづけられなくなりましたが，町の人が「もう一度見たい」と言ってふっかつしました。お面やいしょうは全部むかしから同じです。<u>わたしはこれを知ってほしいと思ったので書きました。すばらしいと思ってくれたらうれしいです。</u>

> ⟨イ⟩　わたしが一番心にのこったことは，700 年前からやっていて町の人から愛されているということです。<u>わたしは今，さがきょう言はこの町になくてはならないものだと思っています。そして，未来に伝えていかなければならないと思います。だから，わたしはさがきょう言のことをほかの人に教えようと思います。</u>

　アの手紙では，前段の「わたしは，学校でさがきょう言について調べました。700 年前に円覚上人が考え，今では『無形民族文化ざい』になっています。45 年前に（する）人がいなくなってつづけられなくなりましたが，町の人が『もう一度見たい』と言ってふっかつしました。お面やいしょうは全部むかしから同じです。」の記述が，「嵯峨大念仏狂言には，地域に住む昔や今の人々の，生活の安定や町の発展，人々のまとまりに対する思いやねがい，伝統を大切にする気持ちがつまっている。その思いやねがい，気持ちが嵯峨大念仏狂言の復活にむすびついた。保存・継承するために，今も様々な工夫や努力をしている。」に対応する構築された知識と解釈できる。そして，後段の「<u>わたしはこれを知ってほしいと思ったので書きました。すばらしいと思ってくれたらうれしいです。</u>」との記述が，構築された知識に基づく嵯峨大念仏狂言の新たな価値づけと解釈することができる。

　イの手紙では，前段の「わたしが一番心にのこったことは，700 年前からや

っていて町の人から愛されているということです。」の記述が構築された知識と解釈できる。そして，後段の「わたしは今，さがきょう言はこの町になくてはならないものだと思っています。そして，未来に伝えていかなければならないと思います。だから，わたしはさがきょう言のことをほかの人に教えようと思います。」との記述が，構築された知識に基づく嵯峨大念仏狂言の新たな価値づけと解釈することができる。

このように本実践では，構築された知識に基づき，つたない言葉ながらも嵯峨大念仏狂言に対して新たな価値づけがなされているところに意義を見いだすことができる。

以上の成果が，地域の「狂言クラブ」の活動に結びついているのである。

このことは，「社会の成員が共有している行動様式や物質的側面を含めた生活様式」，つまり地域に根ざした新たな生活文化を創り出していることの萌芽と解釈することができる。今後，地域社会で生き，地域社会を支えていく子どもたちに，このような萌芽を基盤とした地域社会への参画態度を図ることのできる授業構築が望まれる。

（3）実践の可能性

本節では，「文化価値創造」に基づく小学校社会科授業の一例を提示した。本実践では「嵯峨大念仏狂言」を素材として扱ったが，全国の各地域に類似した文化財や年中行事が見られる。例えば，筆者の生まれ故郷の静岡県浜松市では，「遠州大念仏」が奉じられている。このように地域に根ざした素材をもとに，本節で提示した授業構成論に基づいて，小学校区の実際に合わせて実践することができる。また，このような授業は，学校教育法第21条第3号で述べられる義務教育の目標，「我が国と郷土の現状と歴史について，正しい理解に導き，伝統と文化を尊重し，それらをはぐくんできた我が国と郷土を愛する態度を養うとともに，進んで外国の文化の理解を通じて，他国を尊重し，国際社会の平和と発展に寄与する態度を養うこと。」を達成できるものと言える。

（小林　　隆）

註

（1）『広辞苑』岩波書店，『国際大百科事典』ブリタニカ・ジャパン など

（2）文部科学省『小学校学習指導要領解説社会編』東洋館出版社，2010, p.41

（3）同上書，p.41

（4）久保田賢一『構成主義パラダイムと学習環境デザイン』関西大学出版部，2000，pp.28-29

（5）同上書，p.50

（6）同上書，p.56

参考文献

安野功「伝統・文化に関する教育を充実させるためのポイント」『初等教育資料』文部科学省，2010

鵜飼光昌，瀬戸内寂聴『清涼寺』淡交社，2009

佐々木剛三『清涼寺』中央公論美術出版，1965

付記

　本文中にもあるように，栗栖ゆみ子氏（現京都市総合教育センター教員養成支援室主任指導主事，兼京都教育大学大学院連合教職実践研究科准教授）に学習指導案の提供をいただいた。本文では，筆者が新たな生活文化の創造を意図する授業構成の視点に基づいて加筆・修正を加え，提示している。

第V章
文化を基軸とする社会系教育の進展

　本著では，文化は人間が創りだすものであり，過去・現在・未来と関連する人間と人間の生活に関する総体であると捉える。このよう過去から現在まで関連する文化の意味や意義を教育する上で，文化と人間（学習者）との関与の視点から次の３形態に分け，初等・中等教育の教育課程に基づく授業実践を提案している。第Ⅱ章では過去から現在まで関連する文化の意味や意義を理解する「文化価値理解」の形態としての授業。第Ⅲ章では過去から現在まで関連する文化の意味や意義を体験等の活動を通して文化価値を体得する「文化価値形成」の形態としての授業。第Ⅳ章では過去から現在まで関連する文化の意味や意義を未来の文化創造に関連づける「文化価値創造」の形態としての授業。これらは基本的に学校の教育課程における教科・科目及び領域としての授業実践である。

　これらの文化を基軸とする社会系教育を基盤に今後の教育進展を図るためには，各学校を核にして，点としての活動形態，面としての活動形態，立体としての活動形態の教育研究が必要になる。点としての活動形態では，単独の学校における文化を基軸とする教育研究である。例えば，国立教育政策研究所や地方公共団体の教育委員会による研究指定校事業などの事例が指摘できる[1]。面としての活動形態では，地域の全学校における文化を基軸とする教育研究である。例えば，東広島市における「一校一和文化学習」が指摘できる[2]。立体としての活動形態では，点としての活動形態と面としての活動形態も包含し，グローバル化が進行する世界状況において，国内外の学校や地域における文化の交流と創造を図る教育研究である。例えば，平成26年度開設の「関西学院大学グローバル日本文化教育研究センター」における文化を基軸とする教育研究が指摘できる[3]。

　この「関西学院大学グローバル日本文化教育研究センター」（以下，研究センターと称す。）は，私にとっては文化を基軸とする教育研究活動の進展を図る基地であるが，今後の我が国の教育研究の進展を図るモデル機関としても重要な役割を有している。このような意義を有する研究センターの性格と開発教材としての「グローバル文化シンボルとしての鯉のぼり」の事例を紹介する。

1 「関西学院大学グローバル日本文化教育研究センター」の性格

　本研究センターでは，文化を基軸にする教育の研究課題を次のように捉える。第2次世界大戦後の日本は，民主主義社会の建設と資本主義社会としての経済的成長を図り，現在のように国際的に重要な貢献を担う国家として発展してきた。今日では他国との相互依存関係だけでなく，そのような関係を超えたグローバル世界における諸課題に対応せざる得ない状況に直面している。このような状況において，政治と経済の機能の土台になるとともに，地域・国家・世界の社会的一員としての個人を結集し，社会創造を図る文化力に国際的関心が向けられてきている。特に，東日本大震災の社会的危機状況における日本人の対応，富士山を含めた地域の世界文化遺産，和食の無形文化遺産の登録，2020年のオリンピック開催などの出来事を通して日本人の気質を含めた日本文化への興味・関心は国内外において増大しつつある。その意味では，日本文化を世界の平和と人類の幸福を理念とするグローバル世界の視野から再評価し，新たな日本文化の発信と創造を図ることが課題になる。

　本研究センターでは，この課題に対して教育研究を基盤してグローバル世界における日本文化の発信と創造を担う人材形成を図るカリキュラムと授業の開発・実践研究の推進を目的とする。そして，この研究成果は，グローバル世界における日本の役割と世界各国の文化交流のあり方に寄与するとともに学校教育におけるカリキュラムと授業をグローバル人材形成の観点から改革するところに意義がある。本研究センターの研究は，基本的に次の3内容になっている。
　・「日本文化」関連教育リソースの収集と調査及びデータベース開発
　・「日本文化」関連教・「日本文化」関連教育のカリキュラムと授業の調査と
　　解析
　・「日本文化」関連教育のカリキュラムと授業の開発と評価。
　これらの3内容を踏まえた具体的な研究目的は次の事項になっている。

① 国内外における日本文化教育の教育課程と教科書に関するリソース収集と「伝統と文化（和文化）教育実践 ＷＥＢデータベース」に収集リソース情報の蓄積を図り，研究活動の基盤を構築する。

② 国内外における「日本文化」に関する教育の教育課程と教科書に関するリソースに基づいて「日本文化」に関する教育内容を調査する。さらに，「日本文化」に関する教育推進地域での小・中・高等学校のカリキュラムと授業について調査見学をする。特に，授業実践を撮影し，デジタル映像記録を作る。

③ 調査内容に基づいて調査対象のカリキュラムと授業科目の内容構成の課題を検討する。さらに，「日本文化」の観点からカリキュラムと授業科目の内容とそれらの関連と系統を検討する。そして，カリキュラムの編成と授業設計の方法論を解析する。

④ 「日本文化」に関するカリキュラムとモデル授業を開発し，国内外のモデル学校において授業を実践する。そして，「日本文化」に関するモデル授業実践の授業内容と授業方法の規則性を検証する。

⑤ 「日本文化」に関するカリキュラムと授業実践のモデル案を公開し，社会的評価を踏まえ，モデル案の持続的改善を図る。

　これまでの研究活動を通して，本研究の目的に対応して次の研究成果が指摘される。目的の① については，各国における「伝統と文化」に関する教育の教育課程と教科書に関するリソースとして収集したアメリカにおける小中高の社会科教科書と中国と韓国の教科書については研究員も含めて希望者に閲覧できるように研究センターに配架している。さらに，関連文献情報データの収集と蓄積を行い，それらの情報データを入力した「伝統と文化（和文化）教育実践ＷＥＢデータベース」[4] を公開している。その意味では，「日本文化」に関する教育研究活動としての社会的研究基盤が構築されつつある。

　目的の②については，「和文化教育学会」[5] の研究大会との関連で東京都武蔵村山市と秋田県由利本荘市における日本の「伝統と文化」に関連する授業実践の調査見学とビデオ撮影を行っている。さらに，「和文化教育」を地域全体

の教育活動として推進している東広島市の教育委員会，中央中学校，向陽中学校を訪問し，関連資料を収集している。例えば，平成 23 年度新設の中央中学校では，校訓として「和心」を掲げて「総合的な授業」を活用して実施している「日本の歌『四季』」の公演映像などである。また，兵庫県内の「『伝統と文化』に関する学習の充実事業」（平成 28 年度―平成 29 年度）のモデル地域として丹波市と篠山市の授業実践の調査見学とビデオ撮影を継続的に実施している。その意味では，現代の教育課題を学校教育における教育実践と関連して研究が取り組まれている。

　目的の③については，目的の②の調査活動との関連で東京都武蔵村山市，秋田県由利本荘市，東広島市の小中学校において地域文化を教材化したカリキュラムと授業実践を解析している。特に，武蔵村山市では小中一貫校村山学園の音楽，由利本荘市では岩城小学校の地域学習，東広島市では向陽中学校と中央中学校における総合的な学習の時間を手がかりにカリキュラムの関連性を検討している。さらに，東京都教育員会が平成 17 年から推進している「日本の伝統・文化理解教育」の指導案と教材例を対象とした「日本の伝統・文化」に基づくカリキュラム構成，そして平成 19 年度から開始された兵庫県立高等学校学校設定科目「日本の文化」に基づくカリキュラム構成も検討している。これらの検討結果を踏まえて日本文化教育のカリキュラム編成と授業設計の方法論を解明している。その意味では，目的の②を踏まえて現代の教育課題を学校教育における教育実践に基づく理論研究が取り組まれている。

　目的の④については，日本の「伝統と文化」に関するモデル授業の教材開発に取り組んでいる。具体的には，次の教材である。「鯉のぼり」「落語」「折紙」「凧」「和紙」「風呂敷」「文楽」「歌舞伎」「茶道」「武道」。これらの教材の中から「グローバル文化シンボルとしての鯉のぼり」[6] と「日本の凧と世界の凧」[7] の教材については，フランスのリヨン市のリヨン第 3 大学日本語学科（2014 年 9 月 17 日）とリヨン高等師範学校（2014 年 9 月 18 日）にて授業実践を実施した。さらに，「鯉のぼり」の教材については，アメリカのドレイク大学（2014 年 3 月 28 日）と南メソジスト大学（2016 年 3 月 30 日），中国の華南師範

大学（2015年3月9日），華東師範大学（2015年3月11日），同済大学（2015年3月12日），上海理工大学（2015年3月12日），ニュージーランドのカンタベリー大学（2016年3月7日）と環太平洋大学ニュージーランド校（2016年3月8日）において授業実践を実施し，開発教材の構成と効果を検討している。その意味では，海外の教育研究機関とも連携を図り，研究の交流と発信を試みている。

　目的⑤については，「日本文化」に関する小学校と中学校におけるカリキュラム開発の具体化を意図して，先行的な「日本文化」理解教育に関するモデル学校のカリキュラムの検討をしている。特に，「日本文化」に関するモデル授業については指導書の形式ではなく，パワーポイントを利用して「日本の鯉のぼりから世界の鯉のぼりへ」と「日本の凧と世界の凧」の教材を開発し，それらの活用を国内外の学校にて行い，教材の改善を継続している。さらに，「折紙」「武道」「茶道」の教材開発も着手している。そして，これらの教材の特性は，日本文化としての文化的特性を理解するだけでなく，グローバルな観点から日本文化の文化的価値の理解を図るところにある。その意味では，教育研究を基盤にグローバル世界における文化創造国家を担う人材育成の役割を担いつつある。

2　「グローバル文化シンボルとしての鯉のぼり」教材の開発事例

　本研究センターでは，ホームページに紹介されているように「鯉のぼり」を教育研究活動と社会活動を推進するグローバル文化シンボルとして意味づけている。開発教材でもある「鯉のぼり」活動の動機は，「和文化教育学会」が平成21年3月11日に発生した東日本大震災の復興を意図して始めた「天空へ向けて舞い揚げよう『鯉のぼり』活動」にある[8]。東日本大震災は，日本社会における未曽有の危機状況を生み出すと共に，私たちに自己の生き方，社会のあり方，国家の役割，世界との関係を覚醒させた。このような日本社会の危機状況に対して平成17年4月から「和文化の風を学校に」の願いをもって活動してきた学会は，和文化の意義とその教育の役割を問うことが課題であると判

断した。学会はこの課題に対する試みとして，平成21年4月3日から日本の伝統行事である5月5日の「こどもの日」前後に掲揚される「鯉のぼり」を各地域の学校園等において東日本の地域復興と子供たちの活力創生を祈念するために「天空へ向けて舞い揚げよう『鯉のぼり』活動」を開始した（2011年9月博報賞日本文化理解教育部門受賞）。この学会の呼び掛けに応じて実施された関学における「鯉のぼり活動」は，「関学キャンパスから舞い揚げよう空の翼！鯉のぼり―東北と世界へ羽ばたけ私たちの願い―」として学内外に新たな文化活動を創出する役割を担うようになってきている。平成26年度からは，関学と地域との連携として「門戸厄神地域活性化実行委員会」も共催として参加し，地域連携としての活動にも発展している。さらに，平成28年度からは，「夢を持つ子どもたちを応援するスイミープロジェクト」との共催も開始している[9]。

　このような「鯉のぼり」活動の歴史を調べると，関学学院史においても「鯉のぼり」は重要な役割を担っていた事実が指摘できる[10]。1961年に学院創設70周年を記念して実施された「ペルー・アンデス探検」の際に，関西学院聖歌隊とその卒業生の会（唱歓会）の有志が餞別として「鯉のぼり」を探検隊に贈呈したのである。そして，その鯉のぼりはワスカラン峰登頂成功し，隊員全員がベースキャンプに集合して，万歳を唱えた折に掲げたのである。さらに，1984年7月に国際センター室長の藤田允氏が南メソジスト大学にて1980年度から開始された学生間の国際交流の記念として「鯉のぼり」を掲揚したのである。このように関西学院大学の歴史における「鯉のぼり」活動に関する2つの歴史事実は，現在実施している「関学キャンパスから舞い揚げよう空の翼！鯉のぼり―東北と世界へ羽ばたけ私たちの願い―」の「鯉のぼり」活動の魁的役割を担うものであり，グローバル世界における文化交流と文化発信の推進を図る文化シンボルとしての役割を担っていることも共通する。

　関学学院史のみならず日本史においては，第2次世界大戦が始まる社会的状況の中で世界平和と国際交流の理念を持続的に実現するために昭和9年に「国際友好鯉のぼりの会」（International Goodwill "Koinobori" Society）が設立され，世界の国々の人々に世界平和を託す「鯉のぼり」を送付する活動がなされたのであ

る(11)。この協会設立には，東北大学法文学部学生であった土井英一（1909.9.17
〜1933.9.9）氏の構想と活動が牽引になったのである。なお，英一氏の父は土
井晩翠（1871〜1952）である。彼は子供のころから世界平和と国際親交に深い
関心を寄せ，中学校時代からザメンホフが世界平和を願って創案した国際共通
語のエスペラントを熱心に学習し，手紙や鯉のぼりなどの伝統文化に関する物
品の交換によって他国の人々との交流をしていた。そして，真摯に国を愛する
ことは人間性と平和への愛情を必然的に生み出すという思いを強く持つように
なった。さらに，1931年9月18日の南満州鉄道線路の爆破事件（柳条湖事件）
を端にして日本と中国の武力紛争の満州事変が起きた社会的状況において氏は
日本人の真のこころを世界の人々が正しく理解できる試みの必要性を痛感する
ようになった。氏はこの交流体験を通して世界平和を推進するには「鯉のぼ
り」に象徴されている忍耐と勇気に共通する精神性が求められると強い信念を
持たれたのである。

　このような当時の社会的状況とこれまでの国際交流の活動を踏まえて英一氏
が，世界平和を会の使命とする「国際友好鯉のぼりの会」設立を祈念されたの
である。しかし，英一氏は中学校時代から健康を害しており，昭和8年9月9
日に大学在学中に結核のため病死されたのである。「国際友好鯉のぼり会」は，
英一氏が亡くなられた翌年3月に彼の構想と活動を永続的に推進するために晩
翠も含めて当時の著名人の協力を得て設立されたのである(12)。

　このように日本の歴史において第2次世界大戦が始まる社会的状況の中で，
世界平和と国際交流の理念を持続的に実現するために「国際友好鯉のぼりの
会」が設立され，世界の国々の人々に世界平和を託す「鯉のぼり」を送付する
活動がなされた歴史事実自体が驚嘆の事実である。そして，この会の「鯉のぼ
り」活動は伝統行事としての性格から世界に向けて世界平和と国際親善を図る
象徴としての性格を有する文化的役割を担ったのである。

　さらに，世界の「鯉のぼり」活動の歴史おいて国際交流を視野に関する特記
すべき事実としては，1919年頃に当時のフランス首相であったジョルジュ・
クレマンソー（Georges Benjamin Clemenceau, 1841-1929）がサン・ヴァンサン・シ

ェル・ジュール（Saint-Vincent-sur-Jard）にある別荘に日本から送られた「鯉のぼり」を掲揚し，その後も「鯉のぼり」が現在まで掲揚されてきていることが指摘できる[13]。この事実については，1919 年 1 月から第一次世界大戦の終結対応を討議するために開催されたパリ講和会議に参加したフランス首相ジョルジュ・クレマンソーに日本の代表者である西園寺公望（1849-1940）が「鯉のぼり」を贈呈したところ，クレマンソーが「鯉のぼり」を気に入り，別荘に旗ポールを建て掲揚したと言われている。

　このように関学，日本，世界の基盤において現在なされている「鯉のぼり」活動は，各基盤の過去において魁となる「鯉のぼり」活動と関連し，未来への新たな「鯉のぼり」活動の原動力になり，世界平和と国際親善の文化価値を創造していくグローバル文化シンボルとして意義づけられる。その意味では，「グローバル文化シンボルとしての鯉のぼり」教材は，世界平和と国際交流を意図するグローバル文化シンボルとして地域社会と国内外の学校との連携を図り，過去の「鯉のぼり」活動を現在の「鯉のぼり」活動に関連づけ，未来への「鯉のぼり」活動の創造を生み出すモデル教材になると評価できる。

　なお，この「鯉のぼり」活動を含めた多彩な活動形態は，文化を基軸とする教育研究に関連するだけでなく，他の多くの教育研究に関する活動にも関連するのである。しかしながら，点・面・立体としての教育研究が構築できるのは，文化は世界のすべての老若男女，世界のすべての教育機関，世界のすべての地域において豊潤な文化的価値を生み出し，個としての人間，人間関係としての社会，人間社会と自然との共生を醸し出す文化力を有するからである。その意味では，社会系教育を含む文化を基軸とする教育が，個人・地域社会・国家・世界の幸福を生み出す源泉になるとの確信に基づいて教育研究を継続的に推進できることを期待したい。

（中村　哲）

註

（1）国立教育政策研究所では平成 17 年度の「我が国の伝統文化を尊重する教育に関する実践モデル事業」から平成 28 年度の「研究課題 3　学校全体で取り組む研究課題」として「伝統文化教育」の実践研究が継続的に実施されている。また，各地方公共団体の教育委員会でも東京都教育委員会では平成 17 年度から「日本の伝統・文化理解教育」を推進している。

（2）東広島市では，平成 20 年度から全市立幼稚園，小学校，中学校で「一校一和文化学習」に取り組んでいる。教育委員会のホームページの指導課ページを参照されたし。http://www.city.higashihiroshima.lg.jp/soshiki/kyoikuiinkaigakkokyoiku/3/5/2935.html

（3）関西学院大学グローバル日本文化教育研究センター（http://www.kggjcec.jp/）

（4）伝統と文化（和文化）教育実践ＷＥＢデータベース（http://28.pro.tok2.com/~hyogoshakai/wa/）

（5）和文化教育学会（http://30.pro.tok2.com/~wabunka/）

（6）単元計画と教材構成については，次の文献を参照されたし。
　　・拙稿「『日本の鯉のぼりから世界の鯉のぼりへ』の単元開発―グローバル文化シンボルとしての鯉のぼり活動を意図して―」，関西学院大学『教育学論究』第 5 号，2013 年 12 月，pp.95-105.
　　・拙稿「グローバル文化シンボルとしての鯉のぼり教材の構成」，関西学院大学『教育学論究』第 6 号，2014 年 12 月，pp.111-121.
　　・拙稿「海外におけるグローバル文化シンボルとしての鯉のぼり活動の進展」関西学院大学『教育学論究』第 7 号，2015 年 12 月，pp.119-129.

（7）峯岸由治「文化の独自性と多様性の視点から凧を教材化した授業実践の解明―小 4 総合的学習実践「凧のあがった日」を手がかりに―」関西学院大学『教育学論究』第 6 号，2014 年 12 月，pp.87-95.

（8）「天空へ向けて舞揚げよう『鯉のぼり』活動については次のページを参照されたし。http://30.pro.tok2.com/~wabunka/sonota.html

（9）スイミープロジェクト（http://kobe-swimmy.com/）

（10）拙稿「国際交流としての鯉のぼり活動とその意義」，関西学院大学『教育学論究』第 8 号，2016 年 12 月，pp.138-139.

（11）同上論文 pp.140-141.

（12）"International Goodwill "koi-nobori" Society", 1934 年，pp.1-28.

（13）前掲論文 pp.143-144.

おわりに

　本書は，平成29年3月に関西学院大学教育学部を定年退職される中村哲先生のこれまでのご功績を讃えるとともに，これまで賜りました多くのご恩に感謝の念を表すために出版を企画した書籍です。中村先生は，昭和50年4月に秋田大学に赴任され，昭和60年4月から兵庫教育大学，平成24年4月から関西学院大学教育学部に勤務され，これまで，社会科教育や和文化教育の発展に多大な貢献をされてきました。先生に初めてお会いしたのは，昭和63（1988）年4月のことです。先生は，まだ40代の若き兵庫教育大学の助教授でした。大学院の授業で，社会科教育の本質を理路整然と話される先生に，憧れを抱いてから，約30年の月日が過ぎました。先生は，当時の研究にかける変わらぬ情熱を今もなお持ち続けられています。特に，アメリカ・インディアナ州への留学や居合道，弓道などの武道の精進によって，ますますご自身の研究が深化され，社会科教育のみならず，日本の伝統・文化に関わる「和文化教育」にウィングを拡げられていることは周知の事実だと思います。平成28年に改訂された学習指導要領においても重視されている視点が，我が国における「伝統と文化」に関する事項です。中村先生から吹き始めた和文化教育の風が，知識基盤型社会やグローバル化が進む社会状況にも対応できる「生きる力」の形成に重要な役割を担うことが期待されています。

　このような動向を受けて，本書は，『文化を基軸とする社会系教育の構築』を書名とし，文化を価値として理解する文化価値理解，文化を体験的活動等を通して価値を体得する文化価値形成，文化を文化価値として社会的な活動を生み出していく文化価値創造という三つの方向性を示しながら，文化を基軸とする社会系教育の授業開発や教材化の示唆が述べられています。この研究成果を参考に各地域の学校において伝統・文化に関する社会系教育が今後ますます広がっていくことを期待しています。

　平成29（2017）年3月10日　　　　　　　　　　　　　　　　關　　浩和

【編著者紹介】

中村　哲（なかむら　てつ）関西学院大学教育学部・教育学研究科教授。
1948 年 6 月 2 日に神戸市に生まれ。1967 年 3 月兵庫県立長田高校卒業。1971 年 3 月広島大学
文学部哲学科中国哲学専攻卒業。1975 年 3 月広島大学大学院教育学研究科博士課程教科教育学
（社会科教育）専攻退学。

職歴
　　1975 年 4 月　　秋田大学教育学部助手
　　1977 年 4 月　　秋田大学教育学部講師
　　1980 年 10 月　　秋田大学教育学部助教授
　　1985 年 4 月　　兵庫教育大学学校教育学部助教授
　　1995 年 1 月　　兵庫教育大学学校教育学部教授
　　1996 年 4 月　　兵庫教育大学大学院連合学校教育学研究科博士課程教授
　　2012 年 4 月　　関西学院大学教育学部・教育学研究科教授
　　2014 年 4 月　　関西学院大学グローバル日本文化教育研究センター長
　　2017 年 4 月　　桃山学院教育大学（現 プール学院大学）教授

社会活動
　　1998 年 4 月　　NHK 番組委員（NHK 教育テレビ　2004 年 4 月まで）
　　2002 年 4 月　　社会系教科教育学会会長（2011 年 3 月まで）
　　2005 年 4 月　　東京都教育委員会「日本の伝統・文化理解教育推進会議」委員（2007 年 7 月まで）
　　2005 年 5 月　　兵庫県教育委員会「日本の文化」構想委員会委員長（2007 年 3 月まで）
　　2006 年 4 月　　文部科学省学習指導要領の改善協力者（2008 年 6 月まで）
　　2008 年 6 月　　科学研究費委員会専門委員（2010 年 3 月まで）
　　2013 年 3 月　　文部科学省「道徳教育の充実に関する懇談会」委員（2013 年 12 月まで）
　　2013 年 4 月　　和文化教育学会理事長（現在に至る）

学位　　博士（学術）（東京工業大学）
　　　　論文題目：「知識獲得過程の視点に基づく社会事象に関する授業の分析」

主著書
　　1 『社会科授業実践の規則性に関する研究—授業実践からの教育改革—』清水書院（単著）
　　　1991 年
　　2 『社会科授業に関する体系枠の構築と事例研究—知識獲得過程の視点に基づいて—』風間書
　　　房（単著）1996 年
　　3 『情報化時代における学校改革』訳書（風間書房、2000 年）
　　4 『「和文化の風」を学校に—心技体の場づくり』明治図書（編著）2003 年
　　5 『グローバル教育としての社会科カリキュラムと授業構成』風間書房（編著）2004 年
　　6 『和文化—日本の伝統を体感する QA 事典』明治図書（編著）2004 年
　　7 『学校を活性化する伝統・文化の教育』学事出版（編著）2009 年
　　8 『伝統や文化に関する教育の充実』教育開発研究所（編著）2010 年
　　9 『社会系教科教育研究のアプローチ〜授業実践のフロムとフォー〜』学事出版（編著）2010 年
　　10 『伝統と文化に関する教育課程の編成と授業実践』風間書房（編著）2012 年

武歴
　　1996 年 9 月　　全日本剣道連盟剣道二段
　　2008 年 5 月　　全日本居合道連盟範師八段（伯耆流）
　　2015 年 9 月　　全日本弓道連盟弓道四段

連絡先　　kobesuma3@gmail.com

文化を基軸とする社会系教育の構築

2017 年 3 月 31 日　初版第 1 刷発行

編著者　中　村　　哲

発行者　風　間　敬　子

発行所　株式会社　風　間　書　房

〒 101-0051　東京都千代田区神田神保町 1-34
電話 03(3291)5729　FAX 03(3291)5757
振替 00110-5-1853

装丁　鈴木弘（B.S.L.）
印刷　堀江制作・平河工業社　　製本　高地製本所